2025年度版

鳥取県の
理科

過 去 問

協同教育研究会 編

協同出版

本書には，鳥取県の教員採用試験の過去問題を
収録しています。各問題ごとに，以下のように5段
階表記で，難易度，頻出度を示しています。

難 易 度

非常に難しい	☆☆☆☆☆
やや難しい	☆☆☆☆
普通の難易度	☆☆☆
やや易しい	☆☆
非常に易しい	☆

頻 出 度

◎	ほとんど出題されない
◎◎	あまり出題されない
◎◎◎	普通の頻出度
◎◎◎◎	よく出題される
◎◎◎◎◎	非常によく出題される

※本書の過去問題における資料，法令文等の取り扱いについて
　本書の過去問題で使用されている資料や法令文の表記や基準は，出題さ
れた当時の内容に準拠しているため，解答・解説も当時のものを使用して
います。ご了承ください。

はじめに～「過去問」シリーズ利用に際して～

　教育を取り巻く環境は変化しつつあり，日本の公教育そのものも，教員免許更新制の廃止やGIGAスクール構想の実現などの改革が進められています。また，現行の学習指導要領では「主体的・対話的で深い学び」を実現するため，指導方法や指導体制の工夫改善により，「個に応じた指導」の充実を図るとともに，コンピュータや情報通信ネットワーク等の情報手段を活用するために必要な環境を整えることが示されています。

　一方で，いじめや体罰，不登校，暴力行為など，教育現場の問題もあいかわらず取り沙汰されており，教員に求められるスキルは，今後さらに高いものになっていくことが予想されます。

　本書の基本構成としては，出題傾向と対策，過去5年間の出題傾向分析表，過去問題，解答および解説を掲載しています。各自治体や教科によって掲載年数をはじめ，「チェックテスト」や「問題演習」を掲載するなど，内容が異なります。

　また原則的には一般受験を対象としております。特別選考等については対応していない場合があります。なお，実際に配布された問題の順番や構成を，編集の都合上，変更している場合があります。あらかじめご了承ください。

　最後に，この「過去問」シリーズは，「参考書」シリーズとの併用を前提に編集されております。参考書で要点整理を行い，過去問で実力試しを行う，セットでの活用をおすすめいたします。

　みなさまが，この書籍を徹底的に活用し，教員採用試験の合格を勝ち取って，教壇に立っていただければ，それはわたくしたちにとって最上の喜びです。

協同教育研究会

CONTENTS

第1部 鳥取県の理科
　　　　出題傾向分析 ……………3

第2部 鳥取県の
　　　　教員採用試験実施問題 …………**13**

▼2024年度教員採用試験実施問題 ……………………14

▼2023年度教員採用試験実施問題 ……………………**91**

▼2022年度教員採用試験実施問題 ……………………**167**

▼2021年度教員採用試験実施問題 ……………………**240**

第1部

鳥取県の
理科
出題傾向分析

鳥取県の理科　傾向と対策

　2024年度の鳥取県の理科は，例年と同様に，中学理科，高校理科(物理・地学受験者，化学受験者，生物受験者)が実施された。ここ数年，受験科目に変更はないが，年度によって教員採用予定などに変化があるので，志望科目の募集の有無を確認することが大切である。なお，2019年度は中学理科と高校化学，2018年度は中学理科のみ，2017年度，2016年度は中学理科と高校地学，2015年度は中学理科と高校化学，2014年度は中学理科のみの試験実施であった。

　中学理科については，教育に関連する法令・学習指導要領から1問，物理，化学，生物，地学から各2問程度の大問9 ～ 11問が出題される。出題形式は記述式で，記号選択の設問はほとんど見られないが，基本的な知識・用語を問う設問や簡潔な説明・計算を求める比較的平易な設問が中心である。出題内容については，ほとんどが中学校の教科書に載っているような基本的な実験や観察を題材とした出題となっている。これらの対策としては，中学校の教科書を確実にマスターして苦手なところを克服し，高校入試問題を数多く解いておけば十分である。

　中学校，高校とも例年，大問【1】にて，学習指導要領の空欄補充問題だけでなく，教育に関する法令(教育公務員特例法，教育基本法，学校教育法など)についても出題される。教育関係法令の出題が今後も続くかはわからないが，それぞれの専門科目は基本的な問題が多いため，この部分で差がつく可能性は大いにある。教育に関係する条文には目を通し，対策すべきだろう。学習指導要領は熟読し，穴埋め形式で言葉が入れられるように学習しておく必要がある。

　高校理科については，共通問題が5問，各専門科目の選択問題が4問の計9問が出題され，記述式である。

　共通問題については，教育に関する法令と学習指導要領から1問，物理，化学，生物，地学から1問ずつの出題である。基本的な問題が多いとはいえ，自分が専門とする科目以外の問題にも答えなければならないの

で，教科書レベルの基礎学力をつけておく必要がある。4科目とも基本的には高校教科書における重要例題をきちんと理解しておけば，十分対応できるだろう。具体的な対策としては，まずは高校教科書の基本的内容をしっかりと理解し，重要例題を繰り返し学習した後に，教科書や問題集等の応用的な問題に挑戦して実力を試してみるのがよいだろう。

　専門問題については，高校範囲に収まる出題であり，大学入試標準レベルまでの出題と考えてよい。頻出のオーソドックスな設問がほとんどであるので，大学入試標準レベルの問題集を一通り仕上げれば大きな問題はないだろう。出題分野に特に偏りは見られないが，専門問題では，リード文が長く，グラフや構造式などの図示や，表や実験結果を見ての考察論述など，深い理解，記述能力が求められる問題も少なくない。問題を解くだけではなく，知識や実験方法などを簡潔に記述する学習をするとよいだろう。

　校種・各科目の募集を確認したうえで学習計画を着実に進めるようにしたい。さらに過去問には必ず当たっておこう。数年分の過去問を実際の受験のつもりで試すことにより，出題傾向を自分で分析し，出題形式に慣れ，自分の苦手な分野を知ることができる。苦手克服の対策により，自信にもつながるであろう。

過去5年間の出題傾向分析

■中学理科

科目	分類	主な出題事項	2020年度	2021年度	2022年度	2023年度	2024年度
物理	身近な物理現象	光	●		●		
		音	●				●
		力	●	●	●		●
	電流の働き	電流と回路		●			
		電流と磁界	●			●	●
	運動の規則性	運動と力		●			
		エネルギー	●	●			
	学習指導要領	内容理解, 空欄補充, 正誤選択		●		●	●
化学	身近な物質	物質の性質					●
		物質の状態変化		●		●	●
		水溶液					●
		酸性・アルカリ性の水溶液	●		●		
		気体の性質	●				
	化学変化と分子・原子	物質の成り立ち			●		
		化学変化と物質の質量	●	●	●	●	
	物質と化学変化の利用	酸化・還元		●		●	
		化学変化とエネルギー		●			
	学習指導要領	内容理解, 空欄補充, 正誤選択		●		●	●
生物	植物のからだのつくりとはたらき	観察実験	●			●	
		花や葉のつくりとはたらき	●	●		●	●
		植物の分類	●	●			●
	動物のからだのつくりとはたらき	刺激と反応	●				
		食物の消化, 血液の循環				●	●
		呼吸と排出					
		動物の分類, 進化					●
	生物の細胞と生殖	生物のからだと細胞		●			
		生物の殖え方		●	●		
		環境・生態系	●				●
	学習指導要領	内容理解, 空欄補充, 正誤選択		●	●	●	●
地学	大地の変化	岩石		●	●		
		地層		●		●	
		地震	●				
	天気の変化	雲のでき方・湿度		●			
		前線と低気圧					●
		気象の変化					

科目	分類	主な出題事項	2020年度	2021年度	2022年度	2023年度	2024年度
地学	地球と宇宙	太陽系					
		地球の運動と天体の動き	●			●	●
	学習指導要領	内容理解，空欄補充，正誤選択		●	●	●	●

■高校物理

分類	主な出題事項	2020年度	2021年度	2022年度	2023年度	2024年度
力学	力		●	●	●	●
	力のモーメント					
	運動方程式	●		●	●	●
	剛体の回転運動					
	等加速度運動	●		●	●	●
	等速円運動					
	単振動	●		●		
	惑星の運動・万有引力					
	エネルギー，衝突	●		●	●	
波動	波動の基礎		●		●	
	音波					
	光波		●			
電磁気	電界と電位		●			
	コンデンサーの基礎			●		●
	直流回路			●		
	コンデンサー回路			●		●
	電流と磁界	●	●		●	
	電磁誘導	●			●	
	交流電流					
	電磁波					
熱と気体	熱，状態の変化	●				
	状態方程式					
	分子運動					
	熱力学第一法則					
原子	光の粒子性					
	物質の二重性					
	放射線					
	原子核反応					
その他	実験・観察に対する考察					
学習指導要領	内容理解，空欄補充，正誤選択				●	

■高校化学

分類	主な出題事項	2020年度	2021年度	2022年度	2023年度	2024年度
物質の構成	混合物と純物質					
	原子の構造と電子配置			●		
	元素の周期表					●
	粒子の結びつきと物質の性質		●			
	原子量, 物質量		●	●		
	化学変化とその量的関係	●		●		
物質の変化	熱化学	●	●		●	●
	酸と塩基	●	●			
	酸化と還元	●			●	●
	電池		●	●		●
	電気分解			●		●
無機物質	ハロゲン			●		
	酸素・硫黄とその化合物					
	窒素・リンとその化合物					●
	炭素・ケイ素とその化合物					
	アルカリ金属とその化合物					
	2族元素とその化合物					
	アルミニウム・亜鉛など					
	遷移元素	●				
	気体の製法と性質	●				●
	陽イオンの沈殿, 分離		●			
有機化合物	脂肪族炭化水素					●
	アルコール・エーテル・アルデヒド・ケトン					●
	カルボン酸とエステル					●
	芳香族炭化水素		●	●		
	フェノールとその誘導体				●	
	アニリンとその誘導体					
	有機化合物の分離					
物質の構造	化学結合と結晶		●	●	●	
	物質の三態		●			
	気体の性質	●		●		
	溶液, 溶解度			●		●
	沸点上昇, 凝固点降下, 浸透圧	●		●	●	●
反応速度と化学平衡	反応速度					
	気相平衡		●		●	
	電離平衡			●	●	
	溶解度積		●		●	
	ルシャトリエの原理					

分類	主な出題事項	2020年度	2021年度	2022年度	2023年度	2024年度
天然高分子	糖類		●			
	アミノ酸・タンパク質	●				
	脂質					
合成高分子	合成繊維			●		
	合成樹脂（プラスチック）			●		
	ゴム			●		
生活と物質	食品の化学					
	衣料の化学					
	材料の化学					
生命と物質	生命を維持する反応					
	医薬品					
	肥料					
学習指導要領	内容理解，空欄補充，正誤選択					

■高校生物

分類	主な出題事項	2020年度	2021年度	2022年度	2023年度	2024年度
細胞・組織	顕微鏡の観察					
	細胞の構造				●	
	浸透圧				●	
	動物の組織					
	植物の組織					
分裂・生殖	体細胞分裂				●	
	減数分裂					
	重複受精			●		
発生	初期発生・卵割		●			
	胚葉の分化と器官形成		●	●		
	誘導		●			●
	植物の組織培養					
感覚・神経・行動	感覚器			●		
	神経・興奮の伝導・伝達	●		●	●	
	神経系	●			●	
	動物の行動				●	
恒常性	体液・血液循環					●
	酸素解離曲線					
	ホルモン	●			●	●
	血糖量の調節	●				●
	体温調節					
	腎臓・浸透圧調節					
	免疫			●		

出題傾向分析

分類	主な出題事項	2020年度	2021年度	2022年度	2023年度	2024年度
恒常性	器官生理					
	自律神経系	●				
遺伝	メンデル遺伝		●			
	相互作用の遺伝子					
	連鎖					
	伴性遺伝					
	染色体地図					
植物の反応	植物の反応					
	植物ホルモン		●			
	オーキシンによる反応		●			
	種子の発芽		●			
	花芽形成		●			●
遺伝子	DNAの構造とはたらき	●	●	●	●	
	遺伝情報の発現とタンパク質合成		●	●		
	遺伝子の発現・調節			●		
	遺伝子工学				●	
酵素・異化	酵素反応				●	
	好気呼吸	●				
	嫌気呼吸					
	筋収縮					
同化	光合成曲線					
	光合成の反応		●			●
	窒素同化		●			
	C4植物					●
個体群・植物群落・生態系	成長曲線・生存曲線・生命表					
	個体群の相互作用			●		
	植物群落の分布					
	植物群落の遷移				●	
	物質の循環					
	物質生産					
	湖沼生態系	●				
	環境・生態系					
進化・系統・分類	進化の歴史					●
	分子系統樹		●			●
	進化論					
	集団遺伝		●			
	系統・分類		●		●	
学習指導要領	内容理解, 空欄補充, 正誤選択					

■高校地学

分類	主な出題事項	2020年度	2021年度	2022年度	2023年度	2024年度
惑星としての地球	地球の姿	●	●			
	太陽系と惑星		●		●	
大気と海洋	大気の運動	●		●		●
	天候	●				
	海水の運動	●				●
地球の内部	地震と地球の内部構造	●	●	●	●	
	プレートテクトニクス			●		●
	マグマと火成活動			●	●	●
	地殻変動と変成岩				●	●
地球の歴史	地表の変化と堆積岩		●	●		
	地球の歴史の調べ方					
	日本列島の生い立ち					
宇宙の構成	太陽の姿				●	
	恒星の世界	●			●	
	銀河系宇宙					
その他	実習活動の要点					
学習指導要領	内容理解，空欄補充，正誤選択					

第 2 部

鳥取県の
教員採用試験
実施問題

2024年度　実施問題

中　学　理　科

【1】次の各問いに答えなさい。

(1) 次の文は，地方公務員法に規定される服務に関する条文である。
①～⑥の中で，誤っているものをすべて選び，記号で答えなさい。

① すべて職員は，全体の奉仕者として児童・生徒の利益の
ために勤務し，且つ，職務の遂行に当つては，全力を挙げ
てこれに専念しなければならない。

② 職員は，その職務を遂行するに当つて，法令，条例，地
方公共団体の規則及び地方公共団体の機関の定める規程に
従い，且つ，校長の職務上の命令に忠実に従わなければな
らない。

③ 職員は，その職の信用を傷つけ，又は職員の職全体の不
名誉となるような行為をしてはならない。

④ 職員は，職務上知り得た秘密を漏らしてはならない。そ
の職を退いた後は，その限りではない。

⑤ 職員は，法律又は条例に特別の定がある場合を除く外，
その勤務時間及び職務上の注意力のすべてをその職責遂行
のために用い，当該地方公共団体がなすべき責を有する職
務にのみ従事しなければならない。

⑥ 職員は，政党その他の政治的団体の結成に関与し，若し
くはこれらの団体の役員となつてはならず，又はこれらの
団体の構成員となるように，若しくはならないように勧誘
運動をしてはならない。

(2) 次の文章は，令和3年1月に中央教育審議会で取りまとめられた

「『令和の日本型学校教育』の構築を目指して～全ての子供たちの可能性を引き出す，個別最適な学びと，協働的な学びの実現～(答申)」における「第Ⅰ部　総論」の「3. 2020年代を通じて実現すべき『令和の日本型学校教育』の姿」に記載された内容の一部である。(①)～(③)にあてはまる最も適切な語句を答えなさい。

第Ⅰ部　総論

> 3. 2020年代を通じて実現すべき「令和の日本型学校教育」の姿

(1)　子供の学び

○　新型コロナウイルス感染症の感染拡大による臨時休業の長期化により，多様な子供一人一人が自立した学習者として学び続けていけるようになっているか，という点が改めて焦点化されたところであり，これからの学校教育においては，子供が(①)も活用しながら自ら学習を調整しながら学んでいくことができるよう，「個に応じた指導」を充実することが必要である。この「個に応じた指導」の在り方を，より具体的に示すと以下のとおりである。

○　全ての子供に基礎的・基本的な知識・技能を確実に習得させ，思考力・判断力・表現力等や，自ら学習を調整しながら粘り強く学習に取り組む態度等を育成するためには，教師が支援の必要な子供により重点的な指導を行うことなどで効果的な指導を実現することや，子供一人一人の特性や学習進度，学習到達度等に応じ，指導方法・教材や学習時間等の柔軟な提供・設定を行うことなどの「指導の(②)」が必要である。

○　基礎的・基本的な知識・技能等や，言語能力，情報活用能力，問題発見・解決能力等の学習の基盤となる資質・能力等を土台として，幼児期からの様々な場を通じての体験

活動から得た子供の興味・関心・キャリア形成の方向性等に応じ，探究において課題の設定，情報の収集，整理・分析，まとめ・表現を行う等，教師が子供一人一人に応じた学習活動や学習課題に取り組む機会を提供することで，子供自身が学習が最適となるよう調整する「学習の（　③　）」も必要である。

○　以上の「指導の（　②　）」と「学習の（　③　）」を教師視点から整理した概念が「個に応じた指導」であり，この「個に応じた指導」を学習者視点から整理した概念が「個別最適な学び」である。

(3)　次の文章は，「中学校指導要領(平成29年3月告示)」第2章　第4節理科　第2各分野の目標及び内容〔第2分野〕1　目標の一部を抜粋したものである。（　①　）〜（　⑥　）に入る最も適切な語句を答えなさい。ただし，同じ番号の（　）には，同じ語句が入るものとする。

(1)　生命や地球に関する事物・現象についての観察，実験などを行い，生物の体のつくりと働き，生命の連続性，大地の成り立ちと変化，気象とその変化，地球と宇宙などについて理解するとともに，科学的に（　①　）するために必要な観察，実験などに関する基本的な（　②　）を身に付けるようにする。

(2)　生命や地球に関する事物・現象に関わり，それらの中に問題を見いだし見通しをもって観察，実験などを行い，その結果を分析して解釈し（　③　）するなど，科学的に（　①　）する活動を通して，多様性に気付くとともに（　④　）性を見いだしたり課題を解決したりする力を養う。

(3)　生命や地球に関する事物・現象に進んで関わり，科学的に（　①　）しようとする態度と，生命を（　⑤　）し，自然環境の（　⑥　）に寄与する態度を養うとともに，自然を総合的

に見ることができるようにする。

(☆☆○○○)

【2】Tさんは，総合的な学習の時間における「ふるさと調べ」を通じて，鳥取県の大山には，西日本最大級のブナの林が広がり，貴重な動植物の生命力を育んでいることを学んだ。そこで，Tさんは，イヌワラビ，ゼニゴケ，イチョウ，ツユクサ，ツツジ，サクラの6種類の植物を以下の図1のように【観点1】〜【観点4】によって分類した結果をもとに，ブナも分類することにした。

このとき，あとの各問いに答えなさい。なお，次の写真はブナの葉を写したものである。

写真

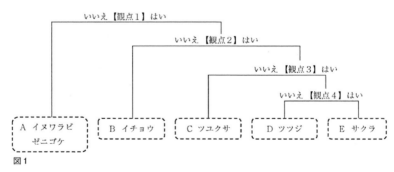

図1

(1) 【観点1】は，「種子でふえる」という観点で分けている。「いいえ」に分類される植物は何でなかまをふやすか，答えなさい。

(2) Aのイヌワラビとゼニゴケは，根・茎・葉の区別の有無のほかに，

17

からだのあるつくりの有無によってさらに分けることができる。そのつくりとは何か。漢字3文字で答えなさい。

(3) 【観点2】はどのような観点で分けているか。「胚珠」「子房」という語句を用いて答えなさい。

(4) 【観点3】は，「網状脈である」という観点で分けている。ブナの葉は【観点3】の「はい」，「いいえ」のどちらに分類することができるか，写真を見て判断し，答えなさい。

(5) (4)より，【観点3】でブナと同じなかまに分類された植物の根のようすを次図に作図しなさい。

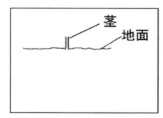

(6) 【観点4】は，「花弁が1枚1枚離れている」という観点で分けている。グループDとEにそれぞれ入る植物の組み合わせとして適切なものを次の(ア)～(オ)から一つ選び，記号で答えなさい。

	グループD	グループE
(ア)	エンドウ　トウモロコシ	アブラナ　カタバミ
(イ)	アサガオ　タンポポ	アブラナ　エンドウ
(ウ)	スギナ　アブラナ	アサガオ　ユリ
(エ)	スギナ　ユリ	アサガオ　タンポポ
(オ)	イネ　アサガオ	エンドウ　ユリ

(☆☆☆◎◎◎)

【3】金属の種類によるイオンへのなりやすさを調べるために，次のような方法で実験をした。また，以下の表がこの実験の結果である。あとの各問いに答えなさい。

〔方法1〕

① 図2のように，マグネシウムリボン，鉄板，銅板を1cm角に切り，実験用プレートのそれぞれのしきりに入れる。

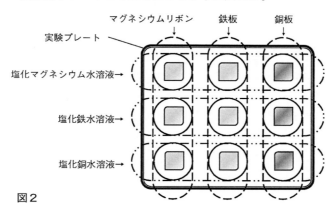

図2

② 塩化マグネシウム水溶液，塩化鉄水溶液，塩化銅水溶液それぞれをこまごめピペットでとり，3種類の金属に水溶液を数滴たらして変化を観察する。

〔方法2〕

〔方法1〕で金属板に現れた物質をつきとめるため，

① ビーカーにそれぞれの水溶液を入れる。

② ①の各水溶液にマグネシウムリボン，鉄板，銅板をそれぞれひたし，金属に付着した物質をろ紙にうつし，薬さじの背でこすり，変化を観察する。

表

	マグネシウムリボン	鉄 板	銅 板
塩化マグネシウム水溶液	×	×	×
塩化鉄水溶液	○	×	×
塩化銅水溶液	○ 赤色で金属光沢がある	○ 赤色で金属光沢がある	×

※金属板に物質が付着した場合は○，変化しない場合は×としている。

(1) 水にとけたときに電流が流れる物質を何というか，答えなさい。

(2) 塩化鉄の電離のようすを表した式を答えなさい。

19

(3)　電離すると，水溶液中に陽イオンと陰イオンができるが，そのうち陽イオンが原子からできるようすを，生徒に説明したい。適切な説明文を次の(ア)〜(エ)から一つ選び，記号で答えなさい。

(ア)　原子が電子を受け取って，原子全体が＋の電気を帯びると，陽イオンになります。

(イ)　原子が電子を放出して，原子全体が＋の電気を帯びると，陽イオンになります。

(ウ)　原子が電子を受け取って，原子全体が－の電気を帯びると，陽イオンになります。

(エ)　原子が電子を放出して，原子全体が－の電気を帯びると，陽イオンになります。

(4)　結果の表にある，「赤色で金属光沢がある」という特徴をもった物質は何か。物質名で答えなさい。

(5)　この実験結果からわかったイオンへのなりやすさについて，次の〔板書〕の　　　中のように生徒に示したい。①〜③にあてはまる金属(マグネシウム，鉄，銅)を，それぞれ化学式で答えなさい。

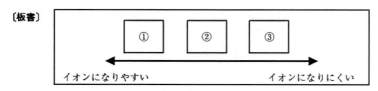

(6)　金属の陽イオンへのなりやすさを何というか。

(☆☆◎◎◎◎)

【4】音の性質を調べるため，次の〔実験1〕及び〔実験2〕を行った。これについて，以下の各問いに答えなさい。

〔実験1〕　音の伝わり方を調べるため，図3のように同じ高さの音が出る音さAとBを準備し，Aをたたくとどうなるかを調べた。

〔実験2〕　音のようすを調べるため，図4のようにコンピュータにマイクロホンをつなぎ，音さCの音のようすを波形で表示し観察した。

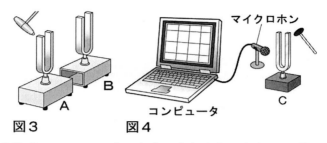

図3　　　　　図4

(1) 〔実験1〕について，次のようにまとめた。文中の(①)〜(③)にあてはまる最も適切な語句を，それぞれ答えなさい。ただし，同じ番号の( )には，同じ語句が入るものとする。

> 音の発生している音さを(①)といい，音さAとBの間には(②)があるため，Aの音さの(③)がまわりの(②)を次々と(③)させることで，音さBも鳴りだした。

(2) 〔実験2〕で，音さCの音のようすを調べたところ，図5のような波形となった。このとき，以下の各問いに答えなさい。ただし，図5と解答記入用のグラフの縦軸と横軸の一目盛りの値は，すべて同じであるものとする。

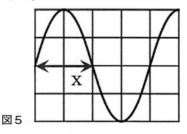

図5

① 音さCを使い，〔実験2〕より音を大きくしたときに予測される波形を次図に書きなさい。

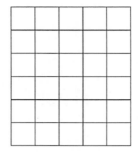

② 〔実験2〕のときと音の大きさは同じにし，音さCより高い音が
出る音さを使ったときに予測される波形を次図に書きなさい。

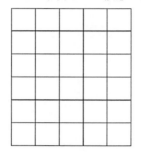

③　図5のXの時間が0.0025秒とすると，1秒間の振動数はいくらに
なるか。単位の記号をつけて答えなさい。

(3)　〔実験2〕について，次のようにまとめた。文章中の(　①　)・
(　②　)にあてはまる最も適切な語句を，それぞれ答えなさい。

> 　音さを強くたたくと，大きい音が出た。この振動を観察す
> ると，(　①　)が大きいほど，大きい音がでていることがわか
> った。また，低い音の音さの方が，(　②　)が少なくなること
> がわかった。

(4)　音の伝わり方について，次のようにまとめた。文章中の
(　①　)・(　②　)にあてはまる最も適切な語句を，それぞれ答え
なさい。

> 音は，水中を（　①　）。また，空気を抜いた容器の中の音源から発した音は（　②　）。

(5)　理科室で実験をしていたところ，雷が光ってから，3秒後に雷鳴が聞こえた。空気中を伝わる音の速さを約340m/sとすると，雷までの距離は約何mか，答えなさい。

(☆☆☆◎◎◎)

【5】体内で，有機物と酸素が細胞でどのように利用され，細胞のはたらきにより生じた不要な物質がどのように体外に排出されるかについて調べた。これについて，次の各問いに答えなさい。なお，図6は，有機物を利用した細胞呼吸のしくみを模式的にあらわしたものである。

> 有機物+酸素　→　二酸化炭素　＋　（　A　）
> ⇩
> エネルギー

図6

(1)　有機物であるブドウ糖の一部は肝臓である物質に変えられて，一時的にたくわえられる。ある物質とは何か，答えなさい。

(2)　図6の（　A　）にあてはまる物質を答えなさい。

(3)　図6でできた二酸化炭素は，肺から体外に排出される。そのしくみを図7のような模型で表し，そのようすを以下のようにまとめた。文中の（　①　）・（　②　）にあてはまる語句の組み合わせとして，あとの(ア)〜(エ)の中から最も適切なものを一つ選び，記号で答えなさい。

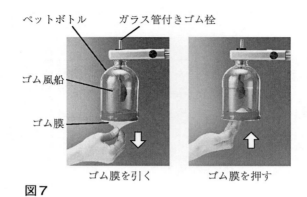

ペットボトル　　ガラス管付きゴム栓

ゴム風船

ゴム膜

ゴム膜を引く　　　ゴム膜を押す

図7

> 　模型で肺を表しているのは(　①　)で，下からゴム膜を押す
> と容器内の(　②　)。

	①	②
(ア)	ペットボトルとゴム膜	気圧が上がり，肺から空気が出る
(イ)	ペットボトルとゴム膜	気圧が下がり，肺から空気が出る
(ウ)	ゴム風船	気圧が上がり，肺から空気が出る
(エ)	ゴム風船	気圧が下がり，肺から空気が出る

(4)　細胞のはたらきにより生じるアンモニアの排出のしくみを次のよ
うにまとめた。文中の(　①　)・(　③　)にあてはまる器官の名称
と，(　②　)にあてはまる物質名を答えなさい。

> 　アンモニアは血液により，まず(　①　)に運ばれ，害の少な
> い(　②　)に変えられ，さらに(　③　)へ送られる。(　③　)
> では，(　②　)などの物質は，余分な水分や塩分とともに，血
> 液中からこし出されて尿となる。

（☆☆☆◎◎◎）

【6】鳥取県内のある中学校の理科の授業で，図8のように板と台をつか
って斜面をつくり，コンセントに接続した記録タイマーで斜面を下る
台車の運動を調べたところ，図9のような記録がテープに残った。こ
のとき，あとの各問いに答えなさい。

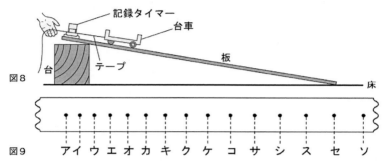

(1)　「運動を調べる」とは，運動のようすについてある2つのことを調
べることである。その2つとは何か，答えなさい。

(2)　図9のテープを，アの点からはじめて0.1秒ごとに切っていきたい。
どの点で切ればよいか，図9のイ～ソからすべて選び，記号で答え
なさい。

(3)　0.1秒間のように，ごく短い時間内での速さを何の速さというか，
答えなさい。

(4)　図9から，斜面を下るにつれて台車の速さがだんだん速くなって
いることがわかる。その理由について最も適切なものを次の(ア)～
(エ)から1つ選び，記号で答えなさい。

　(ア)　斜面を下る物体が，斜面に平行で下向きな力を受け続けてい
るから。

　(イ)　斜面を下る物体が，斜面に垂直な力を受け続けているから。

　(ウ)　斜面を下る物体が，斜面の垂直抗力を受け続けているから。

　(エ)　斜面を下る物体が受ける重力が，場所によって変わるから。

(5)　斜面を下り終わってから，台車は水平な床の上を進む運動をした。
そのようすを記録タイマーで調べたところ，速さが一定になる区間
があった。

25

　　①　速さが一定になるような運動を何というか，答えなさい。
　　②　速さが一定になる理由を，「摩擦力」という語句を使って簡単
　　　に説明しなさい。
　(6)　自動車が一定の速さで走行しているとき，エンジンの力に対して，
　　摩擦力と空気抵抗の合力は，どのような関係にあるか。簡単に説明
　　しなさい。

　　　　　　　　　　　　　　　　　　　　　　　　　　　(☆☆☆◎◎◎)

【7】Rさんは水溶液の濃さと水溶液から再び溶質をとり出す方法を調べ
　るため，次のような実験をした。図10は，硝酸カリウム，ミョウバン
　(結晶)，塩化ナトリウムの溶解度を示したグラフである。図10を参考
　にして，あとの各問いに答えなさい。

〔操作1〕　次のA〜Cの水溶液をつくる。ただし，水温はすべて
　　　　　　20℃とする。
A　90gの水に10gのミョウバン(結晶)をとかす。
B　100gの水に10gの塩化ナトリウムをとかす。
C　50gの水に7gの硝酸カリウムをとかす。

〔操作2〕それぞれの水溶液から，次の方法で再び溶質をとり出
　　　　　す。
(方法1)　水溶液を冷やし，ろ紙などを使って固体と液体をわけ
　　　　　る。
(方法2)　水溶液を加熱し，水を蒸発させ再び結晶としてとり出
　　　　　す。

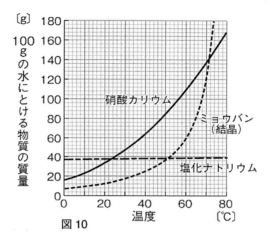

図10

(1) 〔操作1〕のA～Cの水溶液を，濃い順に左から並べて答えなさい。

(2) 〔操作1〕のAの水溶液について，溶質と溶媒はそれぞれ何か，物質名を答えなさい。

(3) 〔操作2〕について，〔操作1〕のBの水溶液から再び溶質をとり出す場合は，(方法1)(方法2)どちらの実験方法が適しているか，答えなさい。

(4) (3)でその実験方法を選んだ理由を，「塩化ナトリウムの溶解度は」の書き出しにしたがって答えなさい。

(5) 〔操作1〕のCの水溶液に，さらに硝酸カリウムを35g入れ，60℃に保ち，よくかき混ぜると，水に入れた硝酸カリウムがすべてとけた。この水溶液を冷やして10℃に保つと，硝酸カリウムの結晶が出た。このとき出た硝酸カリウムの結晶の質量は約何gになるか。次の(ア)～(オ)の中から近い値のものを一つ選び，記号で答えなさい。

(ア) 10g　　(イ) 20g　　(ウ) 30g　　(エ) 40g　　(オ) 50g

(☆☆◎◎◎◎)

【8】太陽について，いろいろな観察をした。あとの各問いに答えなさい。

〔観察1〕 太陽の黒点を観察するため，図11のように遮光板と太陽投影板を取り付けた天体望遠鏡を用意した。この望遠鏡を太陽に向け，黒点の位置や形を記録用紙にスケッチしたものが，図12である。

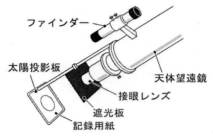

図11

図12

〔観察2〕 図13のように，サインペンの先の影が，円の中心Oにくるようにして太陽の位置を透明半球に記録した。これを日中に1時間ごとに行い，太陽の動きを調べた。なお，調べた時期は，6月下旬の夏至のころである。

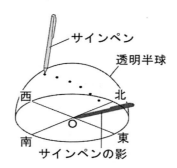

図13

(1) 太陽のように，自ら光や熱を出してかがやいている天体を何というか，答えなさい。

(2) 〔観察1〕で望遠鏡を操作するとき，注意事項として生徒に伝えなければならないことは何か。次の(ア)～(エ)から最も適切なものを一つ選び，記号で答えなさい。

　(ア) 望遠鏡の向きを調整するため，ファインダーで太陽を探さなければならないこと。

　(イ) 記録用紙に黒点が映るように，高倍率の接眼レンズから使用しなければならないこと。

　(ウ) 太陽の像が，記録用紙の円の大きさよりも小さくなるように，投影板の位置を調整しなければならないこと。

　(エ) 太陽の光が非常に強いので，望遠鏡で太陽を直接見てはいけないこと。

(3) 〔観察1〕の図12で，日を追うごとに黒点の位置が変化していくのはなぜか。次の(ア)～(エ)から最も適切なものを一つ選び，記号で答えなさい。

　(ア) 太陽が自転しているから

　(イ) 太陽が公転しているから

　(ウ) 太陽が日周運動をしているから

　(エ) 太陽が年周運動をしているから

(4) 〔観察2〕で，記録した太陽の位置をなめらかな線で結んだものは，

図14の(ア)～(ウ)のどれか。最も適切なものを一つ選び，記号で答えなさい。

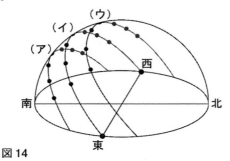

図14

(5) 〔観察2〕で太陽も含め，天体が天頂より南側で天の子午線を通過することを何というか，答えなさい。

(☆☆☆◎◎◎)

【9】電流が磁界から受ける力を調べるため，図15のような装置を組み立て，手回し発電機を回転させてアルミニウムはくに電流を流し，アルミニウムはくが動く向きを記録した。このとき，以下の各問いに答えなさい。ただし，手回し発電機の回転させる向きは一定とする。

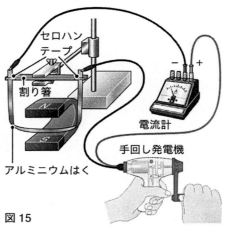

図15

(1) この実験で，電流計の針が振り切れないようにするためには，どのようにすればよいか。その方法を簡単に説明しなさい。

(2) U字型磁石にはたらいている磁界の向きは，何極から何極か，答えなさい。

(3) まっすぐにのばしたアルミニウムはくのまわりにできる磁界のようすを図16のように示した。このとき磁界の向きは，(ア)，(イ)のどちらか。適切なものを一つ選び，記号で答えなさい。

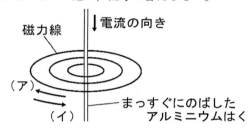

図16

(4) 図15で電流の向きは変えずに，磁石の磁界の向きを反対にすると，アルミニウムはくの動きはどのようになるか。簡単に述べなさい。

(5) 図15で，電流と磁界のそれぞれの向きに対して，アルミニウムはくがどの向きに動くのかを，左手の指で示したい。図17の①〜③の矢印が示しているものの組み合わせとして，以下の(ア)〜(エ)から最も適切なものを一つ選び，記号で答えなさい。

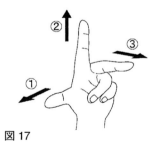

図17

(ア) ① 電流   ② 磁界   ③ 動く向き
(イ) ① 磁界   ② 動く向き   ③ 電流

（ウ）　①　動く向き　　②　磁界　　　③　電流
（エ）　①　動く向き　　②　電流　　　③　磁界

（☆☆☆◎◎◎）

【10】次の図18～図20は，令和5年4月の連続する3日間，日本付近の天気
図について示したものである。このとき，以下の各問いに答えなさい。

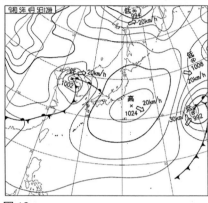

図18

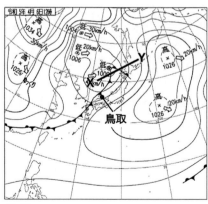

図19

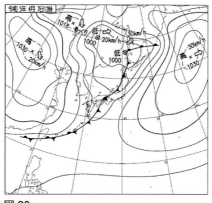

図20

(1)　天気図の低気圧付近にある ▼▼▼▼▼▼ の記号を表している前線の名称は何か，答えなさい。

(2)　(1)の前線付近にできる雲の名称は何か，答えなさい。

(3)　図21は図19の前線X—Yの断面を模式的に表したものである。次の図の　　　の中に，「暖気」「寒気」という語句を入れ，この図を完成させなさい。

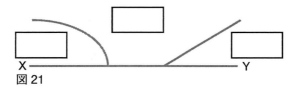

図21

(4)　図19から，(1)の前線が鳥取県を通過するとき，天気はどうなると予想されるか。次の(ア)〜(エ)の中から最も適切なものを一つ選び，記号で答えなさい。

(ア)　雲がふえ，おだやかな雨が長時間ふる。前線通過後，気温が上がる。

(イ)　雲がふえ，おだやかな雨が長時間ふる。前線通過後，気温が下がる。

(ウ)　急に風が吹き出してにわか雨が降る。前線通過後，気温が上

がる。

(エ)　急に風が吹き出してにわか雨が降る。前線通過後，気温が下
がる。

(5)　日本の春の天気の特徴を次のようにまとめた。文中の(　①　)～
(　③　)にあてはまる最も適切な語句を，それぞれ答えなさい。た
だし，同じ番号の(　)には同じ語句が入るものとする。

> 　3月下旬ころから，(　①　)の影響を受け，日本付近を
> (　②　)と(　③　)が交互に通過するようになる。そのため，
> 4～7日の周期で天気が変わることが多い。(　②　)におおわれ
> ると，おだやかな晴天になる。

(6)　日本だけでなく，世界の天候に影響する現象について，次のよう
にまとめた。文中の(　)にあてはまる現象名を答えなさい。ただ
し，(　)には同じ語句が入るものとする。

> 　ペルー沖の海面水温が平年より低い状態が続くことを(　)
> 現象と呼ぶ。(　)現象が発生すると，西太平洋熱帯域での対
> 流活動が強まるため，夏は太平洋高気圧の勢力が強まり，日
> 本付近は猛暑，冬は冬型の気圧配置が強まり，厳冬になる傾
> 向がある。

(☆☆☆◎◎◎)

高 校 理 科

すべての受験者が，【共通問題】をすべて答えなさい。また，**物理・地学受験者は【物理・地学】**を，**化学受験者は【化学】**を，**生物受験者は【生物】**を選択して答えなさい。

【共通問題】

【1】次の各問いに答えなさい。

(1) 次の文は，地方公務員法に規定される服務に関する条文である。①〜⑥の中で，誤っているものをすべて選び，記号で答えなさい。

---

① すべて職員は，全体の奉仕者として児童・生徒の利益のために勤務し，且つ，職務の遂行に当つては，全力を挙げてこれに専念しなければならない。

② 職員は，その職務を遂行するに当つて，法令，条例，地方公共団体の規則及び地方公共団体の機関の定める規程に従い，且つ，校長の職務上の命令に忠実に従わなければならない。

③ 職員は，その職の信用を傷つけ，又は職員の職全体の不名誉となるような行為をしてはならない。

④ 職員は，職務上知り得た秘密を漏らしてはならない。その職を退いた後は，その限りではない。

⑤ 職員は，法律又は条例に特別の定がある場合を除く外，その勤務時間及び職務上の注意力のすべてをその職責遂行のために用い，当該地方公共団体がなすべき責を有する職務にのみ従事しなければならない。

⑥ 職員は，政党その他の政治的団体の結成に関与し，若しくはこれらの団体の役員となつてはならず，又はこれらの団体の構成員となるように，若しくはならないように勧誘

　　　　　運動をしてはならない。

(2)　次の文章は，令和3年1月に中央教育審議会で取りまとめられた
「『令和の日本型学校教育』の構築を目指して～全ての子供たちの可
能性を引き出す，個別最適な学びと，協働的な学びの実現～(答申)」
における「第Ⅰ部　総論」の「3. 2020年代を通じて実現すべき
『令和の日本型学校教育』の姿」に記載された内容の一部である。
(　①　)～(　③　)にあてはまる最も適切な語句を答えなさい。

第Ⅰ部　総論

　3. 2020年代を通じて実現すべき「令和の日本型学校教育」
　　の姿

(1)　子供の学び
○　新型コロナウイルス感染症の感染拡大による臨時休業の
長期化により，多様な子供一人一人が自立した学習者とし
て学び続けていけるようになっているか，という点が改め
て焦点化されたところであり，これからの学校教育におい
ては，子供が(　①　)も活用しながら自ら学習を調整しなが
ら学んでいくことができるよう，「個に応じた指導」を充実
することが必要である。この「個に応じた指導」の在り方
を，より具体的に示すと以下のとおりである。
○　全ての子供に基礎的・基本的な知識・技能を確実に習得
させ，思考力・判断力・表現力等や，自ら学習を調整しな
がら粘り強く学習に取り組む態度等を育成するためには，
教師が支援の必要な子供により重点的な指導を行うことな
どで効果的な指導を実現することや，子供一人一人の特性
や学習進度，学習到達度等に応じ，指導方法・教材や学習
時間等の柔軟な提供・設定を行うことなどの「指導の
(　②　)」が必要である。
○　基礎的・基本的な知識・技能等や，言語能力，情報活用

　　　能力，問題発見・解決能力等の学習の基盤となる資質・能
　　　力等を土台として，幼児期からの様々な場を通じての体験
　　　活動から得た子供の興味・関心・キャリア形成の方向性等
　　　に応じ，探究において課題の設定，情報の収集，整理・分
　　　析，まとめ・表現を行う等，教師が子供一人一人に応じた
　　　学習活動や学習課題に取り組む機会を提供することで，子
　　　供自身が学習が最適となるよう調整する「学習の(　③　)」
　　　も必要である。

○　　以上の「指導の(　②　)」と「学習の(　③　)」を教師視
　　　点から整理した概念が「個に応じた指導」であり，この
　　　「個に応じた指導」を学習者視点から整理した概念が「個別
　　　最適な学び」である。

(3)　「高等学校学習指導要領(平成30年3月告示)」における，「基礎を付
　　した科目」の目標は，下線部(a)と下線部(b)の一部が科目により異な
　　っている。次の文章は，生物基礎の目標である。以下の各問いに答
　　えなさい。

　　　(a)生物や生物現象に関わり，理科の見方・考え方を働かせ，
　　見通しをもって観察，実験を行うことなどを通して，(a)生物
　　や生物現象を(　i　)的に探究するために必要な資質・能力を
　　次のとおり育成することを目指す。

　(1)　(　j　)生活や(　k　)との関連を図りながら，(a)生物や生
　　　物現象について理解するとともに，(　i　)的に探究するた
　　　めに必要な観察，実験などに関する基本的な技能を身に付
　　　けるようにする。

　(2)　観察，実験などを行い，(　i　)的に探究する力を養う。

　(3)　(a)生物や生物現象に(　l　)的に関わり，(　i　)的に(b)探究
　　　しようとする態度と，生命を尊重し，自然環境の保全に寄
　　　与する態度を養う。

---

① 　文章中の下線部(a)は，物理基礎では，「物体の(　c　)と様々な(d)」，化学基礎では，「(e)とその(f)」，地学基礎では，「(g)や(g)を取り巻く(h)」である。(c)～(h)に入る最も適切な語句を次の(ア)～(カ)から一つずつ選び，記号で答えなさい。なお，同じ記号の(　)には，同じ語句が入るものとする。

(ア)　環境　　　(イ)　変化　　　(ウ)　物質　　　(エ)　運動
(オ)　地球　　　(カ)　エネルギー

② 　文章中の(　i　)～(　l　)に入る最も適切な語句を次の(ア)～(カ)から一つずつ選び，記号で答えなさい。なお，同じ記号の(　)には，同じ語句が入るものとする。

(ア)　学校　　　(イ)　主体　　　(ウ)　社会　　　(エ)　科学
(オ)　日常　　　(カ)　積極

③ 　下線部(b)の「自然環境の保全に寄与する態度を養う」は，4つの「基礎を付した科目」のうち2つの科目に記述がある。生物基礎ともう一つは何か，答えなさい。

(☆☆◎◎◎)

【2】次の各問いに答えなさい。

(1)　第4周期までの周期表を図1に示す。

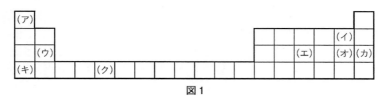

図1

　次の①～⑥の記述に該当するものを周期表中の元素(ア)～(ク)から一つずつ選び，記号で答えなさい。なお，同じ記号の複数回使用も可とする。

① 　価電子の数が5個であるもの。

② 　第3周期の中で最も原子半径が小さいもの。

③　電子親和力が最も大きいもの。

④　第1イオン化エネルギーが最も小さいもの。

⑤　電気陰性度が最も大きいもの。

⑥　単体は単原子分子であるもの。

(2)　エタンC_2H_6の燃焼の反応は次のように表される。

(　a　)C_2H_6＋(　b　)O_2 → (　c　)CO_2＋(　d　)H_2O

①　(　a　)～(　d　)に適する係数を答えなさい。

②　標準状態でエタンC_2H_6 7.5gと酸素36gの混合気体を完全燃焼させた。反応後の気体の体積は標準状態で何Lか，次の(a)～(f)から一つ選び，記号で答えなさい。ただし，生じた水はすべて液体であるとし，その体積は無視できるものとする。また，原子量は，H＝1.0，C＝12，O＝16とする。

(a)　2.8L　　(b)　5.6L　　(c)　11.2L　　(d)　16.8L

(e)　25.2L　　(f)　33.6L

(☆☆◎◎◎◎)

【3】図2のように，小物体を軽いばねに押しつけ，ばねを自然の長さからxだけ縮めた後，静かにはなした。小物体は水平面上を運動した後，曲面をのぼり，点Aを速さv_Aで通過した後，点Bで速さ0になった。小物体の質量をm，ばね定数をk，重力加速度の大きさをgとし，すべての面はなめらかであるものとする。また，点Aと点Bの水平面からの高さは，それぞれh_A，h_Bとする。

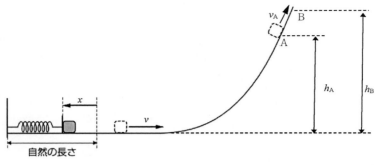

図2

(1)　小物体を軽いばねに押しつけ，ばねを自然の長さからxだけ縮めたときの，ばねの弾性力による位置エネルギーの大きさを表す式として最も適切なものを，次の(ア)～(ク)から一つ選び，記号で答えなさい。

(ア)　kx　　　(イ)　$2kx$　　　(ウ)　$\frac{1}{2}kx$　　　(エ)　kx^2

(オ)　$2kx^2$　　(カ)　$\frac{1}{2}kx^2$　　(キ)　$\sqrt{kx}$　　(ク)　$\sqrt{2kx}$

(2)　(1)の後，ばねから離れて水平面上を運動する小物体の速さvを表す式として最も適切なものを，次の(ア)～(ク)から一つ選び，記号で答えなさい。

(ア)　$\frac{kx}{m}$　　(イ)　$\frac{2kx}{m}$　　(ウ)　$\frac{kx^2}{m}$　　(エ)　$\frac{kx^2}{2m}$

(オ)　$\frac{2kx^2}{m}$　　(カ)　$\sqrt{\frac{2kx}{m}}$　　(キ)　$\sqrt{\frac{k}{m}}x$　　(ク)　$\sqrt{\frac{k}{2m}}x$

(3)　点Aの水平面上からの高さh_Aを表す式として最も適切なものを，次の(ア)～(カ)から一つ選び，記号で答えなさい。

(ア)　$\frac{kx-mv_A}{mg}$　　(イ)　$\frac{kx-mv_A}{2mg}$　　(ウ)　$\frac{2(kx-mv_A)}{mg}$

(エ)　$\frac{kx^2-mv_A^2}{mg}$　　(オ)　$\frac{kx^2-mv_A^2}{2mg}$　　(カ)　$\frac{2(kx^2-mv_A^2)}{mg}$

(4)　ばねの自然の長さからの縮みxを表す式として最も適切なものを，次の(ア)～(カ)から一つ選び，記号で答えなさい。

(ア) $\dfrac{mgh_B}{k}$　　(イ) $\dfrac{2mgh_B}{k}$　　(ウ) $\dfrac{mgh_B}{2k}$

(エ) $\sqrt{\dfrac{mgh_B}{k}}$　　(オ) $\sqrt{\dfrac{2mgh_B}{k}}$　　(カ) $\sqrt{\dfrac{2mgh_B}{k}}$

(☆☆☆◎◎◎)

【4】次の文章を読み,各問いに答えなさい。

　体内環境が一定に維持されている状態を(a)恒常性(ホメオスタシス)という。その一つに血糖濃度の調節がある。血糖濃度が慢性的に高い状態が続くと,糖尿病と診断される。糖尿病は,Ⅰ型とⅡ型に分類される。Ⅰ型糖尿病ではランゲルハンス島のB細胞が破壊されることなどで,(b)インスリンがほとんど分泌されなくなり,発病する。また,Ⅱ型糖尿病は,標的細胞がインスリンを受け取れなくなることなどで,発病する。

(1)　文章中の下線部(a)の恒常性に関する記述として,最も適切なものを次の(ア)～(オ)から一つ選び,記号で答えなさい。

(ア)　血液において,血管が傷つくと,最初に傷口をふさぐのは白血球である。

(イ)　ヒトの血液において,赤血球は酸素の運搬に関係した有核の有形成分である。

(ウ)　ヒトの体内の水分量の調節には,主に内分泌系とリンパ系が担っている。

(エ)　肝臓で多数のグルコースが結合して,フィブリンとなり,一時的に貯蔵される。

(オ)　適応免疫には,抗体による免疫反応である体液性免疫と感染細胞を直接攻撃する細胞性免疫がある。

(2)　血糖濃度の調節など恒常性の維持において,最高中枢となる場所として最も適切なものを,次の(ア)～(オ)から一つ選び,記号で答えなさい。

(ア)　大脳　　(イ)　間脳　　(ウ)　中脳　　(エ)　小脳

　　(オ)　延髄

(3)　文章中の下線部(b)に関して，血糖濃度において，インスリンとは
　　反対のはたらきをするホルモンを次の(ア)～(オ)からすべて選び，
　　記号で答えなさい。

　　(ア)　鉱質コルチコイド　　　(イ)　バソプレシン

　　(ウ)　パラトルモン　　　　　(エ)　グルカゴン

　　(オ)　糖質コルチコイド

(4)　次のグラフ①～③は健康な人，Ⅰ型糖尿病患者，Ⅱ型糖尿病患者
　　のいずれかの食後の血糖濃度(実線)と血液中のインスリン濃度(点
　　線)の変化を示したものである。健康な人，Ⅰ型糖尿病患者，Ⅱ型
　　糖尿病患者のグラフに該当する組み合わせとして，最も適切なもの
　　を以下の(ア)～(カ)から一つ選び，記号で答えなさい。

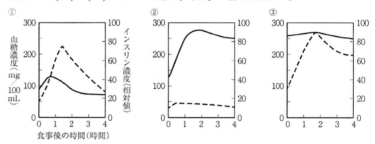

記号	健康な人	Ⅰ型糖尿病患者	Ⅱ型糖尿病患者
(ア)	①	②	③
(イ)	①	③	②
(ウ)	②	①	③
(エ)	②	③	①
(オ)	③	①	②
(カ)	③	②	①

(☆☆☆◎◎◎)

【5】次の各問いに答えなさい。

(1)　プレートの運動から様々な地球の活動を説明する考え方をプレー
　　トテクトニクスという。プレートに対応する地球内部の構造として，
　　最も適切なものを，次の(ア)～(エ)から一つ選び，記号で答えなさい。

(ア)　地殻のみ　　　　　　　　(イ)　地殻とマントル最上部

(ウ)　地殻とマントル全体　　　(エ)　マントル全体のみ

(2)　プレートの境界には，①発散境界，②収束境界，③すれ違う境界の3つの種類があり，それぞれ特徴的な大地形をなす。①～③の各境界では，それぞれどのような大地形がみられるか，最も適切なものを，次の(ア)～(オ)から一つ選び，記号で答えなさい。

(ア)　トランスフォーム断層　　　(イ)　海嶺や島弧・陸弧

(ウ)　海嶺や大山脈　　　　　　　(エ)　海嶺やリフト帯

(オ)　島弧・陸弧や大山脈

(3)　太平洋などの海洋底には，図3のような火山島と，そこから直線状にのびる海山の列が見られることがある。これは，プレートAがホットスポット上を移動するために，その痕跡が火山島や海山の列となったものと考えられる。図3中の海山の列は，ホットスポットに対するプレートAの運動が4000万年前を境に変化したことを示している。ホットスポットが火山島aの地点にあるとして，このときのプレートAの運動の変化(向きと速さの変化)として最も適切なものを，以下の(ア)～(カ)から一つ選び，記号で答えなさい。

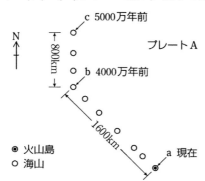

火山島a，海山b，cの生成年代と，a-b間，b-c間の距離を図に示してある。

図3

- （ア）　北西向き4cm/年から北向き8cm/年
- （イ）　北向き8cm/年から北西向き4cm/年
- （ウ）　北西向き8cm/年から北向き4cm/年
- （エ）　南東向き8cm/年から南向き4cm/年
- （オ）　南東向き4cm/年から南向き8cm/年
- （カ）　南向き4cm/年から南東向き8cm/年

（☆☆◎◎◎◎）

【物理・地学】

【1】次の文章を読み，各問いに答えなさい。

　　図1のように，水平な台の上に，質量$3m$の直方体の物体Aを置き，その上に質量$4m$の直方体の物体Bを置く。Bには質量mの物体Cが，Aにはバケツに入った砂(物体Dとする)が，それぞれ糸でつながれており，CとDは，台の両側にある定滑車をとおして鉛直につり下げられている。バケツと砂を合わせた物体D全体の質量は$2m$であり，砂がこぼれることはない。台とAの間に摩擦は無いが，AとBの間には摩擦力がはたらく。はじめにAとBを手で固定してすべてを静止させておき，静かに手を離して運動を観察する。運動は紙面内に限られるものとし，台や物体Aは十分に広いためAが台から落ちることや，物体BがAから落ちることはないものとする。また，滑車はなめらかで軽く，糸は軽くて伸び縮みせず，たるむことはないものとする。空気抵抗は無く，重力加速度の大きさをgとして以下の問いに答えなさい。

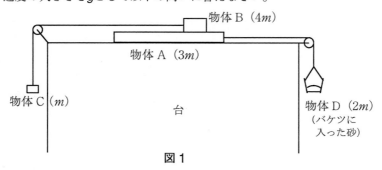

図1

44

　静かに手を離したあと，BはAの上を滑ることなく，Aと一緒になって台の上を右向きへ運動した。

(1)　このときの物体Dの加速度を求めなさい。ただし，下向きを正とする。

(2)　このときの物体AとDを結ぶ糸の張力の大きさを求めなさい。

(3)　(2)のあと，砂を追加し，Dの質量を大きくしていったところ，物体AとBが別々に動き出した。物体AとBが別々に動き出す直前の，バケツと砂を合わせた物体Dの質量を求めなさい。ただし，砂の追加によるバケツの揺れ等は無く鉛直方向に運動するものとし，AとBの間の静止摩擦係数を$\frac{1}{2}$とする。

　次に図2のように，物体Dの砂を追加して質量を$10m$に変え，物体Bを同じ質量の物体Eに変えて同様の運動を観察した。AとEを手で固定してから静かに手を離したところ，Aは右へ運動しEはAの上を滑り出し，t秒間運動したとする。なお，AとEの間にも摩擦力がはたらき，動摩擦係数を$\frac{1}{3}$として，以下の問いに答えなさい。

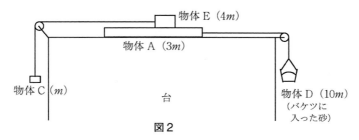

図2

(4)　物体AとE，それぞれの加速度を求めなさい。ただし，右向きを正とする。

(5)　静かに手を離してからt秒の間に，物体Aに対して摩擦力がした仕事の大きさを求めなさい。

　最後に，図2においてt秒間運動した直後，さらに砂を追加し物体Dの質量を大きくしようとしたところ，物体AとDを繋いでいた糸が切れて図3のようになった。その後，しばらく運動すると，物体Aと

物体Eは一体となって運動した。なお，糸が切れる際，追加しよう
とした砂は物体A，C，Eの運動に影響を与えることはなく，切れた
糸もその後の運動に影響を与えることがないものとする。

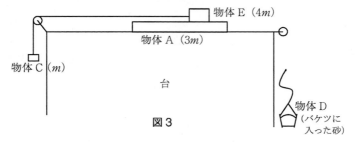

図3

(6)　糸が切れてから物体AとEが一体となるまでの，物体Aの加速度を
求めなさい。ただし，右向きを正とする。

(7)　糸が切れた瞬間の物体Aの速さをV_1，物体Eの速さをV_2とし，物体
AとEが一体となった瞬間の速さをV_1とV_2を用いて表しなさい。

(8)　一体となった物体AとEは，その後もしばらく運動してある地点
で折り返したとする。一体となってから折り返すまでの間に，物体
Aにはたらく摩擦力の大きさを求めなさい。

(☆☆☆◎◎◎)

【２】次の文章を読み，各問いに答えなさい。

図4のように起電力Vの電池Eと3つのコンデンサーC_1，C_2，C_3がある。
コンデンサーの極板は正方形で，面積はそれぞれS，$2S$，$3S$であり，
極板間距離はdで共通している。また，真空中の誘電率はε_0であり，
空気中においても等しいものとする。2つのスイッチS_1，S_2を使ったこ
の回路において，以下の問いに答えなさい。ただし，最初3つのコン
デンサーには電荷は蓄えられていないものとする。

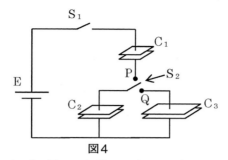

図4

(1) まずスイッチS_2をP側につなぎ，スイッチS_1を閉じてコンデンサーC_1，C_2を充電した。このとき，コンデンサーC_2に蓄えられる電気量と極板間電圧の大きさを求めなさい。

(2) 次に，スイッチS_1を開いてから，スイッチS_2をQ側につないだ。十分に時間が経過したあとに，コンデンサーC_2に蓄えられる電気量と極板間電圧の大きさを求めなさい。

(3) (2)のときに，コンデンサーC_3に蓄えられた静電エネルギーを求めなさい。

次に，スイッチS_2をP側につなぎ直し，図5のように，コンデンサーC_3の極板間に誘電率がεで厚さdの直方体の誘電体を，面積Sだけ重なるように外力を加えながらゆっくりと挿入した。誘電体の上面と下面は正方形で，面積はコンデンサーC_3と同じ$3S$である。また，誘電体はコンデンサーC_3にすき間なく挿入でき，図5のx軸方向のみに平行移動するものとする。また，コンデンサーC_3の極板と誘電体のy軸方向のずれはないものとする。

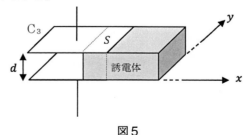

図5

(4)　誘電体を挿入したあとのコンデンサーC₃の電気容量を求めなさい。

(5)　(4)のときに，コンデンサーC₃に蓄えられた静電エネルギーを求めなさい。

(6)　誘電体と極板の間にはたらく摩擦はないものとし，誘電体を挿入する際に外力がした仕事を求めなさい。

　最後に，図5の状態から，図6のようにコンデンサーC₃に対して誘電体をすべて挿入し，上面および下面がすべて極板内に収まるようにした。

　その後，スイッチS₁を閉じて十分に時間が経過したあと，スイッチS₁を開き，再びスイッチS₂をPからQにつないだ。

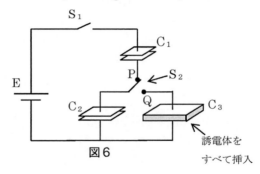

図6

(7)　十分に時間が経過したあとに，コンデンサーC₃に蓄えられる電気量と極板間電圧の大きさを求めなさい。

(☆☆☆◎◎◎)

【3】次の文章を読み，各問いに答えなさい。

　マグマは地下の岩石が融けてできたものである。固体である岩石の融け方には，圧力は変化せず温度が上昇して融けたり，温度は変化せず圧力が低下して融けたりするものがある。また，日本のような沈み込み帯では，沈み込むプレートから供給される(A)によって岩石の融点が下がることでマグマが発生する現象が見られる。

　日本には活火山の数がおよそ100ある。日本列島のような沈み込み帯の島弧では沈み込んだプレートの上面の深さが100kmになるあたりから背弧側にかけて，(a)海溝と平行に火山が分布している。活火山の噴火の様式はその活火山のマグマの性質に左右される。具体的には，マグマの生成量やマグマの粘性である。(b)粘性が高いほど，二酸化炭素などの揮発性成分の気泡が抜けにくくなり，マグマ内の圧力が高まって爆発的な噴火が起こりやすくなる。このようなマグマの性質の違いにより，形成される(c)火山の形も異なる。

(1)　文章中の(　A　)にあてはまる適切な物質名を答えなさい。

(2)　文章中の下線部(a)について，沈み込み帯における火山分布の海溝側の限界線のことを何というか答えなさい。

(3)　文章中の下線部(b)について，粘性が高いマグマの温度とマグマ中のSiO_2の割合は，粘性が低いマグマと比較してそれぞれどのように異なるか，次の①～④の中から最も適当な組み合わせのものを一つ選び，番号で答えなさい。

	マグマの温度	マグマ中の SiO_2 の割合
①	高い	多い
②	高い	少ない
③	低い	多い
④	低い	少ない

(4)　文章中の下線部(c)について，粘性が低いマグマが噴火してできる火山の形の組み合わせとして最も適切なものを，次の(ア)～(エ)から一つ選び，記号で答えなさい。

(ア)　溶岩円頂丘・火砕丘　　　(イ)　溶岩円頂丘・盾状火山

(ウ)　溶岩台地・盾状火山　　　(エ)　成層火山・盾状火山

　マグマが冷えて固まった岩石を(d)火成岩という。次の図7は火成岩の分類や深成岩に含まれる主な(e)造岩鉱物を示したものである。

火成岩の分類	超苦鉄質岩	苦鉄質岩	中間質岩	ケイ長質岩
火山岩		（　B　）	安山岩	流紋岩
深成岩	（　C　）	斑れい岩	閃緑岩	（　D　）
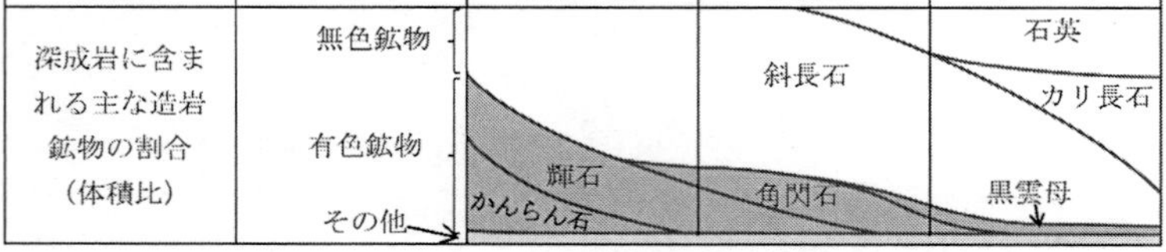 深成岩に含まれる主な造岩鉱物の割合（体積比）	無色鉱物／有色鉱物／その他　かんらん石　輝石		斜長石　角閃石	石英／カリ長石　黒雲母

図7

(5) 図7中の（　B　）～（　D　）にあてはまる適切な語句を答えなさい。

(6) 文章中の下線部(d)について，火成岩を構成する造岩鉱物の多くはケイ素と酸素からなるSiO_4四面体が骨組みとなっている。このような鉱物を総称して何というか答えなさい。

(7) 文章中の下線部(e)について，造岩鉱物のひとつである斜長石はCaに富むものとNaに富むものがあるように，同じ結晶構造だが化学組成が連続的に変化するものがある。このような鉱物を何というか答えなさい。

(8) 図7にある造岩鉱物の中で，(7)のような鉱物ではなく，化学組成が単一のものである鉱物の名称を一つ答えなさい。

(9) ある地域で採取した深成岩Xについて岩石薄片を作成して偏光顕微鏡で観察した。薄片を1mmずつ動かして接眼レンズの十字の交点の下に見える造岩鉱物の名称を特定して記録した。これを合計500カウントになるまで繰り返した。次の表1は，その観察結果であり，数値は各鉱物のカウント数である。この結果を基に，深成岩Xの色指数と岩石名をそれぞれ答えなさい。ただし，各鉱物のカウント数は各鉱物の体積比に等しいと考えて良い。

表1

	石英	カリ長石	斜長石	かんらん石	輝石	角閃石	黒雲母
深成岩 X	0	0	220	125	150	5	0

（☆☆☆◎◎◎◎）

【4】次の文章を読み，各問いに答えなさい。

　海水に溶けている塩類の割合を塩分という。塩分は，海水1kg中の塩類の質量(g)を千分率(‰)で表し，海水の塩分はおよそ（　ア　）‰である。塩分は，海洋の位置や深さ，季節などにより変化する。一方で，塩類の組成は世界中のどの海でもほぼ一定であり，一番多い塩類はNaCl，2番目に多い塩類は（　イ　）である。

　海洋は深さによって水温が異なる。海面付近の深さ方向に水温変化の少ない層を(a)表層混合層，深部のどの海域でも水温が1〜3℃である層を深層という。また，表層混合層と深層の間の，水温が急激に変化する層を（　ウ　）という。

　北半球の熱帯域から中緯度域にかけての海洋には，時計まわりの環流がみられる。北太平洋では，赤道の北側の北赤道海流が日本列島付近を流れる(b)黒潮につながり，北太平洋海流，カリフォルニア海流とつながっている。黒潮は北太平洋の西岸近くを熱帯域から北上してきた強い流れであるが，このように環流の西側に強い流れが現れることを（　エ　）という。

　このような北半球の太平洋の大規模な流れの仕組みは次のとおりである。海流の直接的な原動力は大規模な風系である。すなわち，中緯度域を吹く（　オ　）と熱帯域を吹く（　カ　）によって海面の水がひきずられ，流れが生じる。この流れは，地球の自転による（　キ　）という力がはたらくため，風の吹く向きの右側にそれる。その結果，中緯度域の海水は南に，熱帯域の海水は北に運ばれ，海水が集まる太平洋中央部に東西方向の水位が高い部分ができる。海水面に高度差が生じると海水は（　ク　）という力を受けるため高所から低所に向けて流れる。このとき，（　キ　）の影響を受けて，海水面の等高線と平行に流れる状態になる。この流れのことを(c)地衡流といい，この状態が維持されているのが環流である。

　また，海洋の深層では(d)海水が循環していることが研究によって明らかにされている。

(1)　（　ア　）〜（　ク　）にあてはまる適切な語句を答えなさい。ただ

し，（　ア　）と（　イ　）は次の語群からそれぞれ一つずつ選びなさい。なお，同じ記号の（　　）には同じ語句が入るものとする。

語群

ア：　20　　25　　30　　35　　40　　45　　50

イ：　Na₂SO₄　　CaCl₂　　MgCl₂　　NaHCO₃　　KCl

(2)　下線部(a)について，図8は夏季と冬季の表層混合層の厚さの，1982年〜2010年の29年間の平均を示している。冬季の表層混合層の厚さを表しているのはAとBのどちらか答えなさい。

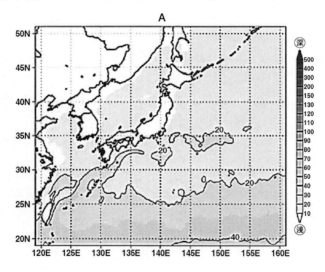

A

B

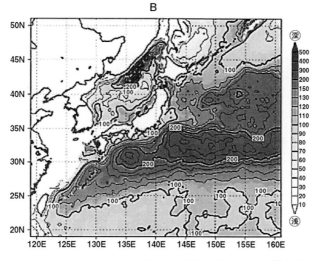

図8　気象庁ホームページより

(3)　下線部(b)について，黒潮の流れの幅が90km，水深が400m，流速を1.0m/sと仮定したとき，鉛直断面を流れる1秒あたりの海水の体積(m³)を求めなさい。

(4)　下線部(c)について，地衡流は(　キ　)と(　ク　)の力がつり合った状態で流れる。北半球において，地衡流の向きと，(　キ　)と(　ク　)の力の向きを正しく表しているものを，次の①～④から一つ選び，番号で答えなさい。

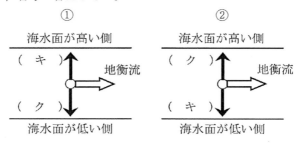

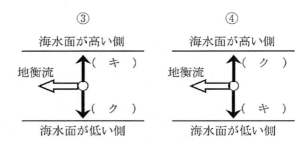

③
海水面が高い側
（ キ ）
地衡流 ←○
（ ク ）
海水面が低い側

④
海水面が高い側
（ ク ）
地衡流 ←○
（ キ ）
海水面が低い側

(5)　下線部(d)について，次の文章中の空欄（　X　）と（　Y　）にあては
　　まる組み合わせとして最も適当なものを，以下の①～④から一つ選
　　び，番号で答えなさい。

　　この循環は深層循環とよばれ，表層の海水が深層に沈み込み，地球
　規模で循環する現象である。海水が沈み込む場所は（　X　）周辺とみら
　れており，そこで沈み込んだ海水が1周して元の位置に戻るまでおよ
　そ（　Y　）年かかると見積もられている。

	X	Y
①	北太平洋北部やインド洋	100～200
②	北大西洋北部や南極	100～200
③	北太平洋北部やインド洋	1000～2000
④	北大西洋北部や南極	1000～2000

(6)　深層循環形成のおもな原因について説明しなさい。

(☆☆☆◎◎◎◎)

【化学】

【１】次の各問いに答えなさい。ただし，NaOHの式量は40.0，水溶液の
　　比熱は4.2J/(g・K)とする。

　　水酸化ナトリウムの溶解エンタルピーを求めるために，以下の手順
　で実験を行ったところ，表1のとおりの結果が得られた。

【手順1】紙コップに水48.0gを入れ，温度を測定したところ20.5℃であ
　　　　った。

【手順2】素早くはかり取った固体の水酸化ナトリウム2.00gを紙コップ

に加えて，ふたをかぶせて素早く攪拌して完全に溶解させた。このとき，水酸化ナトリウムを加えた瞬間を0秒として，攪拌しながら20秒ごとに240秒まで温度を測定した。

【結果】

表1

時間〔秒〕	0	20	40	60	80	100	120	140	160	180	200	220	240
温度〔℃〕	20.5	22.2	24.0	25.6	26.9	27.7	28.1	28.2	27.8	27.4	27.0	26.6	26.2

(1) 実験結果をもとに，横軸を時間〔秒〕，縦軸を温度〔℃〕として，反応時間と温度の関係をグラフに示しなさい。

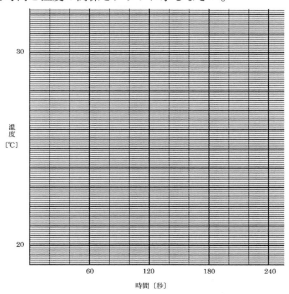

(2) 140秒から240秒の領域にみられる温度変化が起こる理由を20字以内で答えなさい。

(3) 上昇した温度 ΔT〔K〕を求めなさい。

(4) 水酸化ナトリウムの溶解エンタルピー〔kJ/mol〕を求めなさい。ただし，計算過程も示しなさい。

(5) 次の反応エンタルピーやエネルギーの出入りに関する①〜⑥を読んで，誤っているものを一つ選び番号で答えなさい。

①　黒鉛とダイヤモンドを比較すると，黒鉛の方が安定なので，黒鉛の生成エンタルピーが0である。

②　水(気)の生成エンタルピーは，水(液)の生成エンタルピーと水(液)の蒸発エンタルピーの差に等しい。

③　化学発光を示す反応では，反応に伴うエンタルピーの減少分の一部が光として放出され，反応物のもつエネルギーよりも生成物のもつエネルギーは小さい。

④　水が電離する反応は，吸熱反応である。

⑤　触媒を用いて反応が速く進む場合，触媒の有無に関係なく，反応エンタルピーは変化しない。

⑥　氷1molを0℃から100℃の水蒸気にするのに必要なエンタルピー変化は，氷の融解エンタルピーと水の蒸発エンタルピーの和に等しい。

(☆☆☆◎◎◎)

【２】次の文章を読み，各問いに答えなさい。ただし原子量は，H＝1.0，O＝16.0，S＝32.0，Pb＝207とする。

　図1のように，電極に鉛と酸化鉛(Ⅳ)を使用した鉛蓄電池と，両極に白金電極を使用し，水酸化ナトリウム水溶液を満たした電解槽を接続できるようにした。鉛蓄電池を十分に充電した後に水酸化ナトリウム水溶液を電気分解したところ，電解槽の両極で気体が発生した。

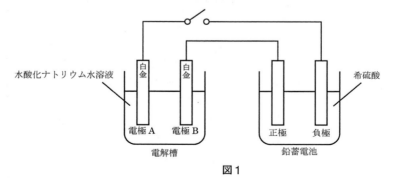

図1

(1) 鉛蓄電池と電解槽について，次の(a)・(b)の各問いに答えなさい。
  (a) 鉛蓄電池を放電したときの正極および負極で起こる反応をそれぞれ電子e⁻を用いたイオン反応式で示しなさい。
  (b) 電解槽について，白金電極Aおよび白金電極Bで起こる反応を電子e⁻を用いたイオン反応式で示しなさい。

(2) 鉛蓄電池の放電時間に対する希硫酸の質量変化を測定したところ，放電時間の経過とともに希硫酸の質量が減少し，1000秒間電気分解した時点で0.40g減少していることが分かった。鉛蓄電池の(a)正極および(b)負極の質量変化を示す直線をグラフ内に記入し，それぞれ(a)または(b)と表記しなさい。

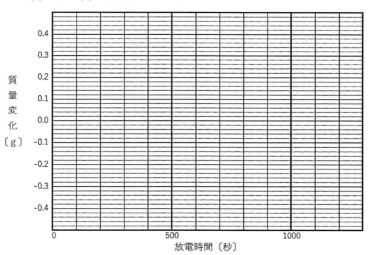

(3) 1000秒間電気分解し，白金電極Aで発生した気体を27℃，1.0×10^5Paで水上置換法により捕集した。捕集した際，内外の液面を一致させた。次の(a)・(b)の各問いに答えなさい。
  (a) 白金電極Aで発生した気体の物質量を求めなさい。ただし，計算過程も示しなさい。
  (b) このときの気体の体積は何Lか答えなさい。ただし，発生した気体は水に溶けず，理想気体として扱うことができるものとし，

27℃における水の飽和蒸気圧をP_{H_2O}，気体定数をRとして求めなさい。

(☆☆☆◎◎◎)

【3】次の文章を読み，各問いに答えなさい。ただし原子量はH＝1.0，C＝12，N＝14，O＝16，Na＝23とし，気体定数は$R=8.3×10^3$〔Pa・L/(mol・K)〕とする。

　アンモニアは刺激臭をもつ無色の気体で，その合成は，（　ア　）を主成分とする触媒を用いて(　イ　)法によって行われる。(　イ　)法における反応は可逆反応であり，常温・常圧ではなく_a高温・高圧のもとで行われる。平衡状態にある混合気体を冷却してアンモニアを液体にして取り出した_b液体アンモニアは，液体の水とよく似た性質を示す。

　硝酸も化学肥料・火薬・医薬品・染料の合成など広く利用されており，重要な窒素化合物である。硝酸は，工業的には(　ウ　)法によって大量に製造されている。(　ウ　)法では，白金を触媒として利用している。(　ウ　)法の反応は次の3段階の反応からなる。

$$4NH_3　+　5O_2　→　4NO　+　6H_2O \qquad ···①$$
$$2NO　+　O_2　→　2NO_2 \qquad ···②$$
$$〔　　　　エ　　　　〕 \qquad ···③$$

(1)　（　ア　）～（　ウ　）にあてはまる適切な語句を答えなさい。なお，同じ記号の(　　)には同じ語句が入るものとする。

(2)　下線部aに関して，高温とは具体的に何℃のことか，「　　　～　　　℃」にしたがって答えなさい。

(3)　下線部bに関して，次の①・②の各問いに答えなさい。

　①　アンモニアと水はともに同族元素の水素化合物と比べて沸点が高い。その理由を20字以内で説明しなさい。

　②　アンモニアと水はともに水素化合物であり極性分子であるが，ホウ素の水素化合物で，分子式BH_3で表される物質は無極性分子であることが分かっている。その理由をそれぞれの分子の形に触

れて説明しなさい。

(4) 〔　エ　〕に当てはまる化学反応式を答えなさい。

(5) （　ウ　）法でアンモニアから質量パーセント濃度54%の硝酸をつくりたい。54%硝酸1.0Lあたり，27℃，$1.0×10^5$Paの空気は何m^3以上必要か有効数字2桁で答えなさい。計算過程も示しなさい。ただし，54%硝酸の密度は1.33g/cm^3とし，酸素は空気中には体積で20%含まれているものとする。

(☆☆☆☆◎◎◎◎)

【4】次の各問いに答えなさい。ただし，原子量は，H＝1.0，C＝12，O＝16とする。

図2は，有機化合物を構成する元素の割合を決定するために行う元素分析の装置の概略図である。

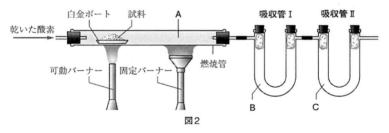

図2

(1) 図のA～Cに入れる適当な物質を，次の①～⑤からそれぞれ一つずつ選び，番号で答えなさい。

　① 塩化カルシウム　　② 活性炭　　③ 酸化銅(Ⅱ)
　④ 水酸化カルシウム　　⑤ ソーダ石灰

(2) 吸収管ⅠとⅡをこの順で連結する理由を20字以内で答えなさい。

(3) 炭素，水素，酸素のみからなる有機化合物34.5mgを完全燃焼したところ，二酸化炭素が88.0mg，水が22.5mg得られた。また，別の実験からこの化合物の分子量を測定したところ，おおよそではあるが，120～150の間であることが分かった。この化合物の分子式を求めなさい。ただし，計算過程も示しなさい。

(4)　不揮発性の有機化合物では，沸点上昇度を用いて分子量を測定することができる。有機化合物(分子量M)が非電解質の場合について，沸点上昇度ΔT〔K〕，溶媒のモル沸点上昇K〔K・kg/mol〕，溶媒の質量W〔kg〕，溶質(有機化合物)の質量w〔g〕を用いて，分子量Mを表しなさい。

(5)　化合物Dは分子式$C_5H_{10}O$を持つ化合物である。Dは不斉炭素原子を持たないが，Dを還元して得られたアルコールEは不斉炭素原子を1つ持つ。Dはヨードホルム反応陽性を示した。Eを加熱した濃硫酸に加えて加熱を続けると脱水反応により3種類のアルケンが得られた。化合物Dの構造式を示しなさい。構造式は，次の記入例にならって記しなさい。

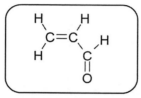

構造式の記入例

(☆☆☆◎◎◎◎)

【生物】

【1】次の文章を読み，各問いに答えなさい。

　光合成は，植物などの葉緑体で行われる同化作用で，自然界では，太陽の光エネルギーをATPおよび還元型補酵素のNADPHの化学エネルギーに変換する反応と，ATPとNADPHを用いて，二酸化炭素から有機物を合成する反応とに区分される。

　植物では，葉緑体のチラコイド膜上に，(a)光合成色素がタンパク質などとともに，光化学系と呼ばれる複合体を形成している。光化学系Ⅱは，反応中心と集光性複合体からなる複合体であり，光エネルギーは光化学系Ⅱの集光性複合体にあるクロロフィルやカロテノイドなどのアンテナ色素によって吸収され，反応中心の主色素であるクロロフ

60

ィルに集約される。光化学系Ⅱでは，光エネルギーが集約された反応中心のクロロフィルが活性化され，電子を放出する。電子を放出したクロロフィルには水の分解で生じた電子が供給されて還元された状態へ戻る。このとき，水の分解によって酸素(O_2)が発生し，水素イオン(H^+)はチラコイドの（　①　）側へ放出される。光化学系Ⅱでクロロフィルから放出された電子は複数の電子伝達物質によって光化学系Ⅰに受け渡される。この電子伝達の間に生じるエネルギーによって，チラコイドの（　②　）側から（　③　）側へH^+が輸送される。光化学系Ⅰでも，光エネルギーを受けたクロロフィルから電子が放出されるが，この電子はH^+とともにNADP$^+$と結合してNADPHとなる。チラコイドの（　④　）側へ輸送されたH^+によってH^+の濃度勾配が生じると，濃度勾配に従ってチラコイド膜にあるATP合成酵素を通ってH^+がチラコイドの（　⑤　）側に戻り，そのさいに，ATPが合成される。このような光エネルギーに依存するATP合成を（　⑥　）という。この一連の光化学系で生じたATP，NADPHを用いて(b)ストロマで有機物が合成される。光合成の学習については，物質の変化と有機物の合成に至るまでのエネルギーの流れを関連付けて理解させることを大切にしたい。

(1)　文章中の下線部(a)に関して，光合成色素であるクロロフィルの中心金属は何か，名称または化学式で答えなさい。

(2)　文章中の（　①　）〜（　⑤　）には，「内」または「外」が入る。どちらが入るかそれぞれ答えなさい。また，（　⑥　）にあてはまる最も適切な語句を答えなさい。

(3)　植物の緑葉には，クロロフィルaとクロロフィルbとが，ほぼ3：1の割合で含まれている。しかし，生育する光環境によってこの値は変化する。光の強い場所で育てた植物に比べて，光の弱い場所で育てた植物では，クロロフィルbに対するクロロフィルaの数の比であるa／b比の値はどのようになると考えられるか，理由もあわせて答えなさい。

(4)　文章中の下線部(b)の反応系では，気孔を通して取り込まれた二酸化炭素が，炭素数5のリブロース二リン酸に取り込まれ，炭素数6の

化合物になる。さらに，この炭素数6の化合物が分解して炭素数3の化合物が生じる。この反応を触媒する酵素と生じる炭素数3の化合物の名称を答えなさい。なお，略称名で解答してもよい。

(5)　十分な光の条件下で，緑藻に炭素の放射性同位体である^{14}Cからなる二酸化炭素$^{14}CO_2$を10分間与えて光合成をさせると，リブロース二リン酸と(4)の炭素数3の化合物のすべての炭素原子に^{14}Cが一様に分布した。ここで，急に光を遮断して暗黒にすると，炭素数3の化合物の濃度はどのように変化するか，最も適切な図を次の(ア)～(エ)から一つ選び，記号で答えなさい。

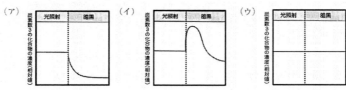

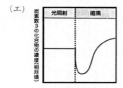

(6)　多くの植物では，気孔を通して取り入れた大気中の二酸化炭素をそのまま，炭酸同化に用いている。しかし，C$_4$植物やCAM植物と呼ばれる植物は，二酸化炭素の固定を効率よく行うしくみをもち，高温で光が強い環境や乾燥した環境でも生育できる。次の(ア)～(オ)の記述のうち，C$_4$植物にあてはまる記述にはAを，CAM植物にあてはまる記述にはBを，それぞれ記号で答えなさい。

(ア)　トウモロコシやサトウキビが該当する。

(イ)　ベンケイソウやサボテンが該当する。

(ウ)　葉肉細胞は大きく発達した液胞をもち，反応過程で生成したリンゴ酸を液胞に蓄える。

(エ)　夜に気孔を開いて二酸化炭素を取り込み，日中には気孔を閉

じたまま光合成を進める。

(オ)　維管束鞘細胞に運ばれたリンゴ酸が分解されることで，二酸化炭素濃度を上昇させ，効率よく光合成を行う。

(☆☆☆○○○)

【2】次の文章を読み，各問いに答えなさい。

　　脊椎動物の手やあしは，(a)発生の過程で体の側方にある肢芽という膨らみから形成される。ニワトリの前肢の場合，前方から第1指，第2指，第3指と決まった指が形成される。肢芽の基部の後方には極性化活性帯(ZPA)と呼ばれる領域があり，ここから分泌されるタンパク質が指の形成に関係する。このタンパク質は後方から分泌されて前方へ移動するため，後方では濃度が高く，前方に向かうにしたがって濃度が低くなる。ニワトリの場合，濃度の高い側から順に第3指，第2指，第1指が形成される。このニワトリの指形成のように，その濃度の違いによって，異なる発生の結果をもたらすような物質を(b)モルフォゲンといい，各細胞がこの濃度勾配を情報として読み取って，特定の部域からの位置を知ることができる。

　　また，器官が発生する過程では，(c)決められた時期に決められた細胞が死にいたることで最終的な形態が形成されることがある。これは，細胞の中で，核などが断片化し，細胞全体が委縮する現象によって細胞死が起こるものである。アヒルなどの水鳥の後肢では，ヒトの手足に比べて細胞死の起こり方が少なく，指と指との間に細胞が残って水かきができる。

(1)　文章中の下線部(a)について，胚の特定の部分が，隣接する未分化の細胞群に作用して，その分化を促す現象がみられる。この作用を何というか答えなさい。また，このような働きをもつ胚の領域を何というか答えなさい。

(2)　(1)の現象は連続して起こる場合があることが知られている。次の図1は，眼の形成過程の一部を示すものである。図1の(　①　)～(　④　)にあてはまる最も適切な名称を答えなさい。ただし，図1中

63

の⬇は(1)の作用を，⟶は変化を示すものとする。また，同じ番号
の(　)には，同じ語句が入るものとする。

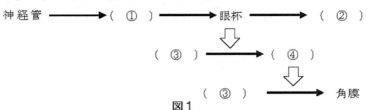

神経管 ⟶ (　①　) ⟶ 眼杯 ⟶ (　②　)

(　③　) ⟶ (　④　)

(　③　) ⟶ 角膜

図1

(3)　文章中の下線部(b)において，両生類の器官形成では，特定の部域
から分泌されるノギンやコーディンというタンパク質が知られてい
る。このタンパク質は，胞胚期に胚の全域に分布するBMPというタ
ンパク質との関係から，中胚葉の組織の分化にも関与している。ノ
ギンやコーディンはBMPに対してどのような作用をもたらすこと
で，中胚葉において分化する組織の違いをもたらすか，簡潔に答え
なさい。また，次の(ア)～(エ)を，ノギンやコーディンの濃度が高
い側から順に並べ，記号で答えなさい。

(ア)　体節　　　(イ)　側板　　　(ウ)　脊索　　　(エ)　腎節

(4)　図2は，正常な発生における，ニワトリの指形成に関わるモルフ
ォゲンの濃度と指形成の位置との関係を表している。別のニワトリ
の胚からZPAを切り出して肢芽の前方部分に移植すると，指形成に
関わるモルフォゲンの濃度と指形成の位置との関係は図3のように
なった。ただし，図3のa～cは，図2のa～cと同様の濃度を示してい
る。この時の指形成の位置を図2を参考に，次に図示しなさい。な
お，指の関節は不要であるが，指の番号がわかるように図に示すこ
と。

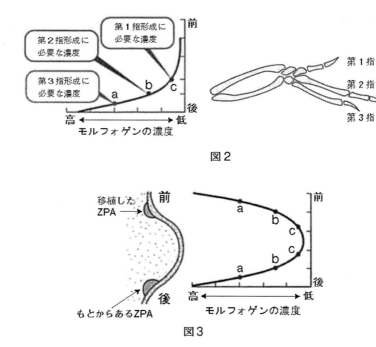

図2

図3

(5) 文章中の下線部(c)のしくみを何というか答えなさい。

(6) ショウジョウバエでは，卵細胞において特定の遺伝子のmRNAが，前後方向に濃度勾配をもって分布している。これらのmRNAが，受精後に翻訳されてタンパク質が合成されることで，子の胚の前後軸決定に関わる。このように，子の形態形成などが，母親の細胞の遺伝子により決定される場合，その遺伝子を母性効果遺伝子という。ショウジョウバエの未受精卵において前方に局在する母性効果遺伝子をもつmRNAの名称として，最も適切なものを次の(ア)～(エ)から一つ選び，記号で答えなさい。

(ア) コーダルmRNA   (イ) ナノスmRNA

(ウ) ハンチバックmRNA   (エ) ビコイドmRNA

(☆☆☆◎◎◎)

【3】次の文章を読み，各問いに答えなさい。

　　多くの植物は，昼と夜の長さの変化を受容して花芽形成する。そこで，図4Ⅰ～Ⅴの明暗条件を繰り返し，その条件下で植物A～Cを栽培し，花芽形成の有無を観察した。なお，この実験では，昼と夜の長さの条件のみが花芽形成に影響し，植物は条件が整えば，花芽形成できる状態まで生育させたものを使用する。

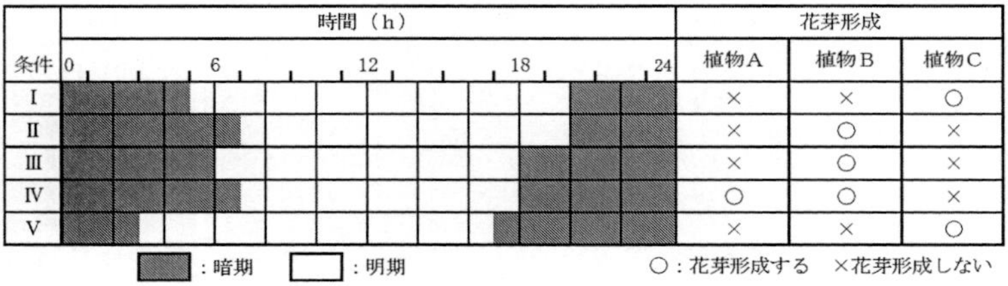

条件	時間（h）				花芽形成 植物A	植物B	植物C
Ⅰ					×	×	○
Ⅱ					×	○	×
Ⅲ					×	○	×
Ⅳ					○	○	×
Ⅴ					×	×	○

■：暗期　　□：明期　　　　○：花芽形成する　×：花芽形成しない

図4

(1)　植物が，昼と夜の長さの変化を受容して反応する性質を何というか答えなさい。

(2)　植物において，花芽形成を促進する物質を何というか答えなさい。

(3)　植物A～Cのそれぞれの限界暗期は何時間か，次の(ア)～(エ)から一つ選び，記号で答えなさい。なお，同じ記号の複数回使用も可とする。

　　(ア)　9時間～10時間　　　(イ)　10時間～11時間

　　(ウ)　11時間～12時間　　　(エ)　12時間～13時間

(4)　植物A～Cのように昼と夜の長さの変化を受容して，花芽形成する植物をそれぞれ何植物というか，名称を答えなさい。

(5)　異なる緯度における日長時間の季節変化を示した図5を参考にして，植物A～Cを鳥取県(北緯35度付近)で，6月上旬に栽培を開始した場合，花芽形成が早い順に記号(A～C)で答えなさい。

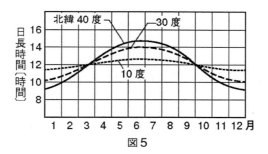

図5

(6) 図5を参考にして，限界暗期以上の暗期で花芽形成する植物を用いて，次の表1の①，②の条件(栽培する場所，限界暗期)で5月上旬に栽培を開始した場合，それぞれ何月に花芽形成を始めるか答えなさい。

表1

	栽培する場所	限界暗期
①	北緯10度	8時間
②	北緯40度	11時間

(☆☆☆◎◎◎)

【4】次の文章を読み，各問いに答えなさい。

　生物は同種であっても，さまざまな形質をもっている。同種の個体間にみられる形質の違いを変異という。変異には遺伝しない(　①　)変異と，遺伝する(　②　)変異がある。

　近縁の種間では，DNAの塩基配列や<u>タンパク質のアミノ酸配列</u>を調べると，違いがみられる。DNAの塩基配列やタンパク質のアミノ酸配列などでおきた変化の蓄積を(　③　)進化という。木村資生は，これらの変化が，自然選択に対して有利でも不利でもないものが大部分であるという(　④　)説を提唱した。

(1) 文章中の(　①　)～(　④　)にあてはまる最も適切な語句を答えなさい。

(2) 文章中の下線部に関して，共通の祖先のタンパク質から，すべて

のアミノ酸も一定時間で変異すると仮定すると，種間で異なるアミ
ノ酸配列の数から進化の分岐したおおよその時間を推定することが
できる。表2は生物(A，B，C，D)が共通にもつあるタンパク質のア
ミノ酸配列の違いの数を比べたものを示したものである。また，図
6は，表2の4種類の生物が共通の祖先から分岐した様子を表したも
のである。以下の①～③の各問いに答えなさい。ただし，図9にお
いて，進化の速度は一定であるとし，枝の長さは正確でないものと
する。

表2

	生物 B	生物 C	生物 D
生物 A	37	16	68
生物 B		43	75
生物 C			67

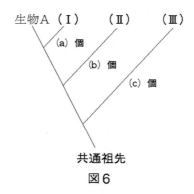

図6

① 図6において，(Ⅰ)～(Ⅲ)に入る生物を生物B～生物Dからそれぞ
れ一つずつ選び，答えなさい。

② 図6において，各生物が分岐した後，何個のアミノ酸が変異し
たと考えられるか。(a)～(c)にあてはまる数字を答えなさい。

③ 図6において，生物Aと(Ⅲ)は，今から4億年前に共通の祖先か
ら分岐したと仮定した場合，生物Aと(Ⅰ)が共通の祖先から分岐
したのは何年前か。最も近い値を次の(ア)～(オ)から一つ選び，

68

記号で答えなさい。

(ア) 0.5億 　　(イ) 0.9億 　　(ウ) 1.4億 　　(エ) 1.8億

(オ) 2.8億

(☆☆☆◎◎◎)

解答・解説

中 学 理 科

【1】(1) ①, ②, ④ 　(2) ① ICT 　② 個別化 　③ 個性化
(3) ① 探究 　② 技能 　③ 表現 　④ 規則 　⑤ 尊重
⑥ 保全

〈解説〉(1) ① 「児童・生徒」ではなく「公共」である。 　② 「校長」
ではなく「上司」である。 　④ 「その職を退いた後は，その限りでは
ない」ではなく「その職を退いた後も，また，同様とする」である。
(2) 本答申は，第Ⅰ部総論と第Ⅱ部各論から成っている。総論におい
ては，まず，社会の変化が加速度を増し，複雑で予測困難となってき
ている中，子供たちの資質・能力を確実に育成する必要があり，その
ためには，新学習指導要領の着実な実施が重要であるとした。その上
で，我が国の学校教育がこれまで果たしてきた役割やその成果を振り
返りつつ，新型コロナウイルス感染症の感染拡大をはじめとする社会
の急激な変化の中で再認識された学校の役割や課題を踏まえ，2020年
代を通じて実現を目指す学校教育を「令和の日本型学校教育」とし，
その姿を「全ての子供たちの可能性を引き出す，個別最適な学びと，
協働的な学び」とした。ここでは，ICTの活用と少人数によるきめ細
かな指導体制の整備により，「個に応じた指導」を学習者視点から整
理した概念である「個別最適な学び」と，これまでも「日本型学校教

育」において重視されてきた，「協働的な学び」とを一体的に充実することを目指している。さらに，これを踏まえ，各学校段階における子供の学びの姿や教職員の姿，それを支える環境について，「こうあってほしい」という願いを込め，新学習指導要領に基づいて，一人一人の子供を主語にする学校教育の目指すべき姿を具体的に描いている。　　(3)　第2分野の目標は，第1分野の目標と同様に，教科の目標を受けて示しているものであり，第2分野の特質に即して，ねらいをより具体的に述べている。

【２】(1)　胞子　　(2)　維管束　　(3)　胚珠が子房に包まれている
(4)　はい
(5)

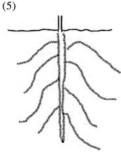

(6)　(イ)

〈解説〉(1)　シダ植物やコケ植物は胞子でふえる。　　(2)　シダ植物には維管束があるが，コケ植物にはない。　　(3)　被子植物では胚珠は子房に包まれているが，裸子植物では胚珠はむき出しになっている。
(4)　ブナは双子葉類なので，葉脈は網状脈である。　　(5)　双子葉類の根には，主根から枝分かれした側根がある。　　(6)　アブラナやエンドウは花弁が1枚1枚離れている離弁花，アサガオやタンポポは花弁がくっついている合弁花である。

【３】(1)　電解質　　(2)　$FeCl_2 \rightarrow Fe^{2+} + 2Cl^-$　　(3)　(イ)　　(4)　銅
(5)　①　Mg　　②　Fe　　③　Cu　　(6)　イオン化傾向

〈解説〉(1)(2)　解答参照。　　(3)　原子は，＋の電気をもつ陽子と－の電気をもつ電子により電気的に中性であるが，電子を放出すると全体として＋の電気をもつ陽イオンとなる。　　(4)　水溶液中の銅のイオンが電子を受け取ると$Cu^{2+}＋2e^-→Cu$と反応し，金属板に赤色の銅が付着する。　　(5)　イオンになりやすい金属板と，イオンになりにくい金属イオンを含む水溶液の組合せのとき，イオンになりにくい金属が金属板に付着する。表より，FeよりMgの方がイオンになりやすく，CuよりMgの方がイオンになりやすく，CuよりFeの方がイオンになりやすいことがわかる。　　(6)　解答参照。

【4】(1)　①　音源(発音体)　　②　空気　　③　振動
(2)

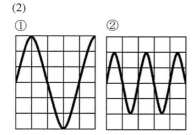

③　200〔Hz〕　　(3)　①　振幅　　②　振動数　　(4)　①　伝わる
②　(ほとんど)伝わらない　　(5)　1020〔m〕

〈解説〉(1)　音は物体が振動することで発生し，空気などの媒質を振動させることで伝わっていく。　　(2)　①　図5の縦軸は振幅，横軸は時間を示している。音を大きくすると，音の波の振幅が大きくなる。②　高い音では，一定時間に波が振動する回数が多くなり，つまり振動数が大きくなる。　　③　この音の波の波長は，横軸の4目盛りに相当する。つまり，$2X＝0.005$〔秒〕より，この音の波は0.005秒間に1回振動するので，1秒間に振動する回数は$\frac{1}{0.005}＝200$〔回〕，つまり振動数は200Hzである。　　(3)　(2)①②の解説を参照。　　(4)　音は気体，液体，固体中を伝わるが，真空では伝わらない。　　(5)　音の速さは光の速さと比べて十分に遅いので，雷が光った瞬間に音が出て，雷鳴が聞

こえるまでに3秒間かかったと考えると，求める距離は340×3＝1020〔m〕となる。

【5】(1)　グリコーゲン　　(2)　水　　(3)　(ウ)　　(4)　①　肝臓
②　尿素　　③　腎臓
〈解説〉(1)　グリコーゲンとは，ブドウ糖(グルコース)が多数つながったものである。体内でエネルギーが不足すると，グリコーゲンから生じるブドウ糖を利用する。　　(2)　細胞呼吸では，酸素を利用して有機物を分解することでエネルギーを取り出すが，その際に二酸化炭素と水が生じる。　　(3)　図7のゴム膜は横隔膜を表しており，これを引くと空気が取り込まれてゴム風船がふくらむ。　　(4)　有毒なアンモニアは，タンパク質が分解される際に生じる。

【6】(1)　速さ，向き　　(2)　キ，ス　　(3)　瞬間(の速さ)
(4)　(ア)　　(5)　①　等速直線運動　　②　接触面との間ではたらく摩擦力が小さいから。　　(6)　つりあっている。
〈解説〉(1)　「中学校学習指導要領(平成29年告示)解説　理科編」には，「物体の運動には速さと向きの要素があることを理解させることがねらいである」と記されている。　　(2)　記録タイマーの打点の時間間隔は，東日本では$\frac{1}{50}$〔s〕，西日本では$\frac{1}{60}$〔s〕である。鳥取県内では記録タイマーの打点の時間間隔は$\frac{1}{60}$〔s〕なので，0.1秒ごとに切るためには6打点ごとに切ればよい。アの点から数えて6打点目はキの点，キの点から6打点目はスの点である。　　(3)　速さの表し方には，瞬間の速さと平均の速さがある。　　(4)　運動する物体に対して，運動する向きに力を加えると，速さは大きくなる。斜面に垂直な向きは運動する向きではないので，(イ)(ウ)は不適。また，重力の大きさは変わらないので，(エ)は不適。　　(5)　①　解答参照。　　②　無視できないほどの大きさの摩擦力がはたらいている場合，台車の運動とは逆向きなので，台車の速さは小さくなる。　　(6)　物体に2つ以上の力がはたらいている場合，これらの力がつりあっていれば，物体は等速直線運動をする。

自動車の速さが一定のとき，エンジンの力は，摩擦力と空気抵抗の合力とつりあっている。

【7】(1) C→A→B (2) 溶質…ミョウバン 溶媒…水
(3) (方法2) (4) (塩化ナトリウムの溶解度は，)温度による変化がほぼなく冷やしても出てくる塩化ナトリウムはほとんどないから。
(5) (ウ)

〈解説〉(1) それぞれの質量パーセント濃度は，Aが$\frac{10}{90+10}×100＝10$〔％〕，Bが$\frac{10}{100+10}×100≒9.1$〔％〕，Cが$\frac{7}{50+7}×100≒12.3$〔％〕である。 (2) 物体を溶かしている水が溶媒，溶かされているミョウバンが溶質である。 (3)(4) 温度の違いによる溶解度(100gの水に溶ける物質の質量)の変化が大きい物質であれば，(方法1)を用いることができる。 (5) Cの水溶液に，さらに硝酸カリウムを35g入れると，水50gに硝酸カリウムが$7+35＝42$〔g〕溶けている状態となる。図10より，硝酸カリウムは10℃の水100gに約24g溶けると読み取れるので，50gの水では$24×\frac{50}{100}＝12$〔g〕溶ける。よって，結晶として出る硝酸カリウムの質量は，$42-12＝30$〔g〕となる。

【8】(1) 恒星 (2) (エ) (3) (ア) (4) (ウ) (5) 南中
〈解説〉(1) 解答参照。 (2) (ア) 望遠鏡の向きを調整するときは，遠方の景色などを見て合わせる。 (イ) 低倍率の接眼レンズから使用する。 (ウ) 投射板の位置は，太陽の像が記録用紙の円の大きさと同じになるように調整する。 (3) 黒点の位置が東から西へ移動しているように見えるのは，太陽が自転しているからである。 (4) 6月下旬の夏至の頃なので，透明半球上の太陽の動きは，南中高度が最も高い(ウ)となる。 (5) 解答参照。

【9】(1) ・手回し発電機の回転を遅くする。 ・5A端子に接続する。
・抵抗器をいれる。 (2) N極からS極 (3) (ア) (4) 反対

向きに動く。　　(5)　(ウ)

〈解説〉(1)　図15より，電流計の－端子のうち最も小さい50mA端子(右側
　　の端子)に接続されているので，50mAを超える電流が流れると電流計
　　の針が振り切れる。通常は，まずは最も大きな5A端子に接続する。
　　(2)　磁界の向きは，N極から出てS極へ向かう。　　(3)　右ねじの法則
　　より，電流の向きがわかれば磁界の向きがわかる。　　(4)　フレミング
　　の左手の法則より，力の向きが逆になっていることがわかる。
　　(5)　解答参照。

【10】(1)　寒冷前線　　(2)　積乱雲
　　(3)

　　(4)　(エ)　　(5)　①　偏西風　　②　移動性高気圧　　③　低気圧
　　(6)　ラニーニャ

〈解説〉(1)(2)　寒冷前線付近では，積乱雲が発生しやすい。　　(3)　前線
　　X－Yの断面には，左側に寒冷前線，右側に温暖前線がある。寒冷前
　　線では寒気が暖気を押し上げながら進み，温暖前線では暖気が寒気の
　　上をゆるやかに上っている。　　(4)　寒冷前線が通過すると，暖気が押
　　し上げられるため強い上昇気流となり，積乱雲が発達してにわか雨(強
　　い雨や雷雨)となる。また，前線通過後は寒気が入り込むため，地表の
　　気温が下がる。　　(5)　移動性高気圧は，ユーラシア大陸南東部で発生
　　した後，偏西風の影響により日本列島を通過する。また，移動性高気
　　圧の間には低気圧ができる。　　(6)　反対に，赤道太平洋東部の海面水
　　温が平年より高い状態が続くことをエルニーニョ現象といい，日本付
　　近では冷夏や暖冬となる傾向がある。

高 校 理 科

【共通問題】

【1】(1) ①, ②, ④　(2) ① ICT　② 個別化　③ 個性化
(3) ① c (エ)　d (カ)　e (ウ)　f (イ)　g (オ)
h (ア)　② i (エ)　j (オ)　k (ウ)　l (イ)　③ 地学
基礎

〈解説〉(1) ① 「児童・生徒」ではなく「公共」である。　② 「校長」
ではなく「上司」である。　④ 「その職を退いた後は，その限りでは
ない」ではなく「その職を退いた後も，また，同様とする」である。
(2) 本答申は，第Ⅰ部総論と第Ⅱ部各論から成っている。総論におい
ては，まず，社会の変化が加速度を増し，複雑で予測困難となってき
ている中，子供たちの資質・能力を確実に育成する必要があり，その
ためには，新学習指導要領の着実な実施が重要であるとした。その上
で，我が国の学校教育がこれまで果たしてきた役割やその成果を振り
返りつつ，新型コロナウイルス感染症の感染拡大をはじめとする社会
の急激な変化の中で再認識された学校の役割や課題を踏まえ，2020年
代を通じて実現を目指す学校教育を「令和の日本型学校教育」とし，
その姿を「全ての子供たちの可能性を引き出す，個別最適な学びと，
協働的な学び」とした。ここでは，ICTの活用と少人数によるきめ細
かな指導体制の整備により，「個に応じた指導」を学習者視点から整
理した概念である「個別最適な学び」と，これまでも「日本型学校教
育」において重視されてきた，「協働的な学び」とを一体的に充実す
ることを目指している。さらに，これを踏まえ，各学校段階における
子供の学びの姿や教職員の姿，それを支える環境について，「こうあ
ってほしい」という願いを込め，新学習指導要領に基づいて，一人一
人の子供を主語にする学校教育の目指すべき姿を具体的に描いてい
る。　(3) 解答参照。

【２】(1)　①　(エ)　　②　(オ)　　③　(オ)　　④　(キ)　　⑤　(イ)
　　　⑥　(カ)　　(2)　①　a　2　　b　7　　c　4　　d　6　　②　(d)

〈解説〉(1)　①　(エ)は第3周期で15族に属するリンであり，価電子の数
　は5個である。　②　第3周期では，貴ガス(希ガス)を除くと原子番号
　が大きいほど陽子の数が増え，電子が原子核に強く引き付けられるた
　め原子半径は小さくなる。よって，(オ)の塩素である。　③　電子親
　和力はハロゲンで特に大きく，最も大きいのは(オ)の塩素である。
　④　第1イオン化エネルギーは，特にアルカリ金属で小さいので，(キ)
　のカリウムである。　⑤　電気陰性度が最も大きいのは，(イ)のフッ
　素である。　⑥　単原子分子は貴ガス(希ガス)なので，(カ)のアルゴン
　である。　(2)　①　$a\mathrm{C_2H_6}+b\mathrm{O_2}\rightarrow c\mathrm{CO_2}+d\mathrm{H_2O}$とおき，両辺でそれぞれ
　の原子の数を合わせる。炭素について$2a=c$，水素について$6a=2d$，
　酸素について$2b=2c+d$となる。$a=1$とすると，$c=2$，$d=3$，$b=3.5$と
　なる。全ての係数を整数にするため2倍すると，$a=2$，$b=7$，$c=4$，
　$d=6$となる。よって，$2\mathrm{C_2H_6}+7\mathrm{O_2}\rightarrow4\mathrm{CO_2}+6\mathrm{H_2O}$となる。　②　エタン
　(分子量30)7.5gの物質量は$\frac{7.5}{30}=0.25$〔mol〕，酸素(分子量32)36gの物
　質量は$\frac{36}{32}=1.125$〔mol〕であり，反応式より酸素はエタンの$\frac{7}{2}$〔倍〕
　の$0.25\times\frac{7}{2}=0.875$〔mol〕必要なので，反応後に残る酸素の物質量は
　$1.125-0.875=0.25$〔mol〕である。また，発生する二酸化炭素の物質
　量はエタンの2倍なので，$0.25\times2=0.50$〔mol〕である。よって，反応
　後の気体の物質量は，$0.25+0.50=0.75$〔mol〕となり，その体積は標
　準状態で$22.4\times0.75=16.8$〔L〕となる。

【３】(1)　(カ)　　(2)　(キ)　　(3)　(オ)　　(4)　(オ)

〈解説〉(1)　解答参照。　(2)　力学的エネルギー保存の法則より，
　$\frac{1}{2}kx^2+0=0+\frac{1}{2}mv^2$が成り立ち，$v=\sqrt{\frac{k}{m}}x$となる。　(3)　力学的エネ
　ルギー保存の法則より，$\frac{1}{2}kx^2+0=mgh_A+\frac{1}{2}mv_A{}^2$が成り立ち，

$h_A = \dfrac{kx^2 - mv_A{}^2}{2mg}$ となる。　　(4)　力学的エネルギー保存の法則より，

$\dfrac{1}{2}kx^2 + 0 = mgh_B + 0$が成り立ち，$x = \sqrt{\dfrac{2mgh_B}{k}}$となる。

【4】(1)　(オ)　　(2)　(イ)　　(3)　(エ),(オ)　　(4)　(ア)

〈解説〉(1)　(ア)　白血球ではなく血小板である。　　(イ)　赤血球は無核である。　　(ウ)　リンパ系ではなく自律神経系である。　　(エ)　フィブリンではなくグリコーゲンである。　　(2)　間脳の視床下部である。(3)　グルカゴンは肝臓でのグリコーゲンの分解を促進し，糖質コルチコイドはタンパク質の糖化を促進するので，いずれも血糖濃度を上昇させる。　　(4)　健康な人では，血糖濃度が上昇した後にインスリン濃度が上昇し，やがてどちらも下降するので，①のグラフが該当する。Ⅰ型糖尿病患者では，血糖濃度が上昇してもインスリン濃度が上昇しないので，②のグラフが該当する。Ⅱ型糖尿病患者では，インスリン濃度が上昇しても血糖濃度が下降しないので，③のグラフが該当する。

【5】(1)　(イ)　　(2)　①　(エ)　　②　(オ)　　③　(ア)　　(3)　(イ)

〈解説〉(1)　プレートは，地殻とマントル最上部を合わせたものであり，リソスフェアともいう。　　(2)　解答参照。　　(3)　ホットスポットにより形成された順に，海山c，海山b，火山島aとなる。cが形成されてからbが形成されるまでの間，プレートAは5000－4000＝1000〔万年〕で北向きに800km移動し，その速さは$\dfrac{800}{1000}=0.8$〔km/万年〕＝8〔cm/年〕である。同様に，bが形成されてからaが形成されるまでの間，プレートは4000万年で1600km北西向きに移動し，その速さは$\dfrac{1600}{4000}=0.4$〔km/万年〕＝4〔cm/年〕である。

【物理・地学】

【1】(1)　$\dfrac{1}{10}g$　　(2)　$\dfrac{9}{5}mg$　　(3)　$\dfrac{13}{4}m$　　(4)　物体A…$\dfrac{2}{3}g$

物体E…$\dfrac{1}{15}g$　　(5)　$\dfrac{2}{5}mg^2t$　　(6)　$-\dfrac{4}{9}g$　　(7)　$\dfrac{3V_1 + 20V_2}{23}$

(8)　$\dfrac{3}{8}mg$

〈解説〉(1)　物体AとDをつなぐ糸の張力の大きさをT_1，物体BとCをつなぐ糸の張力の大きさをT_1'，AとBの間の摩擦力の大きさをFとする。Dの加速度をa_1とすると，A，B，C，Dの加速度の大きさはすべて等しいので，Aの運動方程式は右向きを正として$3ma_1=T_1-F$であり，Dの運動方程式は下向きが正なので$2ma_1=2mg-T_1$となる。これらより，$F=2mg-5ma_1$　…①となる。一方，Bの運動方程式は$4ma_1=F-T_1'$であり，Cの運動方程式は$ma_1=T_1'-mg$となる。これらより，$F=5ma_1+mg$　…②となる。①②より，$a_1=\dfrac{1}{10}g$となる。　(2)　(1)の$a_1=\dfrac{1}{10}g$をDの運動方程式に代入すると，$T_1=\dfrac{9}{5}mg$が得られる。

(3)　このときのDの質量をMとする。AとBの間の摩擦力の大きさは$F=\dfrac{1}{2}\times4mg=2mg$となる。AとBが別々に動き出す直前なので，A，B，C，Dの加速度の大きさはすべて等しくこれをa_2，AとDをつなぐ糸の張力の大きさをT_2，BとCをつなぐ糸の張力の大きさをT_2'として，(1)と同様に運動方程式を立てると，Bでは$4ma_2=2mg-T_2'$となり，Cでは$ma_2=T_2'-mg$となるので，$a_2=\dfrac{1}{5}g$　…③となる。また，Aでは$3ma_2=T_2-2mg$となり，Dでは$Ma_2=Mg-T_2$となるので，③を用いると$M=\dfrac{13}{4}m$となる。　(4)　Aの加速度をa_1'，物体Eの加速度をa_2'，AとBをつなぐ糸の張力をT_1''，CとDをつなぐ糸の張力をT_2''とすると，AとBの間の摩擦力の大きさは$\dfrac{1}{3}\times4mg=\dfrac{4}{3}mg$となるので，Aの運動方程式は$3ma_1'=T_1''-\dfrac{4}{3}mg$，Dの運動方程式は$10ma_1'=10mg-T_1''$より，$a_1'=\dfrac{2}{3}g$となる。また，Cの運動方程式は$ma_2'=T_2''-mg$，Eの運動方程式は$4ma_2'=\dfrac{4}{3}mg-T_2''$より，$a_2'=\dfrac{1}{15}g$となる。　(5)　求める仕事の大

きさは，Aにはたらく摩擦力の大きさ$\frac{4}{3}mg$と，AのEに対する移動距離xの積である。(4)より，$x=\frac{1}{2}a_1't^2-\frac{1}{2}a_2't^2=\frac{1}{2}\times\frac{2}{3}gt^2-\frac{1}{2}\times\frac{1}{15}gt^2=\frac{3}{10}gt^2$なので，求める仕事の大きさは，$\frac{4}{3}mg\times\frac{3}{10}gt^2=\frac{2}{5}mg^2t^2$となる。　(6)　Aの加速度を$a_A$とすると，Aにはたらく力は左向きに摩擦力$\frac{4}{3}mg$なので，運動方程式は$3ma_A=-\frac{4}{3}mg$より，$a_A=-\frac{4}{9}g$となる。　(7)　(6)のときのEの加速度を$a_E$，CとEをつなぐ糸の張力を$T'''$とすると，Eの運動方程式$4ma_E=\frac{4}{3}mg-T'''$とCの運動方程式$ma_E=T'''-mg$より，$a_E=\frac{1}{15}g$となる。糸が切れてから$t'$秒後にAとEが一体となり，そのときの瞬間の速さを$V$とすると，Aの加速度は$-\frac{4}{9}g$なので$V=V_1-\frac{4}{9}gt'$，Eの加速度は$\frac{1}{15}g$なので$V=V_2+\frac{1}{15}gt'$となる。これらより，$V=\frac{3V_1+20V_2}{23}$となる。　(8)　Aにはたらく摩擦力の大きさを$f$，一体となったAとEの加速度を$\alpha$とする。Eの運動方程式$4m\alpha=f-T'''$とCの運動方程式$m\alpha=T'''-mg$より，$5m\alpha=f-mg$となる。また，Aの運動方程式は$3m\alpha=-f$なので，$f=\frac{3}{8}mg$となる。

【2】(1)　電気量…$\frac{2\varepsilon_0 S}{3d}V$　　極板間電圧…$\frac{1}{3}V$　　(2)　電気量…$\frac{4\varepsilon_0 S}{15d}V$

極板間電圧…$\frac{2}{15}V$　　(3)　$\frac{2\varepsilon_0 S}{75d}V^2$　　(4)　$\frac{(2\varepsilon_0+\varepsilon)S}{d}$

(5)　$\frac{2\varepsilon_0^2 S}{25(2\varepsilon_0+\varepsilon)d}V^2$　　(6)　$\frac{2\varepsilon_0(\varepsilon_0-\varepsilon)S}{75(2\varepsilon_0+\varepsilon)d}V^2$

(7)　電気量…$\frac{12\varepsilon_0\varepsilon S}{5(2\varepsilon_0+3\varepsilon)d}V$　　極板間電圧…$\frac{4\varepsilon_0}{5(2\varepsilon_0+3\varepsilon)}V$

〈解説〉(1)　コンデンサーC_1，C_2，C_3の電気容量をそれぞれC_1，C_2，C_3とする。$C_1=\frac{\varepsilon_0 S}{d}=C$とすると，$C_2=\frac{2\varepsilon_0 S}{d}=2C$，$C_3=\frac{3\varepsilon_0 S}{d}=3C$と表せる。また，$C_1$，$C_2$の極板間電圧をそれぞれ$V_1$，$V_2$とし，蓄えられる電気量をそれぞれ$Q_1$，$Q_2$とする。$C_1$と$C_2$は直列に接続されており，最初3つのコンデンサーには電荷は蓄えられていないので，電気量保存則よ

り，$-Q_1+Q_2=0$より$Q_1=Q_2$である。また，$V_1=\dfrac{Q_1}{C_1}=\dfrac{Q_2}{C_1}$，$V_2=\dfrac{Q_2}{C_2}$

$=\dfrac{Q_2}{2C}$であり，$V=V_1+V_2=\dfrac{Q_2}{C}+\dfrac{Q_2}{2C}=\dfrac{3Q_2}{2C}$となる。よって，$Q_2=\dfrac{2}{3}CV$

$=\dfrac{2\varepsilon_0 S}{3d}V$，$V_2=\dfrac{\frac{2}{3}CV}{2C}=\dfrac{1}{3}V$となる。　(2)　スイッチ$S_1$を開き，スイッ

チS_2をQ側につないで十分に時間経過した後のC_2，C_3に蓄えられる電気

量をそれぞれ$Q_2{}'$，$Q_3{}'$とする。これらは並列に接続されているので極板

間電圧は等しく，これをV'とすると，$V'=\dfrac{Q_2{}'}{C_2}=\dfrac{Q_3{}'}{C_3}$となるので，$Q_2{}'$

$=C_2V'=2CV'$，$Q_3{}'=C_3V'=3CV'$となる。また，電気量保存則より，

$Q_2{}'+Q_3{}'=Q_2=\dfrac{2}{3}CV$が成り立つので，$2CV'+3CV'=\dfrac{2}{3}CV$より，$V'=$

$\dfrac{2}{15}V$，$Q_2{}'=2CV'=\dfrac{2\varepsilon_0 S}{d}\times\dfrac{2}{15}V=\dfrac{4\varepsilon_0 S}{15d}V$となる。　(3)　(2)より，$Q_3{}'=$

$3CV'=\dfrac{2}{5}CV$，$V'=\dfrac{2}{15}V$なので，C_3に蓄えられた静電エネルギーは，

$\dfrac{1}{2}Q_3{}'V'=\dfrac{1}{2}\times\dfrac{2}{5}CV\times\dfrac{2}{15}V=\dfrac{2}{75}CV^2=\dfrac{2\varepsilon_0 S}{75d}V^2$となる。　(4)　図5の$C_3$の

電気容量は，極板間距離dが共通で誘電率ε_0で面積$2S$のコンデンサー

と，誘電率εで面積Sのコンデンサーを並列に接続した場合と同じな

ので，求める電気容量は$\dfrac{2\varepsilon_0 S}{d}+\dfrac{\varepsilon S}{d}=\dfrac{(2\varepsilon_0+\varepsilon)S}{d}$となる。　(5)　誘電体

の挿入により，電気量の変化はなく$Q_3{}'=\dfrac{2}{5}CV=\dfrac{2\varepsilon_0 S}{5d}V$であり，電気容

量は(4)の$\dfrac{(2\varepsilon_0+\varepsilon)S}{d}$である。極板間電圧を$V''$とすると，$\dfrac{2\varepsilon_0 S}{5d}V$

$=\dfrac{(2\varepsilon_0+\varepsilon)S}{d}V''$より，$V''=\dfrac{2\varepsilon_0}{5(2\varepsilon_0+\varepsilon)}V$となる。よって，求める静電エ

ネルギーは，$\dfrac{1}{2}Q_3{}'V''=\dfrac{1}{2}\times\dfrac{2\varepsilon_0 S}{5d}V\times\dfrac{2\varepsilon_0}{5(2\varepsilon_0+\varepsilon)}V=\dfrac{2\varepsilon_0{}^2 S}{25(2\varepsilon_0+\varepsilon)d}V^2$とな

る。　(6)　電池Eとのエネルギーのやり取りがないので，C_3の静電エ

ネルギーの変化量と外力がした仕事が等しい。よって，求める仕事は

（5）と（3）の静電エネルギーの差より，$\dfrac{2\varepsilon_0{}^2 S}{25(2\varepsilon_0+\varepsilon)d}V^2-\dfrac{2\varepsilon_0 S}{75d}V^2$ $=\dfrac{2\varepsilon_0(\varepsilon_0-\varepsilon)S}{75(2\varepsilon_0+\varepsilon)d}V^2$となる。　（7）誘電体をすべて挿入した後の$C_3$の電気容量を$C_3'$とすると，$C_3'=\dfrac{3\varepsilon S}{d}$となる。また，$C_3$に蓄えられた電気量は変化せず，$Q_3'=\dfrac{2}{5}CV=\dfrac{2\varepsilon_0 S}{5d}V$である。その後$S_1$を閉じて十分に時間経過した後，$C_1$と$C_2$に蓄えられた電気量を$Q_1''$，$Q_2''$とし，極板間電圧を$V_1''$，$V_2''$とすると，$V_1''=\dfrac{Q_1''}{C_1}=\dfrac{Q_1''}{C}$，$V_2''=\dfrac{Q_2''}{C_2}=\dfrac{Q_2''}{2C}$と表せる。$C_1$と$C_2$は直列に接続されており，操作前に蓄えられていた電気量はそれぞれQ_1，Q_2'なので，電気量保存則より，$-Q_1''+Q_2''=-Q_1+Q_2'=-\dfrac{2}{3}$ $CV+\dfrac{4}{15}CV=-\dfrac{2}{5}CV$となる。これより，$Q_1''=Q_2''+\dfrac{2}{5}CV$である。また，$V=V_1''+V_2''=\dfrac{Q_1''}{C}+\dfrac{Q_2''}{2C}=\dfrac{1}{C}\left(Q_2''+\dfrac{2}{5}CV\right)+\dfrac{Q_2''}{2C}$より，$Q_2''=\dfrac{2}{5}CV$，$Q_1''=\dfrac{4}{5}CV$となる。この後に$S_1$を開き，$S_2$を$Q$側につないで十分に時間経過した後には，コンデンサーC_2とC_3にそれぞれ電気量Q_2'''，Q_3'''が蓄えられ，これらは並列に接続されているので極板間電圧は等しくこれをV'''とすると，$V'''=\dfrac{Q_2'''}{C_2}=\dfrac{Q_3'''}{C_3}$となる。これより$Q_2'''=C_2V'''=2CV'''$，$Q_3'''=C_3'V'''$となる。電気量保存則より，$Q_2'''+Q_3'''=Q_2''+Q_3'=\dfrac{2}{5}$ $CV+\dfrac{2}{5}CV=\dfrac{4}{5}CV$なので，$2CV'''+C_3'V'''=\dfrac{4}{5}CV$となる。よって，$\dfrac{2\varepsilon_0 S}{d}$ $V'''+\dfrac{3\varepsilon S}{d}V'''=\dfrac{4}{5}\times\dfrac{\varepsilon_0 S}{d}V$より，$V'''=\dfrac{4\varepsilon_0}{5(2\varepsilon_0+3\varepsilon)}V$，$Q_3'''=C_3'V'''=\dfrac{3\varepsilon S}{d}$ $\times\dfrac{4\varepsilon_0}{5(2\varepsilon_0+3\varepsilon)}V=\dfrac{12\varepsilon_0\varepsilon S}{5(2\varepsilon_0+3\varepsilon)d}V$となる。

【3】（1）水　　（2）火山前線　　（3）③　　（4）（ウ）　　（5）B　玄武岩　　C　かんらん岩　　D　花こう岩　　（6）ケイ酸塩鉱物　（7）固溶体　　（8）石英　　（9）色指数…56〔％〕　　岩石名…斑

れい岩

〈解説〉(1)　プレートが深部に沈み込み温度や圧力が上昇すると，含水鉱物から水が放出され，岩石の融点を下げることでマグマが発生すると考えられている。　(2)　火山分布の海溝側の限界線を，火山前線(火山フロント)という。　(3)　SiO_2の割合が多いマグマほど粘性が高く，低温であるほど粘性が高くなる。　(4)　粘性が低いと，マグマが流れて広い範囲に広がっていくため，溶岩台地や盾状火山が形成される。　(5)　Bは苦鉄質の火山岩なので玄武岩，Cは超苦鉄質の深成岩なのでかんらん岩，Dはケイ長質の深成岩なので花こう岩である。(6)　ケイ酸塩鉱物は，SiO_4四面体が隣り合う酸素を共有して鎖状や網状につながり，結晶構造をつくっている。　(7)　結晶構造が同じで，化学組成が連続的に変化する鉱物を固溶体という。　(8)　石英以外の主な造岩鉱物は固溶体である。　(9)　表1の鉱物のうち，有色鉱物はかんらん石，輝石，角閃石，黒雲母である。これらの体積％が色指数なので，全体に対する割合より$\frac{125+150+5}{500}\times100＝56$〔％〕となる。色指数が約35〜70％なのは苦鉄質岩であり，かつ深成岩なので，図7より深成岩Xは斑れい岩である。

【4】(1)　ア　35　　イ　$MgCl_2$　　ウ　水温躍層　　エ　西岸強化
オ　偏西風　　カ　貿易風　　キ　転向力　　ク　圧力傾度力
(2)　B　　(3)　3.6×10^7〔m^3〕　　(4)　③　　(5)　④　　(6)　高緯度の海水は低温で，海水の凍結によって海水の塩分が高くなり，密度が増加するため沈み込む。

〈解説〉(1)　ア　35‰(パーミル)は，1kg中に35gの塩分が溶けていることを示す。　イ　海水に含まれる塩類は多い方から順に，塩化ナトリウム($NaCl$)，塩化マグネシウム($MgCl_2$)，硫酸マグネシウム($MgSO_4$)，硫酸カルシウム($CaSO_4$)，塩化カリウム(KCl)である。　ウ〜ク　解答参照。　(2)　表層混合層は，夏季では薄いのでA，冬季では厚いのでBである。　(3)　黒潮は1秒あたり1.0m流れ，流れの幅は90〔km〕＝9.0×10^4〔m〕なので，求める海水の体積は$1.0\times(9.0\times10^4)\times400＝$

$3.6×10^7$〔m³〕となる。　　(4)　圧力傾度力は海水面が高い側から低い側へはたらくので紙面の下向き，転向力は地衡流では圧力傾度力とつり合うので紙面の上向き，北半球では転向力は海水の流れ(地衡流)に対して直角右向きなので地衡流は紙面の左向きである。　　(5)(6)　緯度による水温や塩分の違いにより引き起こされる海洋の鉛直循環を，熱塩循環という。

【化学】

【 1 】 (1)

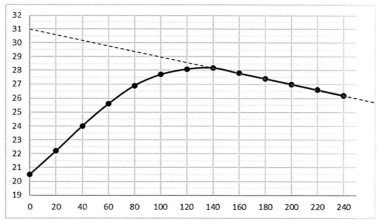

(2)　紙コップを通して外部に熱が逃げるため。　　(3)　10.5〔K〕

(4)　発生した熱量Q〔J〕は，

$Q＝(48.0＋2.00)×4.2×10.5＝2205$〔J〕

NaOH1.0molあたりに換算すると，

$Q'＝2.205$〔kJ〕$×\dfrac{40.0〔g/mol〕}{2.00〔g〕}＝44.1$〔kJ/mol〕

$\Delta H＝-Q'＝-44$〔kJ/mol〕

(5)　⑥

〈解説〉(1)(2)　公式解答のグラフのように破線を引くことで，外部に熱が逃げなかった場合の最高温度が求められる。　　(3)　(1)のグラフより，

最高温度は約31℃と読み取れるので，上昇した温度は，$\Delta T = 31 - 20.5 = 10.5$〔K〕となる。　(4)　水酸化ナトリウムを溶解すると発熱するが，このときエンタルピーの符号は負となる。　(5)　その他にも，0℃の水を100℃に温度上昇させる際に必要なエンタルピー変化も加える。

【2】(1)　(a)　正極…$PbO_2 + SO_4^{2-} + 4H^+ + 2e^- \rightarrow PbSO_4 + 2H_2O$
負極…$Pb + SO_4^{2-} \rightarrow PbSO_4 + 2e^-$
(b)　白金電極A…$2H_2O + 2e^- \rightarrow H_2 + 2OH^-$
白金電極B…$4OH^- \rightarrow O_2 + 2H_2O + 4e^-$
(2)

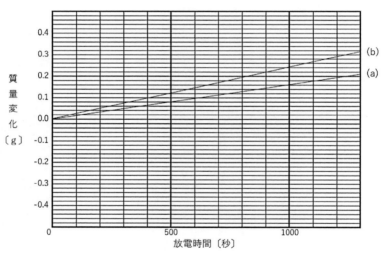

(3)　(a)　鉛蓄電池の負極の反応より，1000秒間で反応したPbは2.5×10^{-3}〔mol〕，
流れたe^-は5.0×10^{-3}〔mol〕である。よって発生したH_2は白金電極Aの反応より，
$5.0 \times 10^{-3} \times \dfrac{1}{2} = 2.5 \times 10^{-3}$〔mol〕

(b) $\dfrac{0.75R}{1.0\times10^5-P_{H_2O}}$ 〔L〕

〈解説〉(1) (a) 解答参照。 (b) 電極Aは鉛蓄電池の負極に接続されているため陰極であり，電子が流れ込み還元反応が起こる。電極Bは鉛蓄電池の正極に接続されているため陽極であり，電子を放出する酸化反応が起こる。 (2) (1)(a)の反応式より，電子が2mol流れるとH₂SO₄(分子量98)が2mol消費され，H₂O(分子量18)が2mol生成する。つまり，電解質溶液としては，98×2−18×2＝160〔g〕減少することになる。一方，正極では電子が2mol流れると1molのPbO₂(式量239)がPbSO₄(式量303)となるので質量は303−239＝64〔g〕増加し，負極では1molのPb(原子量207)がPbSO₄となるので質量は303−207＝96〔g〕増加する。ここで，1000秒間電気分解すると，電解質溶液が0.40g減少したので，流れた電子の物質量は$2\times\dfrac{0.40}{160}=5.0\times10^{-3}$〔mol〕なので，正極の質量は$64\times(5.0\times10^{-3})\times\dfrac{1}{2}=0.16$〔g〕増加し，負極の質量は$96\times(5.0\times10^{-3})\times\dfrac{1}{2}=0.24$〔g〕増加する。よって，(a)のグラフは(0，0.0)と(1000，0.16)の2点を通り，(b)のグラフは(0，0.0)と(1000，0.24)の2点を通る直線となる。 (3) (a) 解答参照。 (b) 発生した水素の分圧は$(1.0\times10^5-P_{H_2O})$〔Pa〕なので，気体の状態方程式より，求める体積は$\dfrac{(2.5\times10^{-3})\times R\times300}{1.0\times10^5-P_{H_2O}}=\dfrac{0.75R}{1.0\times10^5-P_{H_2O}}$〔L〕となる。

【3】(1) ア 四酸化三鉄 イ ハーバー・ボッシュ ウ オストワルト (2) 400〜600℃ (3) ① 分子間で水素結合を形成しているから。(18字) ② アンモニアは三角錐形，水は折れ線形のため原子間の極性が残り，極性分子となるが，BH₃は三方平面形のため，原子間の極性が打ち消し合うため無極性分子となる。

(4) $3NO_2+H_2O\rightarrow2HNO_3+NO$

(5) ①〜③の反応式を一つにまとめると，$NH_3+2O_2\rightarrow HNO_3+H_2O$ 濃度54％の硝酸1.0Lの質量は1330gである。これに含まれるHNO₃の物質量は，

$$1330 \times \frac{54}{100} \times \frac{1}{63} = 11.4 \ (\mathrm{mol})$$

必要な酸素は，$11.4 \times 2 = 22.8 \ (\mathrm{mol})$

必要な空気は，$22.8 \times \frac{100}{20} \ (\mathrm{mol})$ なので，求める体積を $V \ (\mathrm{L})$ とすると，$PV = nRT$ より，

$$V = \frac{22.8 \times \frac{100}{20} \times 8.3 \times 10^3 \times (27 + 273)}{1.0 \times 10^5} = 2838.6 \ (\mathrm{L}) \fallingdotseq 2.8 \ (\mathrm{m^3})$$

〈解説〉(1)(2)　解答参照。　(3)　①　H_2O や NH_3 は，電気陰性度が大きいNやOがHとの間で電気的な偏りが生じるため，他の分子と水素結合を形成する。　②　電気陰性度に差がある原子間では極性が生じるが，分子の形により分子全体として極性が打ち消される場合は，無極性分子となる。　(4)　解答参照。　(5)　オストワルト法の3段階の式を1つにまとめると，問題文の反応式で $(① + ② \times 3 + ③ \times 2) \times \frac{1}{4}$ より，$NH_3 + 2O_2 \rightarrow HNO_3 + H_2O$ となる。

【4】(1)　A　③　　B　①　　C　⑤　　(2)　ソーダ石灰は水も吸収するため。

(3)　化合物34.5mg中の各元素の質量は，

炭素：$88.0 \ (\mathrm{mg}) \times \frac{12}{44} = 24 \ (\mathrm{mg})$

水素：$22.5 \ (\mathrm{mg}) \times \frac{2}{18} = 2.5 \ (\mathrm{mg})$

酸素：$34.5 - (24 + 2.5) = 8 \ (\mathrm{mg})$

組成式を $C_xH_yO_z$ とすると，

$$x : y : z = \frac{24}{12} : \frac{2.5}{1} : \frac{8}{16} = 4 : 5 : 1$$

組成式量69，分子量120～150より，求める分子式は，$C_8H_{10}O_2$

(4)　$M = \dfrac{wK}{W \varDelta T}$

(5)

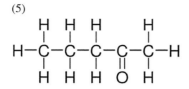

〈解説〉(1) 酸化銅(Ⅱ)は酸化剤として用いる。 (2)(3) 解答参照。

(4) 沸点上昇度 ΔT は，溶液の質量モル濃度 $\dfrac{\frac{w}{M}}{W}$ に比例するので，ΔT

$=K\times\dfrac{\frac{w}{M}}{W}$ と表せる。よって，$M=\dfrac{wK}{W\Delta T}$ となる。 (5) 化合物Dを還元するとアルコールEが得られるので，Dはアルデヒドまたはケトンである。また，Dはヨードホルム反応陽性を示したので，CH₃CO－Rの部分構造をもつケトンであり，これを還元したEはCH₃CH(OH)－Rと表せ不斉炭素原子をもつ。さらに，Eを脱水反応させて3種類のアルケンを得るためには，シス－トランス異性体が存在する必要がある。これらより，Dの構造式はCH₃CH₂CH₂COCH₃となる。

【生物】

【1】(1) マグネシウム(Mg) (2) ① 内 ② 外 ③ 内
④ 内 ⑤ 外 ⑥ 光リン酸化 (3) 光の弱い場所では，集光の役割を果たす色素であるクロロフィルbが増加するため，a／b比の値は小さくなる。 (4) 酵素の名称…リブロース二リン酸カルボキシラーゼ／オキシゲナーゼ(ルビスコ)(リブロース1.5－ビスリン酸カルボキシラーゼ／オキシゲナーゼ) 炭素数3の化合物の名称…ホスホグリセリン酸(PGA) (5) (イ) (6) (ア) A (イ) B
(ウ) B (エ) B (オ) A
〈解説〉(1)(2) 解答参照。 (3) クロロフィルaは光合成の反応中心に多く存在し，クロロフィルbは集光によりクロロフィルaを補助する役割を担う。 (4) 解答参照。 (5) ホスホグリセリン酸(炭素数3の化合物)が次の反応で消費される際にATPが必要となるが，光遮断により

ATP合成が阻害されるため，一時的にホスホグリセリン酸の濃度は上昇する。　(6)　C₄植物は葉肉細胞にあるC₄回路でCO₂を固定し，維管束鞘細胞にあるカルビン・ベンソン回路で有機物を合成する。CAM植物はC₄植物とは異なる回路をもつ。

【２】(1)　作用…誘導　　胚の領域…形成体(オーガナイザー)

(2)　①　眼胞(脳)　　②　網膜　　③　表皮(外胚葉)　　④　水晶体

(3)　作用…BMPの働きを阻害する作用　　並べ替え…(ウ)→(ア)→(エ)→(イ)

(4)

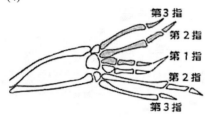

第3指
第2指
第1指
第2指
第3指

(5)　アポトーシス(プログラム細胞死)　　(6)　(エ)

〈解説〉(1)(2)　解答参照。　(3)　ノギンやコーディンは，胚の腹側から背側へいくほど濃度が高い。　(4)　図2より，モルフォゲンの濃度が高いところから順にaで第3指，bで第2指，cで第1指が形成されるとわかる。よって，図2の場合には，前後で対称となる位置にそれぞれの指が2本ずつ形成されると考えられる。　(5)　発生の過程では，アポトーシスが重要な役割を果たしている。　(6)　ナノスmRNAは後方に局在しており，その他2つは全体に分布している。

【３】(1)　光周性　　(2)　フロリゲン(花成ホルモン)　　(3)　A　(エ)　B　(イ)　　C　(イ)　(4)　A　短日植物　　B　短日植物　　C　長日植物　　(5)　C，B，A　　(6)　①　5　　②　9

〈解説〉(1)(2)　解答参照。　(3)　植物Aは，条件Ⅳより，連続した暗期が13時間以上でないと花芽形成しないと読み取れるので，限界暗期は

13時間である。植物Bは，条件Ⅱ，Ⅲ，Ⅳより，連続した暗期が11時間以上あれば花芽形成すると読み取れるので，限界暗期は11時間である。植物Cは，条件Ⅰ，Ⅴより，連続した暗期が10時間以下でないと花芽形成しないと読み取れるので，限界暗期は10時間である。

(4) (3)より，植物AとBは限界暗期以上の条件で花芽形成するので短日植物，植物Cは限界暗期以下の条件で花芽形成するので長日植物である。 (5) 図8より，北緯35度付近の6月上旬では日長時間は14時間強であり，つまり連続した暗期は10時間弱なので，まずは植物Cが花芽形成する。次に，9月頃に日長時間は13時間，つまり連続した暗期は11時間となるので，植物Bが花芽形成する。最後に，10月頃に日長時間が11時間，つまり連続した暗期は13時間となるので，植物Aが花芽形成する。よって，花芽形成が早い順に，C→B→Aとなると考えられる。 (6) ① 北緯10度では5月上旬の日長時間が12時間強，つまり連続した暗期が12時間弱なので，限界暗期である8時間を超えているため，5月に花芽形成する。 ② 北緯40度では，5月上旬の日長時間が14時間強，つまり連続した暗期が10時間弱であり，9月には日長時間が13時間弱，つまり連続した暗期が11時間強になるので，限界暗期である11時間を超えるため9月に花芽形成する。

【4】(1) ① 環境 ② 遺伝的(突然) ③ 分子 ④ 中立
(2) ① (Ⅰ) 生物C (Ⅱ) 生物B (Ⅲ) 生物D ② (a) 8
(b) 20 (c) 35 ③ (イ)

〈解説〉(1) 解答参照。 (2) ① 表2より，生物Aから見てアミノ酸配列の違いの数が少ないほど近縁と考えられるので，(Ⅰ)が生物C，(Ⅱ)が生物B，(Ⅲ)が生物Dとなる。 ② (a) 生物AとCのアミノ酸配列の違いの数は16なので，これらの共通祖先から分岐した後16÷2＝8〔個〕ずつアミノ酸が変異したことになる。 (b) アミノ酸配列の違いの数は，生物AとBでは37，生物BとCでは43なので，これらを平均すると$\frac{37+43}{2}=40$となり，共通祖先から分岐した後に変異したアミノ酸の数は40÷2＝20〔個〕となる。 (c) (b)と同様に考えると，アミ

ノ酸配列の違いの数の平均は$\frac{68+75+67}{3}=70$〔個〕，共通祖先から分岐した後に変異したアミノ酸の数は$70\div2=35$〔個〕となる。

③　アミノ酸が35個変異するのにかかった時間が4億年なので，アミノ酸が8個変異するのにかかった時間は，$4\times\frac{8}{35}\fallingdotseq0.9$〔億年〕となる。

2023年度　実施問題

中 学 理 科

【1】次の各問いに答えなさい。

(1)　次の文は，教育基本法第2条の条文である。条文中の(　①　)～
(　④　)にあてはまる語句の組み合わせとして最も適切なものを，
以下の(ア)～(カ)から一つ選び，記号で答えなさい。

第2条　教育は，その目的を実現するため，(　①　)を尊重し
つつ，次に掲げる目標を達成するよう行われるものとする。

1　幅広い知識と教養を身に付け，真理を求める態度を養い，
豊かな情操と(　②　)を培うとともに，健やかな身体を養う
こと。

2　個人の価値を尊重して，その能力を伸ばし，(　③　)を培
い，自主及び自律の精神を養うとともに，職業及び生活と
の関連を重視し，勤労を重んずる態度を養うこと。

3　正義と責任，男女の平等，自他の敬愛と協力を重んずると
ともに，公共の精神に基づき，主体的に社会の形成に参画
し，その発展に寄与する態度を養うこと。

4　生命を尊び，自然を大切にし，環境の保全に寄与する態度
を養うこと。

5　伝統と文化を尊重し，それらをはぐくんできた我が国と郷
土を愛するとともに，他国を尊重し，(　④　)の平和と発展
に寄与する態度を養うこと。

---

	①	②	③	④
（ア）	学問の自由	道徳心	創造性	自国
（イ）	表現の自由	道徳心	社会性	自国
（ウ）	学問の自由	道徳心	創造性	国際社会
（エ）	表現の自由	奉仕の心	社会性	国際社会
（オ）	学問の自由	奉仕の心	社会性	自国
（カ）	表現の自由	奉仕の心	創造性	国際社会

(2) 次の文章は，令和元年10月25日付けの文部科学省初等中等教育局長通知である「不登校児童生徒への支援の在り方について」の一部である。(①)・(②)にあてはまる最も適切な語句を答えなさい。なお，同じ番号の(　　)には，同じ語句が入るものとする。

1　不登校児童生徒への支援に対する基本的な考え方
　(1)　支援の視点

　　　不登校児童生徒への支援は，「学校に登校する」という結果のみを目標にするのではなく，児童生徒が自らの進路を主体的に捉えて，(①)的に自立することを目指す必要があること。また，児童生徒によっては，不登校の時期が休養や自分を見つめ直す等の(②)的な意味を持つことがある一方で，学業の遅れや進路選択上の不利益や(①)的自立へのリスクが存在することに留意すること。

---

(3) 次の文章は，中学校学習指導要領(平成29年3月告示)第2章　第4節　理科　第1分野の目標の一部を抜粋したものである。(ア)～(カ)に入る最も適切な語句を答えなさい。なお，同じ記号の(　　)には，同じ語句が入るものとする。

---

(1)　物質やエネルギーに関する事物・現象についての観察，実験などを行い，身近な物理現象，電流とその利用，運動とエネルギー，身の回りの物質，化学変化と原子・分子，化学変化とイオンなどについて理解するとともに，科学技術の発展と人間生活との関わりについて認識を深めるよう

にする。また，それらを科学的に（　ア　）するために必要な
観察，実験などに関する基本的な（　イ　）を身に付けるよう
にする。

(2)　物質やエネルギーに関する事物・現象に関わり，それら
の中に（　ウ　）を見いだし見通しをもって観察，実験などを
行い，その結果を分析して（　エ　）し（　オ　）するなど，科
学的に（　ア　）する活動を通して，規則性を見いだしたり課
題を解決したりする力を養う。

(3)　物質やエネルギーに関する事物・現象に進んで関わり，
科学的に（　ア　）しようとする態度を養うとともに，自然を
（　カ　）に見ることができるようにする。

(☆☆☆☆◎◎◎)

【2】植物の光合成について調べるため，次の〔実験1〕及び〔実験2〕を
行った。これについて，以下の各問いに答えなさい。

〔実験1〕

①　日光をよく当てたオオカナダモの葉を熱湯に入れた後，湯で温
めたエタノールにひたした。

②　①の葉を水洗いした後，うすいヨウ素液を加えて顕微鏡で観察
した。

〔実験2〕

①　図1のように，試験管a，bにタンポポの葉を入れ，ストローで
息をふきこみゴム栓をする。

②　空の試験管cにはストローで息だけをふきこみゴム栓をする。

③　試験管bには日光が入らないようにアルミニウムはくで覆う。

④　3本の試験管に30分間，日光を当てる。

⑤　3本の試験管に静かに少量の石灰水を入れ，再びゴム栓をし，
よく振って石灰水の変化を調べる。

図1

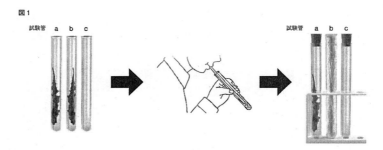

表1は，〔実験2〕の結果をまとめたものである。

表1

		試験管 a	試験管 b	試験管 c
変えた条件	日光を当てたか	○	×	○
	葉があったか	○	○	×
石灰水が白くにごったか（にごれば○）		×	○	○

(1) 次の文は，〔実験1〕における顕微鏡の使い方についての留意点を示したものである。文中の(ア)・(イ)に入る最も適切な語句を，それぞれ答えなさい。

> 観察物が対物レンズの真下にくるように，プレパラートをステージの上にのせ，対物レンズとプレパラートをできるだけ近づける。このとき，(ア)から見ながら(イ)を回す。

(2) 〔実験1〕について次のようにまとめた。文中の(ウ)～(オ)に入る最も適切な語句を，それぞれ答えなさい。なお，同じ記号の( )には，同じ語句が入るものとする。

> 日光をよく当てたオオカナダモの葉を熱湯に入れた後，湯で温めたエタノールにひたして(ウ)した。(ウ)した葉を水洗いした後，うすいヨウ素液を加えて顕微鏡で観察すると，(エ)が青紫色に変化しており，(エ)の中に(オ)がつくられていることがわかる。

(3) 次の文は、〔実験2〕の実験中における注意点を示したものである。文中の(カ)・(キ)に入る最も適切な語句を、それぞれ答えなさい。

> 実験中は、(カ)をかけるようにし、石灰水が(キ)に入らないように注意する。

(4) 〔実験2〕について、次のようにまとめた。文中の(ク)・(ケ)に入る最も適切なアルファベットを、それぞれ答えなさい。

> 〔実験2〕の試験管aと試験管(ク)の結果を比べると、葉に日光を当てると二酸化炭素が吸収されたといえる。また、試験管aと試験管(ケ)の結果を比べると、日光を当てても葉がなければ二酸化炭素は吸収されないといえる。

(5) 次の文は、葉緑体の構造について説明したものである。文中の(コ)・(サ)に入る最も適切な語句を、それぞれ答えなさい。

> 葉緑体の内部には、チラコイドとよばれるへん平な袋状の構造がみられる。チラコイドの膜には(コ)などの光合成色素が存在し、(サ)エネルギーを吸収している。

(☆☆◎◎◎◎)

【3】ヒトの体の中の器官が生命を維持するはたらきについて、次の各問いに答えなさい。
(1) 図2は、ヒトの血液の循環系を模式的に表したものである。肺と心臓を結ぶA、Bの血管の名称を何というか、それぞれ漢字で答えなさい。なお、矢印は血液の流れる方向を示している。

95

図２

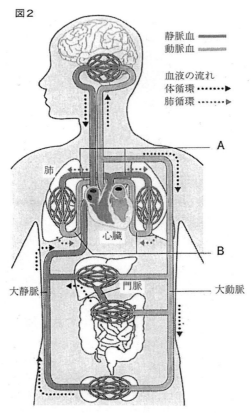

静脈血 ━━━
動脈血 ═══

血液の流れ
体循環 ┈┈┈▸
肺循環 ┈┈┈▷

A

肺

心臓

B

大静脈

門脈

大動脈

(2)　次の文は，図2の血管のうち，静脈の特徴について説明したもの
である。文中の(ア)～(ウ)に入る最も適切な語句を，それ
ぞれ答えなさい。

> 　静脈の壁は動脈より(ア)いつくりで，ところどころに血
> 液の(イ)を防ぐ(ウ)がある。

(3)　次の文は，図2の循環系のうち，肺循環について説明したもので
ある。文中の(エ)～(カ)に入る最も適切な語句を，それぞ
れ漢字で答えなさい。

　　　肺循環では，（　エ　）心室から出た血液が肺に入り，
　（　オ　）を取りこんだのち（　カ　）心房にもどる。

(4)　次の文は，図2の血管のうち，門脈のはたらきについて説明した
　ものである。文中の（　キ　）～（　ケ　）に入る最も適切な語句を，
　それぞれ答えなさい。

　　　門脈は，（　キ　）などの表面から吸収され，（　ク　）血管に
　入った栄養分などを（　ケ　）へ運ぶはたらきをしている。

(5)　細胞内で酸素を用いて有機物を分解し，このとき取り出されたエ
　ネルギーを用いてATP(アデノシン三リン酸)を合成するはたらきを
　何というか，漢字2文字で答えなさい。

(☆☆◎◎◎)

【4】回路を流れる電流について，〔実験1〕及び〔実験2〕を行なった。
　以下の各問いに答えなさい。

〔実験1〕

　　　図3のように，<u>クルックス管に誘導コイルをつないで，高い電圧</u>
　<u>を加えたところ，電流の道筋に沿って電子線が見られた</u>。このとき，
　クルックス管の電極板に電圧を加えると，図4のように電子線が曲
　がる現象が見られた。

　　図３

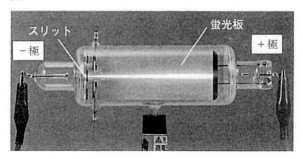

図４

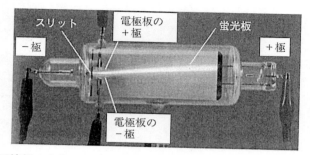

(1)　下線部のように，圧力の小さい気体の中で起こる放電を何というか，答えなさい。

(2)　次の文は，電子線の曲がった向きが，電極板の＋極側だった理由を述べたものである。文中の(ア)に入る最も適切な記号を答えなさい。

> 電子は(ア)の電気をもっているため，電極板の＋極の方に曲がる。

(3)　次の文は，図5のように抵抗器を直列につないだときの回路全体の抵抗の大きさの求め方を示したものである。文中の(イ)・(ウ)に入る最も適切な式を，それぞれ答えなさい。

> 図5のような直列回路の場合，回路に加わる電圧V，V_1，V_2の関係を式で表すと，
> $V=$(イ)・・・①
> 全体の抵抗をRとすると，オームの法則から，
> $V=RI$，$V_1=R_1I$，$V_2=R_2I$
> これらを式①に代入すると，
> $RI=$(ウ)
> 両辺をIで割ると，回路全体の抵抗の大きさを求めることができる。

図5

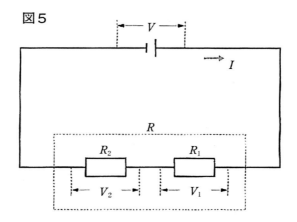

〔実験2〕

　図6のような装置で，棒磁石のN極をコイルの上側から近づけると，検流計の針は右に振れて戻った。

図6

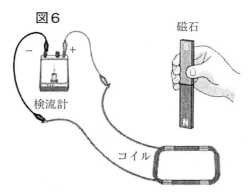

(4)　次の文は，〔実験2〕に関する注意点を述べたものである。文中の
　（　　　）にあてはまる内容を答えなさい。

> 検流計がこわれるおそれがあるので，検流計に（　　　　　）よう
> に気をつける。

(5)　〔実験2〕に関して，電磁誘導によってコイルを流れる電流は，その電流がつくる磁力線が外部から加えられた磁力線の数の変化に対して，打ち消すような向きに流れる。この法則を何というか，答えなさい。

(☆☆☆◎◎)

【5】放射線について，次の各問いに答えなさい。

(1)　次の文は，同位体について述べたものである。文中の(　ア　)〜(　エ　)に入る最も適切な数を，それぞれ答えなさい。

> 　ヘリウム原子には，原子核が陽子(　ア　)個と中性子(　イ　)個からなる${}^4_2$Heのほかに，原子核が陽子(　ウ　)個と中性子(　エ　)個からなる${}^3_2$Heがある。

(2)　原子の中には放射線を出すものがある。放射線を出す能力を何というか，答えなさい。

(3)　放射線のうち，原子核から飛び出す電子はどれか。次の①〜⑤の中から一つ選び，番号で答えなさい。

①　α線　　②　β線　　③　γ線　　④　X線　　⑤　中性子線

(4)　放射線は，もともと自然界に存在し，身のまわりにある岩石や食物，温泉などからも放射線が出ており，宇宙から地球に降り注ぐ放射線もある。これらの放射線を何というか，答えなさい。

(5)　放射線の単位のうち，人体にどれくらいの影響があるかを表す単位として，最も適切なものを，次の(a)〜(c)の中から一つ選び，記号で答えなさい。

(a)　ベクレル　　(b)　グレイ　　(c)　シーベルト

(☆☆◎◎)

【6】酸化銅と活性炭を混ぜて加熱したときに起こる還元について調べるために，次の〔実験〕を行った。これについて，以下の各問いに答えなさい。

〔実験〕
① 酸化銅4.0gと活性炭0.6gをよく混ぜて試験管に入れる。
② 図7のような装置を組み立て，ガスバーナーでよく加熱し，石灰水の変化と試験管内の混合物の変化を観察する。
③ 気体の発生が止まったら，ガラス管を石灰水からぬいて火を消し，(ア)ピンチコックでゴム管を閉じる。
④ 試験管が十分に冷えた後，試験管内に残った物質の質量を測定する。
⑤ 試験管内に残った物質を厚紙の上に置き，(イ)薬さじの裏側でこすり，加熱前後の色の変化と光沢を調べる。

図7

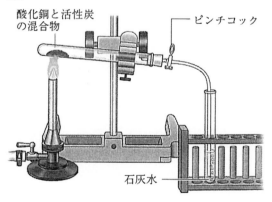

酸化銅と活性炭
の混合物

ピンチコック

石灰水

(1) 下線部(ア)の操作をする理由を，次のようにまとめた。文中の
(　　)にあてはまる内容を答えなさい。

> 加熱した試験管内に(　　　　　)ため。

(2) 下線部(イ)の結果の組み合わせとして最も適切なものを，次の表2の(a)～(d)の中から一つ選び，記号で答えなさい。

表2

	色	光 沢
（a）	赤	光沢あり
（b）	赤	光沢なし
（c）	黒	光沢あり
（d）	黒	光沢なし

(3)　この〔実験〕で試験管内の酸化銅に還元が起きたのは，炭素の性質が原因である。炭素のように，還元が起こる際に必要な物質について次のようにまとめた。文中の(　　)に入る最も適切な語句を答えなさい。

> 酸化した物質に比べて(　　　　　)と結びつきやすい物質である。

(4)　銅の質量と結びつく酸素の質量の比は，約4：1であることがわかっている。〔実験〕の方法④で，試験管内に残った物質の質量は3.5g だった。このとき，試験管内に残っていた活性炭は何gか。最も適切な値を答えなさい。ただし，このときの化学変化は，酸化銅と活性炭の間のみで起こるものとし試験管内の酸化銅は，すべて還元されたものとする。

(5)　二酸化炭素を入れた集気瓶中に火のついたマグネシウムリボンを入れても還元が起きる。この化学変化を化学反応式で表しなさい。ただし，原子の記号はすべて活字体で表し，大文字と小文字の違いをはっきりさせて答えること。

(☆☆◎◎◎◎)

【7】水とエタノールの混合物を加熱し，蒸留するときの変化について調べるために，次の〔実験〕を行った。これについて，以下の各問いに答えなさい。

〔実験〕

① 枝つきフラスコに水とエタノールの混合物20cm³と<u>沸騰石を入れる</u>。

② 図8のような装置を組み立て，混合物を弱火で加熱する。

③ 出てきた液体を，順に3本の試験管に約2cm³ずつ集めたら，加熱をやめる。

④ 加熱していない混合物と，3本の試験管にたまった液体について，次の3点について調べる。

・色

・におい

・マッチの火を近づけたときの様子

図8

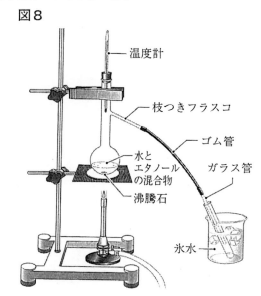

(1) 下線部の操作をする理由を次のようにまとめた。文中の(　　)にあてはまる内容を答えなさい。

液体が(　　　　　　　　　　　　　　　　　　　　)ため。

(2)　この〔実験〕では，図8のように温度計の液だめの部分が枝つき
フラスコの枝の高さになるように設置する。このように設置する理
由を次のようにまとめた。文中の(　　)にあてはまる最も適切な語
句を答えなさい。

> 出てくる(　　　　　　　　　　　　　　　　)の温度をはかるため。

(3)　次の図9は，この実験中の温度計の示度の変化をまとめたもので
ある。水とエタノールの混合物が沸騰を始める温度として最も適切
なものを，以下の(ア)〜(ウ)の中から一つ選び，記号で答えなさい。

図9

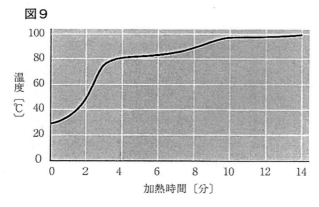

横軸：加熱時間〔分〕　縦軸：温度〔℃〕

(ア)　約56℃　　　(イ)　約78℃　　　(ウ)　約100℃

(4)　水とエタノールの混合物から，蒸留により一方の物質を多く含ん
だ気体を取り出すことができるしくみについて次のようにまとめ
た。文中の(　①　)に入る最も適切な語句を答えなさい。また，
(　②　)には，水とエタノールのどちらが入るか，適切なものを選
び答えなさい。なお，同じ番号の(　　)には，同じ語句が入るもの
とする。

> この〔実験〕では，水とエタノールの(　①　)の差を使って
> 一方の物質を多く含んだ液体を取り出している。水とエタノ

ールでは，（　②　）の方が（　①　）が低く，先に気体となって
出てくる。

(5)　原油からガソリンや軽油，灯油を取り出すときも，蒸留を行って
いる。原油から取り出されたガソリンや軽油は，自動車の燃料とし
て使われるが，使用による環境汚染物質の排出が問題になっている。
このため，環境汚染物質の抑制を目的として，ある成分を低減した
「サルファーフリー」のガソリンや軽油が2005年から日本国内で供
給されている。この取組でガソリンや軽油中から低減された成分と
は何か。最も適切な成分名を漢字2文字で答えなさい。

(☆☆◎◎◎◎)

【8】図10は，太陽と地球の位置関係を表している。図中の(ア)〜(エ)は，
日本付近での春分，夏至，秋分，冬至のいずれかの日の地球の位置で
ある。これについて，以下の各問いに答えなさい。

図10

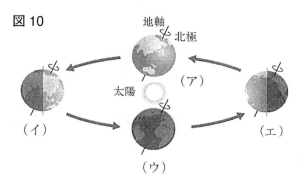

(1)　図10中の(ア)〜(エ)の中から，春分の日の地球の位置として最も
適切なものを一つ選び，記号で答えなさい。
(2)　1年間で，太陽の南中高度の高さや昼間の長さが変化する理由に
ついて，次のようにまとめた。文中の（　①　）・（　②　）にあては
まる最も適切な語句を答えなさい。

> 　地球は，(①)が(②)に垂直な方向に対して，約23.4
> 度傾いたまま公転しているため。

(3)　鳥取県内の北緯35.4度の位置で，夏至の南中高度を測定すると何
度になるか。最も適切な値を答えなさい。

(4)　恒星を観察するとき，地球の公転に伴って恒星の位置が変化して
見える。この変化は，その恒星までの距離を測定するのにも使われ
る。恒星が地球から見える位置の違いを角度で表したものを何とい
うか。最も適切な語句を答えなさい。

(☆☆☆◎◎◎)

【９】ある地域でボーリング調査を行い，地層に含まれる砂やれきの粒の
形を調べた。また，この地域では，図11のように，両側から押された
ことでできる断層があることがわかった。

図11

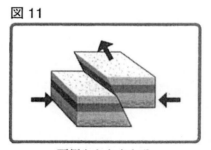

両側からおされる

(1)　流水のはたらきによって堆積した砂やれきの粒の形を調べると，
角がなく丸みがあることがわかった。この理由をまとめた次の文の
(　　)にあてはまる最も適切な語句を答えなさい。

> 　れきや砂の粒に丸みがあるのは，流水がれきや砂を(　　)す
> る間に粒がぶつかり合い，粒の角が削られて丸くなったため
> である。

(2) ボーリング調査を行った地層には，砂やれきのほかに，火山灰の層があることもわかった。同じ火山の噴火でできた火山灰の層があると，離れた場所の地層であっても，同時期にできた層であることを特定できる。この火山灰の層のように，離れた地層を比べるときに目印となることができる層のことを何というか。最も適切な語句を答えなさい。

(3) この地域の地層から，アンモナイトの化石が見つかった。このことから，この層ができた地質年代がわかる。この層ができた地質年代の名称として，最も適切なものを答えなさい。また，アンモナイトのように，地層ができた年代がわかる化石を何というか。最も適切な語句を答えなさい。

(4) この地域では，図11のような断層が見られた。断層は，地面への力の加わり方によって，3つに分類できる。図11の断層は，このうちどの断層か。次の(ア)〜(ウ)の中から最も適切なものを一つ選び，記号で答えなさい。

(ア) 正断層　　　(イ) 逆断層　　　(ウ) 横ずれ断層

(5) 約77万年前，N極が南を指していた時代から地球の磁気が逆転し，N極が北を指し始めた。その証拠となる地層の一つが千葉県市原市で見つかったことから，この頃の地質年代の名称が決まったが，この頃の地質年代の名称は何か。最も適切な語句を答えなさい。

(☆☆◎◎◎◎)

```
┌─────────────────────────────┐
│   高 校 理 科                │
└─────────────────────────────┘
```

　すべての受験者が，【共通問題】をすべて答えなさい。また，**物理・地学受験者**は【物理・地学】を，**化学受験者**は【化学】を，**生物受験者**は【生物】を選択して答えなさい。

【共通問題】

【1】次の各問いに答えなさい。

(1)　次の文は，学校教育法において「第6章　高等学校」にある条文の一部である。(出題の都合上，途中，省略した部分がある。)各条文中の(　①　)〜(　④　)にあてはまる語句の組み合わせとして，最も適切なものを以下の(ア)〜(ク)から一つ選び，記号で答えなさい。なお，同じ番号の(　)には，同じ語句が入るものとする。

> 第50条　高等学校は，中学校における教育の基礎の上に，心身の発達及び(　①　)に応じて，高度な普通教育及び専門教育を施すことを目的とする。
>
> 第51条　高等学校における教育は，前条に規定する目的を実現するため，次に掲げる目標を達成するよう行われるものとする。
>
> 1　義務教育として行われる普通教育の成果を更に発展拡充させて，豊かな人間性，(　②　)及び健やかな身体を養い，国家及び社会の形成者として必要な資質を養うこと。
>
> 2　社会において果たさなければならない使命の自覚に基づき，個性に応じて将来の(　①　)を決定させ，一般的な教養を高め，専門的な知識，技術及び技能を習得させること。
>
> 3　個性の確立に努めるとともに，社会について，広く深い理解と健全な(　③　)を養い，社会の発展に寄与する態度を養うこと。
>
> 第52条　高等学校の学科及び教育課程に関する事項は，

(中略), (①)が定める。

	①	②	③	④
(ア)	学力	自立性	批判力	文部科学大臣
(イ)	進路	創造性	批判力	教育長
(ウ)	学力	創造性	貢献力	文部科学大臣
(エ)	進路	自立性	貢献力	地方公共団体の長
(オ)	学力	自立性	貢献力	教育長
(カ)	進路	自立性	貢献力	文部科学大臣
(キ)	学力	創造性	批判力	地方公共団体の長
(ク)	進路	創造性	批判力	文部科学大臣

(2)　次の文章は,「高等学校学習指導要領(平成30年3月告示)」において「第1章　総則」に記載された,道徳教育に関する内容の一部である。(出題の都合上,途中,省略した部分がある。)(①)～(③)にあてはまる,最も適切な語句を答えなさい。なお,同じ番号の( )には,同じ語句が入るものとする。

> 第1款　高等学校教育の基本と教育課程の役割
> 　道徳教育や体験活動,多様な表現や鑑賞の活動等を通して,豊かな心や創造性の涵養を目指した教育の充実に努めること。
> 　学校における道徳教育は,(①)に関する教育を学校の教育活動全体を通じて行うことによりその充実を図るものとし,各教科に属する科目(以下「各教科・科目」という。),総合的な探究の時間及び特別活動(以下「各教科・科目等」という。)のそれぞれの特質に応じて,適切な指導を行うこと。
> 　道徳教育は,教育基本法及び学校教育法に定められた教育の根本精神に基づき,生徒が自己探求と自己実現に努め国家・社会の一員としての自覚に基づき行為しうる発達の段階にあることを考慮し,(①)を考え,主体的な判断の下に行動し,自立した人間として他者と共によりよく生きるための基盤となる道徳性を養うことを目標とすること。
>
> 第7款　道徳教育に関する配慮事項

　　　　道徳教育を進めるに当たっては，道徳教育の特質を踏まえ，第6款までに示す事項に加え，次の事項に配慮するものとする。

1　　各学校においては，(　中略　)道徳教育の目標を踏まえ，道徳教育の全体計画を作成し，校長の方針の下に，道徳教育の推進を主に担当する教師(「(　②　)」という。)を中心に，全教師が協力して道徳教育を展開すること。なお，道徳教育の全体計画の作成に当たっては，生徒や学校の実態に応じ，指導の方針や重点を明らかにして，各教科・科目等との関係を明らかにすること。その際，公民科の「公共」及び「倫理」並びに(　③　)が，(　①　)に関する中核的な指導の場面であることに配慮すること。

(3)　「高等学校学習指導要領(平成30年3月告示)」における教科「理科」に関する各問いに答えなさい。

①　次の文は，各科目にわたる指導計画の作成と内容の取扱いの中で，指導計画の作成に当たって配慮する事項の一つである。下線部(a)～(c)が正しい場合は○を，誤りの場合は×を記入しなさい。

　　　　単元など内容や時間の(a)全体を見通して，その中で育む資質・能力の育成に向けて，生徒の主体的・対話的で(b)深い学びの実現を図るようにすること。その際，理科の学習過程の特質を踏まえ，理科の見方・考え方を(c)養い，見通しをもって観察，実験を行うことなどの科学的に探究する学習活動の充実を図ること。

②　次の文は，各科目にわたる指導計画の作成と内容の取扱いの中で，指導計画の作成に当たって配慮する事項の一つである。文中の(　　　)に入る最も適する語句を以下の(ア)～(エ)の中から一つ選び，記号で答えなさい。

> 　障害のある生徒などについては，学習活動を行う場合に
> 生じる困難さに応じた指導内容や指導方法の工夫を(　　　)，
> 組織的に行うこと。

(ア)　主体的　　　(イ)　時間的　　　(ウ)　合理的

(エ)　計画的

③　次の文は，各科目にわたる指導計画の作成と内容の取扱いの中
で，内容の取扱いに当たって配慮する事項の一つである。文中の
(　　　)に入る最も適する語句を以下の(ア)～(エ)の中から一つ選
び，記号で答えなさい。

> 　生命を尊重し，自然環境の保全に寄与する態度の育成を
> 図ること。また，環境問題や科学技術の進歩と人間生活に
> 関わる内容等については，(　　　)をつくることの重要性も踏
> まえながら，科学的な見地から取り扱うこと。

(ア)　共生可能な社会　　　(イ)　参画可能な社会

(ウ)　持続可能な社会　　　(エ)　受容可能な社会

(☆☆☆◎◎◎)

【2】次の各問いに答えなさい。

(1)　次の化学反応式の係数を求めなさい。ただし，係数が1の場合も
省略せず1と答えなさい。

　　(　a　)CH_3OH ＋ (　b　)O_2 → (　c　)CO_2 ＋ (　d　)H_2O

(2)　水酸化カルシウムを水に溶かしたときの電離の式を表しなさい。

(3)　次の物質量〔mol〕を求めなさい。ただし，アボガドロ定数は
6.0×10^{23}〔/mol〕として，答えは有効数字2桁で答えなさい。

①　4.5×10^{23}個の酸素分子に含まれる酸素原子

②　標準状態で5.6Lのアンモニア分子

(4)　次の(ア)～(エ)の化学反応について，下線を引いた物質またはイ
オンが，ブレンステッド・ローリーの定義による酸としてはたらく
ものを全て選び，記号で答えなさい。

(ア)　$CH_3COOH + \underline{H_2O} \rightleftarrows CH_3COO^- + H_3O^+$

(イ)　$\underline{HCO_3^-} + H_2O \rightleftarrows H_2CO_3 + OH^-$

(ウ)　$NH_3 + \underline{H_2O} \rightleftarrows NH_4^+ + OH^-$

(エ)　$\underline{HS^-} + H_2O \rightleftarrows S^{2-} + H_3O^+$

(5)　ある金属元素(Mと表記)の酸化物17gを分析したところ，Mが9.0g含まれていた。この金属Mの酸化物の組成式がM_2O_3であるとき，Mの原子量を有効数字2桁で求めなさい。ただし，Oの原子量は16とする。

(6)　質量パーセント濃度49％の硫酸水溶液の密度が1.4g/cm³のとき，この水溶液1.0Lに含まれる硫酸の物質量〔mol〕を有効数字2桁で求めなさい。ただし，硫酸の分子量は98とする。

(☆☆◎◎◎◎)

【3】図1は，x軸を負の向きに進む正弦波の，時刻$t＝0$sにおける波形を表す。この正弦波について，各問いに答えなさい。ただし，この正弦波の周期は0.20sとする。

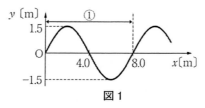

図1

(1)　図1中の①の長さを何というか，最も適切なものを(ア)〜(エ)の中から一つ選び，記号で答えなさい。

　(ア)　変位　　(イ)　振幅　　(ウ)　波長　　(エ)　波源

(2)　図1の正弦波の振動数は何Hzか，有効数字2桁で答えなさい。

(3)　図1の正弦波が進む速さは何m/sか，有効数字2桁で答えなさい。

(4)　位置$x＝8.0$mの媒質の振動のようすを表す$y-t$図として，最も適切なものを(ア)〜(エ)の中から一つ選び，記号で答えなさい。

(5)　図1の正弦波の，時刻0.75sの波形として，最も適切なものを(ア)〜(エ)の中から一つ選び，記号で答えなさい。

(6)　図1の正弦波が，縦波を横波のように示したものだとすると，時刻0sにおいて，媒質が0m≦x≦8.0mの範囲で最も密な位置のx座標を，有効数字2桁で答えなさい。

(☆☆☆◎◎◎)

【4】次の文章を読み，各問いに答えなさい。

　　　細胞分裂によってできた細胞は，再び2つの細胞に分裂する過程を繰り返すが，この周期を細胞周期という。細胞周期には，G_1期(DNA合成準備期)，S期(DNA合成期)，G_2期(分裂準備期)の3つからなる間期と，M期(分裂期)がある。ある植物の分裂組織から細胞2500個を固定して，細胞周期における細胞当たりのDNA量(相対値)と細胞数(個)の関係を調べたところ図2のようになった。

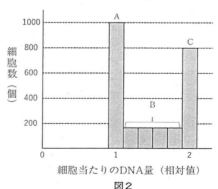

図2

(1) 文章中の下線部に関して，細胞分裂には2つの分裂があり，①生殖細胞をつくるときにのみ行われる分裂，②体をつくる細胞が増えるときに行われる分裂がある。それぞれの分裂の名称を答えなさい。

(2) 図2のグラフのA，B，CにはG₁期，S期，G₂期，M期のどの時期が含まれているか。グラフのA，B，Cそれぞれに含まれるすべての時期をG₁期，S期，G₂期，M期で答えなさい。

(3) 細胞周期のある時期の細胞数の割合は，その時期に要する時間の長さに比例する。細胞周期に要する時間を25時間とすると，グラフのBに要する時間は何時間か答えなさい。

(☆☆☆◎◎◎)

【5】 次の文章を読み，各問いに答えなさい。

　地震は地下の岩石が破壊されてずれることにより発生する。この破壊は断層面に沿って広がっていく。この破壊が最初に発生した場所を①震源といい，震源から地震の観測点までの距離を震源距離という。震源からは，P波(縦波)とS波(横波)という2種類の地震波が同時に発生し，周囲に伝搬していく。その際，P波の方が速く伝わるため，観測地点では，②P波が先に到着し初期微動が観測され，遅れてS波が到達し主要動が観測される。この両者の到達時刻差を初期微動継続時間という。初期微動継続時間は，破壊が最初に発生した場所から遠ざかるにつれて長くなる。大森房吉は，震源距離d〔km〕と初期微動継続時間t〔s〕の間には，

　　　$d = kt$　　（k〔km/s〕は比例定数）

の関係があることを見出した。これを③大森公式とよぶ。

(1) 下線部①に関連して，震源の真上の地表の点を何というか，答えなさい。

(2) 下線部②について，P波の速さをV_P〔km/s〕として，震源での地震発生から，観測地点で初期微動が観測されるまでの時間t_P〔s〕をV_P，dを用いて表しなさい。

(3) 下線部②について，S波の速さをV_S〔km/s〕として，震源での地

震発生から，観測地点で主要動が観測されるまでの時間t_s〔s〕をV_s，dを用いて表しなさい。

(4) 下線部③について，P波の速さをV_P〔km/s〕，S波の速さをV_s〔km/s〕として，大森公式の比例定数k〔km/s〕をV_P，V_sを用いて表しなさい。

(5) 図3は，ある地点で観測された地震計の記録である。P波の速さV_P〔km/s〕を6.0km/s，S波の速さV_s〔km/s〕を3.0km/sとすると，震源距離d〔km〕は何kmになるか，有効数字2桁で答えなさい。

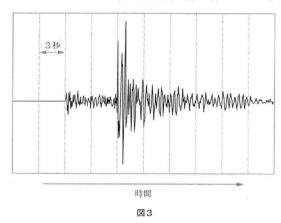

3秒

時間

図3

(☆☆☆○○○)

【物理・地学】

【1】次の文章を読み，各問いに答えなさい。

図4のような，質量$2m$の台がなめらかで水平な床の上に置かれている。台の上面ABCは摩擦のないなめらかな面で，曲面ABと水平面BCはなめらかにつながっており，垂直な壁につながっている。壁は台の一部となっている。曲面の左端の点Aは水平面BCよりhだけ高い。質量mの小球を点Aから曲面に沿って静かに滑らせた。図4のように，x軸とy軸の正の向きを定め，高さの基準はすべて水平面BCとする。重力加速度の大きさをg，小球と壁との間の反発係数をeとして，以下の

問いに答えなさい。

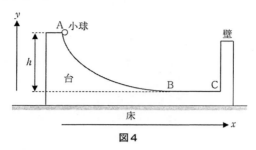

図4

最初に，台が床に固定されている場合を考える。

(1)　点Aからすべり落ちた小球が，最初に壁と衝突する直前の小球の速度を求めなさい。

(2)　小球が最初に壁と衝突した後，小球が曲面AB上で到達する最高点の高さを求めなさい。

次に，台が床に固定されず，なめらかな床の上を自由に動くことができる場合を考える。

(3)　点Aからすべり落ちた小球が，最初に点Bを通過する瞬間の小球の速度と台の速度を求めなさい。

(4)　点Aからすべり落ちた小球が，最初に点Bを通過する瞬間までに，小球が台から受けた力積の水平成分を求めなさい。

(5)　小球が最初に壁と衝突したとき，はね返った直後の小球の速度と台の速度を求めなさい。

(6)　小球が最初に壁と衝突したとき，台が小球から受けた力積を求めなさい。

(7)　小球が最初に壁と衝突した後，小球が曲面AB上で到達する最高点の高さを求めなさい。

(8)　小球が最初に壁と衝突したとき，その衝突によって失われた力学的エネルギーを求めなさい。

(☆☆☆☆◎◎◎)

【2】次の文章を読み，各問いに答えなさい。

　図5から図7で示すように，十分に長い平行な2本の導体でできた間隔dの固定されたレールPとQが水平面上に固定されている。図5から図7は，それを上から見た図である。図5には電気抵抗をもつ棒L_1が，図6と図7には電気抵抗をもつ棒L_1と棒L_2がレールに垂直に置かれている。棒L_1と棒L_2はレールの上をなめらかに動くことができ，導体レールに対して垂直を保ったままレールからはずれることなく平行移動できる。回路全体を紙面の裏から表に向かって垂直に，磁束密度の大きさBの一様な磁場が貫いている。棒L_1と棒L_2の抵抗以外の電気抵抗と，回路を流れる電流の作る磁場，空気による抵抗はいずれも無視できるものとする。また，右向きを正とする座標軸xをとり，力，速度もすべて右向きを正とする。ただし，電流は棒L_1と棒L_2に対して，それぞれアからイ，ウからエに流れる向きを正とする。

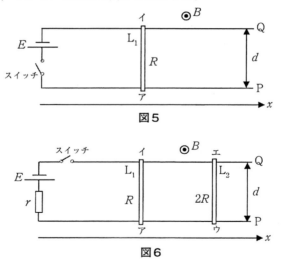

図5

図6

117

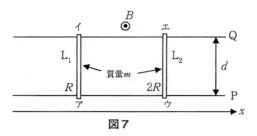

図7

　まず，図5の回路を考える。この回路には起電力Eの電池とスイッチが接続されており，右側に延びた導体レールの上に，レール間の抵抗Rをもつ棒L_1が電池から十分に離れた位置に1本置かれている。棒L_1が静止している状態でスイッチを入れた。

(1)　スイッチを入れたときに棒L_1にはたらく力を求めなさい。

(2)　スイッチを入れた後，棒L_1は動き出した。棒L_1の速さがvになった瞬間に，棒L_1に流れる電流を求めなさい。

　つぎに，図6の回路を考える。この回路には，起電力Eの電池とスイッチ，抵抗値rをもつ抵抗が接続されており，導体レールの上に，レール間の抵抗Rをもつ棒L_1とレール間の抵抗2Rをもつ棒L_2が離れて置かれている。2つの棒は十分に離れており，それぞれの棒を流れる電流による磁場は互いに力を及ぼさないものとする。

　はじめに，棒L_1と棒L_2が動かないように押さえている状態で，スイッチを入れた。

(3)　このとき，棒L_2に流れる電流を求めなさい。

(4)　(3)のとき，棒L_2に流れる電流が磁場から受ける力を求めなさい。

(5)　棒L_1を押さえたまま，棒L_2は自由に動けるようにしたところ，棒L_2はx軸正方向に動き始め，十分に時間が経過した後に，棒L_2の速度がv'で一定となった。このときの速度v'を求めなさい。

　最後に，図6の回路から電池やスイッチ，抵抗を取り外した図7の回路を考える。この回路には導体レール上に，レール間の抵抗Rをもつ棒L_1とレール間の抵抗2Rをもつ棒L_2を置き，レール上を自由に平行移動できるようにした。棒L_1と棒L_2の質量はともにmである。2本の棒が

ともに静止している状態から，棒L₂に右向きの初速度v_0を与えた。

(6)　しばらくすると，ある時刻において，棒L₁の速度がv_1に，棒L₂の速度がv_2になった。このとき，棒L₁と棒L₂にはたらく力をそれぞれ求めなさい。

(7)　(6)から十分に時間が経つと，2本の棒は同じ速度になった。棒L₂に右向きの初速度v_0を与えてから2本の棒の速度が等しくなるまでに回路で消費されたエネルギーを求めなさい。

(☆☆☆☆○○○)

【3】次の文章を読み，各問いに答えなさい。

　図8はある地域の地質調査をもとに作成された地質図である。この地質図は，紙面の上側が真北であり，10m間隔の等高線が描かれている。また，南北方向と東西方向に，それぞれ10m間隔の方眼が描かれている。

　この地域には，泥岩からなるA層，礫岩からなるB層，砂岩からなるC層が分布している。これらの地層は互いに整合に重なっており，(ア)地層の逆転はない。また，A層，B層，C層について地層の走向，傾斜は一定である。さらに，この地域には，太実線で示された断層Fが存在し，この断層によりA層，B層，C層はずれている。また，(イ)図8中の地点Pでは凝灰岩層Tが確認された。この凝灰岩層TはA層と同じ走向，傾斜をもち，断層をはさんだ東側にも分布していることが確認されているが，この地質図上にはその分布は描かれていない。

119

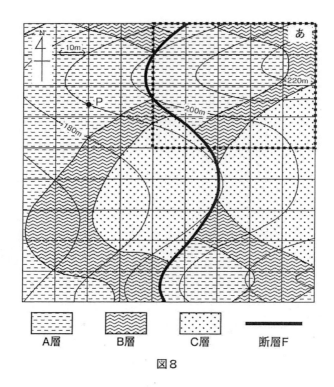

| A層 | B層 | C層 | 断層F |

図8

(1)　文章中の下線部(ア)について，地層の逆転の有無を確認するためには地層の上下判定を行う必要がある。地層の上下判定に利用される次の堆積構造(a)～(e)のうち，地層が逆転していると判定されるものをすべて選び，記号で答えなさい。

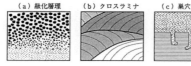

(2)　図8中に見られる，A層，B層，C層および断層Fを形成順にならべなさい。

(3)　地層Aの走向と傾斜を次の(例)に示した地層の構造を示す記号を

用いて示しなさい。ただし、上を真北として表しなさい。

(例)

(4) 地層Bの厚さを求めなさい。ただし、必要ならば、$\sqrt{2}$ = 1.4、$\sqrt{3}$ =1.7、$\sqrt{5}$ =2.2を用いること。

(5) 断層Fに関して、次の問いに答えなさい。

① 断層Fについて、断層の種類を答えなさい。

② 断層Fを生じさせた力の加わり方について、正しいものを次の(a)～(d)より選び、記号で答えなさい。

(a) 最大の圧縮力と最小の圧縮力の方向が鉛直面内にあり、最大の圧縮力の方向が水平方向である。

(b) 最大の圧縮力と最小の圧縮力の方向が鉛直面内にあり、最大の圧縮力の方向が鉛直方向である。

(c) 最大の圧縮力と最小の圧縮力の方向が水平面内にあり、最大の圧縮力の方向が南北方向である。

(d) 最大の圧縮力と最小の圧縮力の方向が水平面内にあり、最大の圧縮力の方向が東西方向である。

(6) 図8中の地点Pから真東に水平にトンネルを掘ると、何m掘削したところで断層Fに到達するか答えなさい。ただし、どれだけ掘削しても断層Fに到達しないと判断した場合には「×」を記しなさい。

(7) 文章中の下線部(イ)について、凝灰岩層は、離れた地域にある地層が同じ時代のものであるということを示すかぎ層の代表例である。かぎ層として用いる地層の条件を説明した次の文の空欄〔 a 〕,〔 b 〕にあてはまる語をそれぞれ答えなさい。

比較的〔 a 〕い期間に〔 b 〕い範囲に堆積し、含まれる鉱物や化学組成によって他の地層と区別しやすい。

(8) 図8中に描かれていない地域で、A層の一部は花こう岩体と接している。この花こう岩体と接している部分ではA層は非常に硬くて緻

密な黒っぽい岩石Xに変化していることが確認された。このことについて，次の問いに答えなさい。

① 花こう岩がA層を構成する泥岩に与えた作用を何というか答えなさい。

② A層を構成する泥岩が変化してできた硬くて緻密な黒っぽい岩石Xの名前をカタカナで答えなさい。

③ 岩石Xに含まれる鉱物を調べると，「紅柱石」という鉱物が含まれていることが分かった。次の式は，白雲母が反応して紅柱石が形成される反応を示したものである。反応式中の〔　a　〕,〔　b　〕に適する化学式をそれぞれ答えなさい。

$$KAl_3Si_3O_{10}(OH)_2 + 〔\quad a\quad 〕 \rightarrow 〔\quad b\quad 〕 + KAlSi_3O_8 + H_2O$$
　　白雲母　　　　　　石英　　　　　　紅柱石　　　カリ長石　　　水

(9) 凝灰岩層Tの年代を測定したところ，1500万年前という値が得られた。A層から産出する可能性のある化石としても最も適切なものを次の(a)～(e)より一つ選び，記号で答えなさい。

(a) ビカリア　　　　(b) アノマロカリス　　(c) フズリナ

(d) アンモナイト　　(e) ヌンムリテス

(10) 図8中に破線で示した「あ」の範囲では，凝灰岩層Tはどのように分布しているか。凝灰岩層Tの分布を線で表しなさい。

(☆☆☆☆◎◎◎◎)

【4】次の文章を読み，各問いに答えなさい。

太陽系には，唯一の恒星である(ア)太陽とその周りを公転する8個の惑星が存在する。惑星の運動についてはケプラーの法則と呼ばれる3つの法則がある。第一法則(楕円軌道の法則)によれば，惑星の公転軌道は楕円であり，（　イ　）が大きいほど惑星の公転軌道はつぶれた楕円を描く。第二法則(面積速度一定の法則)によれば，惑星の公転速度は一定ではなく，（　ウ　）で最も公転速度が大きくなる。第三法則(調和の法則)では惑星の太陽からの平均距離と公転周期の関係を説明している。

太陽系の8つの惑星は, 大きさや特徴に基づき, 地球型惑星と木星型惑星とに区分することができる。地球型惑星は木星型惑星と比較して, 直径が小さいが, (エ)が大きい。このような違いは, 惑星の内部構造と大きく関係している。また, 木星型惑星はその表面はおもに(オ)と(カ)からなる厚い大気で覆われている。

また, 惑星は, 地球よりも内側の公転軌道を持つ内惑星と, 地球よりも外側の公転軌道をもつ外惑星とに分けられる。惑星は公転周期がそれぞれ異なるため, その位置関係は絶えず変化する。惑星はほとんどの期間, 天球上を(キ)から(ク)に移動する。この動きを順行といい, その逆の向きに移動することを逆行という。そして順行から逆行に移るときには(ケ)「留」という現象が生じる。内惑星が地球と太陽の間にある位置関係を内合, 地球から見て太陽の後方にある位置関係を外合という。一方, 外惑星が地球から見て太陽の後方にある位置を合といい, 地球から見て太陽と真反対となる位置を(コ)という。

(1) 文章中の下線部(ア)について, 次の問いに答えなさい。

① 太陽の構造は中心から外側へ向かって, 中心核, 放射層, 対流層, 光球, コロナなどに分けられる。このうち, 中心核, 光球面, コロナのおよその温度として正しい組み合わせを次の(a)〜(d)より選び, 記号で答えなさい。

	中心核	光球面	コロナ
(a)	1.6×10^7 K	5.8×10^3 K	2.0×10^6 K
(b)	1.6×10^7 K	5.8×10^3 K	2.0×10^3 K
(c)	1.6×10^8 K	5.8×10^4 K	2.0×10^7 K
(d)	1.6×10^8 K	5.8×10^4 K	2.0×10^4 K

② 恒星の表面温度の違いは, 恒星の色や, スペクトル中の吸収線の現れ方などに影響している。このような特徴から恒星のスペクトル型が決められている。次の(a)〜(d)を表面温度の高い順に並べなさい。ただし, 太陽以外の恒星については括弧の中にスペクトル型を示してある。

(a) 太陽

  (b)　さそり座のアンタレス(M型)

  (c)　こいぬ座のプロキオン(F型)

  (d)　おおいぬ座のシリウス(A型)

 ③　太陽は現在，主系列星の段階にある恒星である。恒星は一生の
大部分を主系列星としてすごすため，主系列星としての寿命を恒
星の寿命と考えてよい。主系列星としての寿命は光度に反比例し，
燃料となる元素の量に比例する。主系列星の光度が恒星の質量の
4乗に比例し，恒星の燃料となる元素の量は恒星の質量に比例す
るとすると，太陽の10倍の質量をもつ恒星の寿命は何年か答えな
さい。ただし，太陽の寿命を100億年として計算しなさい。

(2)　文章中の空欄(　イ　)，(　ウ　)にあてはまる語をそれぞれ答え
なさい。

(3)　仮に，太陽のまわりを27年周期で公転している惑星があるとする。
ケプラーの第三法則が成り立っているとすると，この惑星の太陽か
らの平均距離は何AU(天文単位)か答えなさい。

(4)　文章中の空欄(　エ　)にあてはまる語を答えなさい。

(5)　文章中の空欄(　オ　)，(　カ　)にあてはまる大気成分を答えな
さい。ただし，(　オ　)，(　カ　)の解答の順序は問わない。

(6)　文章中の空欄(　キ　)，(　ク　)にそれぞれあてはまる方位を答
えなさい。

(7)　文章中の下線部(ケ)について，「留」とはどのような現象か説明し
なさい。

(8)　文章中の空欄(　コ　)にあてはまる語を答えなさい。

(9)　地球と惑星がある位置関係にあった時点から，その位置関係が変
化し，再び同じ位置関係にもどるまでの周期を会合周期という。外
惑星の会合周期の求め方について，次の[　(サ)　]〜[　(ス)　]にあ
てはまる式または数値を答えなさい。ただし，式の場合は，E, Pを
用いて答えなさい。

地球の公転周期をE〔日〕，外惑星の公転周期をP〔日〕，この惑星との会合周期をS〔日〕とする。

1日に，地球と外惑星が公転する角度の差は，[　（サ）　]〔°〕と表される。

([　（サ）　])×S＝[　（シ）　]であるので，S＝[　（ス）　]という式が成り立つ。

(☆☆☆☆◎◎◎◎)

【化学】

【1】次の各問いに答えなさい。

(1)　金属Aと金属Bの単位格子はそれぞれ図4のような構造をもつことが分かっている。以下の各問いに答えなさい。

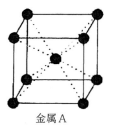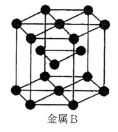

金属A　　　　　　　　金属B

図4

①　金属Aに関する問いに答えなさい。

(ア)　配位数を答えなさい。

(イ)　単位格子の1辺の長さをa〔cm〕としたとき，単位格子において原子が接している様子が分かる面を切り取り，その面の各辺の長さと原子の半径rの関係が分かるように，図示しなさい。

(ウ)　単位格子の1辺の長さをa〔cm〕としたとき，原子の半径rをaを用いて表しなさい。

(エ)　原子の原子量をM，アボガドロ定数をN_A〔/mol〕として，密度d〔g/cm³〕を求める式を答えなさい。

②　金属Bに関する問いに答えなさい。

　　（ア）　結晶格子の名称を答えなさい。

　　（イ）　単位格子に含まれる原子の数を答えなさい。ただし，計算
　　　　　過程も示しなさい。

(2)　図5のように半透膜が間に入った素焼きの容器と細いガラス管か
　らなる装置を用いて浸透圧に関する実験を行った。27℃で，500mL
　中にグルコース$C_6H_{12}O_6$135mgを含む水溶液の一部を素焼きの容器に
　入れて水の入った水槽に浸してしばらく放置すると，浸透圧により
　図5のように，ガラス管内に液柱がh〔cm〕生じた。水の浸透による
　溶液の濃度変化は無視できるものとし，液柱1.0cmの重さによる圧
　力を98Paとして，以下の各問いに答えなさい。

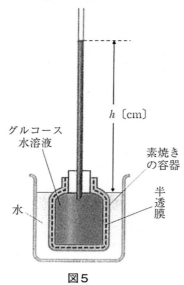

図5

①　下線部のグルコース水溶液のモル濃度〔mol/L〕を求めなさい。
　　ただし原子量は，H＝1.0，C＝12，O＝16とし，答えは，有効数
　　字2桁で答えなさい。

②　グルコース水溶液の浸透圧〔Pa〕を有効数字2桁で求めなさい。
　　ただし気体定数は8.3×10³〔Pa・L/(mol・K)〕とする。

126

③ 液柱の高さh〔cm〕を有効数字2桁で答えなさい。

④ 次に，装置全体の温度を上げた場合，ガラス管内の液柱の高さにどのような変化が起こるか理由とともに答えなさい。ただし，変化がない場合は，「変化なし」と答えなさい。

(3) 図6のように，温度によって体積が変化しない耐圧容器A，BがコックCで連結されている。容器A，Bの容積は，それぞれ2.0L，1.0Lである。また，容器Bには着火装置が付いている。以下の各問いに答えなさい。ただし，連結部や液体の水の体積は無視できるものとし，27℃の水の蒸気圧は$3.6×10^3$Pa，気体定数は$8.3×10^3$〔Pa・L/(mol・K)〕とする。

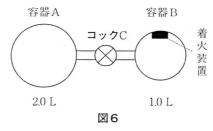

図6

① 27℃で，コックを閉じた状態で容器Aにメタン0.10mol，容器Bに酸素0.20molをそれぞれ入れた。このとき，容器B内の圧力は何Paか有効数字2桁で答えなさい。

② コックCを開けてしばらく放置した。容器内の全圧は何Paか有効数字2桁で答えなさい。

③ コックCを開けてしばらく放置した後，着火装置を使用して容器内の気体を完全燃焼させた。その後，容器A，Bを再び27℃に保った。容器内で起こる反応を化学反応式で示しなさい。また，再び27℃に保った後の容器内の全圧は何Paか有効数字2桁で答えなさい。ただし，計算過程も示しなさい。

(☆☆☆◎◎◎)

127

【2】次の各問いに答えなさい。

(1) 次の(ア)～(エ)の可逆反応が平衡状態にあるとき，以下の各問い
に答えなさい。

(ア) C(固) ＋ CO₂(気) ⇄ 2CO(気) ［圧力を上げる］

(イ) NH₃ ＋ H₂O ⇄ NH₄⁺ ＋ OH⁻ ［塩化アンモニウム
を加える］

(ウ) 2NO₂(気) ⇄ N₂O₄(気) ［温度・体積を一定にしてアルゴ
ンを加える］

(エ) 2SO₂(気) ＋ O₂(気) ⇄ 2SO₃(気)

① (ア)～(ウ)について，［　　　］に示す操作を行うと，平衡は左右ど
ちらに移動するか，「右」若しくは「左」で答えなさい。ただし，
平衡が左右どちらにも移動しない場合は「×」と答えなさい。

② (エ)の反応は，熱化学方程式で以下のように表される。

2SO₂(気) ＋ O₂(気) ＝ 2SO₃(気) ＋ 198kJ

ある2つの温度T_1，T_2($T_1 > T_2$)について，圧力〔Pa〕とSO₃の生成量
〔mol〕との関係を示すグラフのおおまかな形状をそれぞれ図示し，
どちらがT_1，T_2のグラフか，グラフにT_1，T_2の記号を書き込みなさ
い。

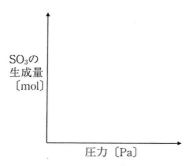

(2) c mol/Lの酢酸水溶液中で次の電離平衡が成り立っている。この酢
酸の電離定数をK_aとする。以下の各問いに答えなさい。

CH₃COOH ⇄ H⁺ ＋ CH₃COO⁻

① 酢酸の電離定数K_aを，酢酸，水素イオン，酢酸イオンのモル濃度をそれぞれ，$[CH_3COOH]$，$[H^+]$，$[CH_3COO^-]$として表しなさい。

② 水溶液中の酢酸の電離度αをcとK_aを用いて表しなさい。ただし，電離度αは1に比べて非常に小さいものとする。

③ 水溶液の水素イオン濃度$[H^+]$をcとK_aを用いて表しなさい。

④ 0.10mol/Lの酢酸の水溶液のpHを有効数字2桁で求めなさい。ただし，酢酸の電離定数K_aは$2.7×10^{-5}$mol/Lとし，$\sqrt{2.7}=1.6$，$\log_{10}2=0.3$とする。

⑤ 次の文章を読み，（ ア ）～（ エ ）に最も適する語句，又は化学式を答えなさい。

> 0.10mol/Lの酢酸水溶液100mLに，0.10mol/LのNaOH水溶液50mLを加えた水溶液をつくった。この水溶液は，少量の酸や塩基を加えても，pHの値はほぼ一定に保たれる。このような溶液を（ ア ）という。例えば，少量のH^+を加えると，（ イ ）と反応して（ ウ ）が生成し，水素イオン濃度$[H^+]$はほとんど増加しない。一方，少量のOH^-を加えると，（ ウ ）と反応して（ イ ）と（ エ ）が生成し，水酸化物イオン濃度$[OH^-]$はほとんど増加しない。

（☆☆☆◎◎◎◎）

【3】次の文章を読んで，各問いに答えなさい。ただし，原子量はO＝16，Fe＝56とする。

鉄は，私たちの身の回りで最も広く利用されている金属である。原子番号は（ ア ）で周期表では，第4周期8族に位置し，3族～11族を占める（ イ ）元素に属している。

鉄は，地殻中に酸素，ケイ素，（ ウ ）についで多く存在する元素で，主に酸化物や硫化物として約5％含まれている。

鉄の製錬では，酸化鉄(Ⅲ)を主成分とする赤鉄鉱や四酸化三鉄を主成分とする磁鉄鉱などの鉄鉱石が用いられている。鉄鉱石とコークス，

129

石灰石を溶鉱炉に入れ，下から熱風を吹き込むと，主にコークスの燃焼によって生じた(①)によって鉄の酸化物が段階的に還元されて，鉄が得られる。このときに溶鉱炉の下部に沈んで得られる鉄は，約4%の炭素を含み銑鉄と呼ばれる。続いて，転炉に移し(②)を吹き込むことで炭素の含有量を減らすと鋼になる。

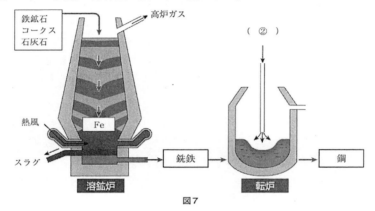

図7

　また，a<u>アルミニウムの粉末と酸化鉄(Ⅲ)の粉末を混合して点火し，高温にすることでも鉄の単体は得られる</u>。この反応は酸化還元反応で，(エ)反応と呼ばれる。

　b<u>鉄は，希硫酸と反応して気体を発生しながら溶ける</u>が，濃硝酸とは表面にち密な酸化被膜を形成し，反応が進まなくなる。この状態を(オ)という。

　工業的応用として，鉄に(③)やニッケルを加えた合金は，さびにくくステンレス鋼と呼ばれる。また，鉄は湿った空気中でさびやすいため，鉄の表面に別の金属でめっきを施すことによりさびるのを防ぐことができる。亜鉛めっきによる，c<u>トタン</u>や(④)めっきによるブリキが利用されている。

(1)　(ア)～(オ)に当てはまる数字，又は語句を答えなさい。

(2)　(①)～(④)に当てはまる物質を化学式で答えなさい。

(3)　下線部a，bで起こる反応をそれぞれ化学反応式で示しなさい。

(4) 四酸化三鉄に含まれるFe^{2+}とFe^{3+}の物質量の比を求めなさい。

(5) 溶鉱炉を用いて1.0kgの鉄を得るためには，酸化鉄(Ⅲ)の含有率が80％の赤鉄鉱が何kg必要か。有効数字2桁で求めなさい。ただし，計算過程も示しなさい。

(6) 下線部cについて，トタンが傷ついてもさびにくい理由を説明しなさい。

(☆☆☆◎◎◎)

【4】次の文章を読んで，各問いに答えなさい。

フェノールは，工業的にはクメン法によって得られる。その経路は，次の3段階の反応で合成される。

[反応1] ベンゼンとプロペンの混合物にリン酸を触媒として作用させるとプロペンにベンゼンが(Ⅰ)反応することでクメンが得られる。

[反応2] クメンを酸素で酸化すると，クメンヒドロペルオキシドが得られる。

[反応3] クメンヒドロペルオキシドを希硫酸で分解すると，フェノールと化合物Aが生じる。

また，フェノールに濃硫酸と濃硝酸の混合物を加えて加熱すると，段階的に(Ⅱ)反応が起こり，最終的に黄色の結晶で，爆薬の原料として用いられていた化合物Bが生じる。

硝酸や硫酸などのオキソ酸とアルコールの反応ではエステルが生じる。グリセリンに濃硫酸と濃硝酸の混合物を作用させると(Ⅲ)反応が起こり，心臓病の薬やダイナマイトの原料となるニトログリセリンが得られる。

また，フェノールを水酸化ナトリウムとともに高温・高圧で二酸化炭素と反応させた後に，希硫酸を作用させると，化合物Cが生じる。

フェノールと化合物Dを酸を触媒として加熱をすると(Ⅳ)により，ノボラックとよばれる粘度の大きな固体(分子量1000程度)が得られる。これに硬化剤を加えて，型に入れて加圧・加熱をするとフェノ

ール樹脂が得られる。

(1) 化合物A，Dについて，物質名を答えなさい。

(2) 化合物B，Cについて，構造式を答えなさい。ただし，構造式は，次の記入例にならって示しなさい。

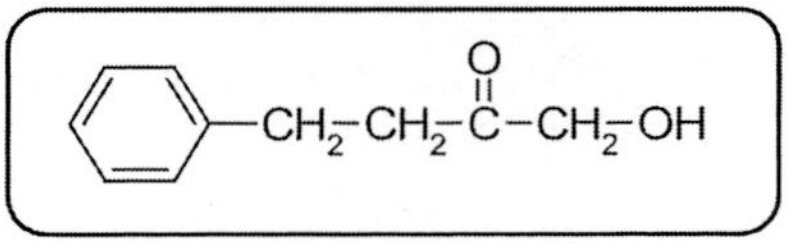

$$\text{⬡} - CH_2 - CH_2 - \overset{\overset{\displaystyle O}{\|}}{C} - CH_2 - OH$$

構造式の記入例

(3) [反応1]において，次の図8のようにクメンが主生成物として得られる傾向は，発見した化学者の名前を用いて経験則として知られている。この経験則の名称を答えなさい。

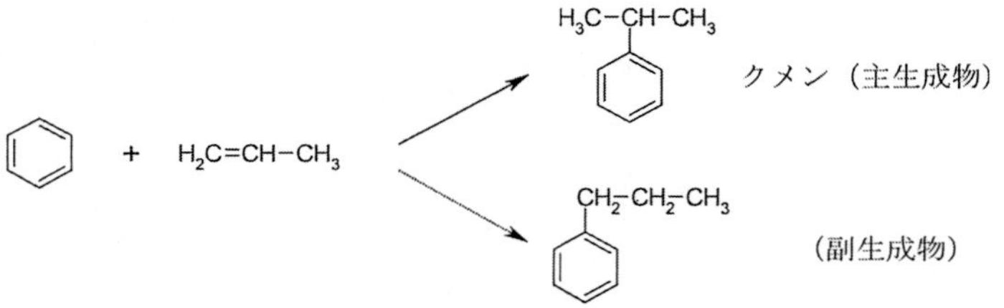

$$\text{⬡} + H_2C=CH-CH_3$$

H₃C-CH-CH₃ クメン（主生成物）

CH₂-CH₂-CH₃ （副生成物）

図8

(4) クメンは，分子式ではC$_9$H$_{12}$で示されるが，分子式C$_9$H$_{12}$で示される物質のうち，ベンゼン環を含む構造異性体はクメンの他に全部で何種類あるか，その数を答えなさい。

(5) （ Ⅰ ）〜（ Ⅳ ）に入る最も適切な反応の名称を，次の(ア)〜(キ)より選び記号で答えなさい。

(ア) 中和 (イ) 置換 (ウ) 付加 (エ) 縮合

(オ) 付加縮合 (カ) 酸化 (キ) 加水分解

(6) フェノールにある金属塩を含む水溶液を加えると青紫〜赤紫色に呈色する。この金属塩として当てはまるものを化学式で答えなさい。

(7) 下線部で酸の代わりに，塩基を触媒としたときに得られる物質名を答えなさい。

132

(8) 図9は，アニリン，安息香酸，トルエン及びフェノールを含むエーテル溶液から各物質をAからDの各層にそれぞれ分離させた。そのとき，フェノールは，エーテル層Bに含まれていた。操作1と操作2に適する方法を，以下の(ア)〜(オ)からそれぞれ一つずつ選び，記号で答えなさい。

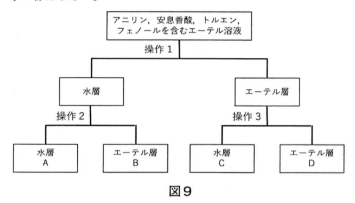

図9

(ア) 水酸化ナトリウム水溶液を加える。

(イ) 塩化ナトリウム水溶液を加える。

(ウ) 希塩酸を加える。

(エ) 炭酸水素ナトリウム水溶液を加える。

(オ) 二酸化炭素を通じる。

(☆☆☆○○○○)

【生物】

【1】次のⅠ，Ⅱの文章を読み，各問いに答えなさい。

Ⅰ タンパク質は，生体に含まれる物質の中で最も種類が多い。そのタンパク質は，(①)種類のアミノ酸が多数鎖状につながった(②)鎖からなる分子である。隣り合うアミノ酸どうしは，一方のアミノ酸の(③)基と他方のアミノ酸の(④)基との間で水分子がとれて，(⑤)をつくる。このようにタンパク質をつくる様々な種類のアミノ酸が一列に並んだ(②)鎖のアミノ酸の配列

を一次構造という。また，複数の(②)鎖が特定のアミノ酸間に生じる水素結合などによって，αヘリックス構造やβシート構造などをとった部分的な立体構造を二次構造という。さらに(②)鎖どうしが(a)S-S結合(ジスルフィド結合)などによって，複雑となったタンパク質全体の立体構造を三次構造という。タンパク質は，(b)高温や極端なpHにより，立体構造が変化し，(c)本来もつ性質や機能が失われる。

(1) 文章中の(①)～(⑤)にあてはまる最も適切な語句を答えなさい。なお，同じ番号の( )には，同じ語句が入るものとする。

(2) 文章中の下線部(a)の結合をつくるアミノ酸の名称を答えなさい。

(3) 文章中の下線部(b)を何というか，答えなさい。

(4) 文章中の下線部(c)を何というか，答えなさい。

II 生体内にはタンパク質を主成分にもつ酵素がある。酵素は，物質の化学反応を進行するために必要な(⑥)エネルギーを変化させ，化学反応を進みやすくする。酵素は特定の基質にしか作用しない。この性質を(⑦)という。
(d)酵素反応において，基質とよく似た構造をもつ物質(阻害物質)が基質と同時に存在すると起こる酵素反応の阻害を(⑧)という。

(5) 文章中の(⑥)～(⑧)にあてはまる最も適切な語句を答えなさい。

(6) 文章中の下線部(d)に関して，阻害物質ありの場合(点線)と，阻害物質なしの場合(実線)の基質濃度と酵素反応の速度との関係をグラフに表すと図4のようになった。基質濃度が低いとき，阻害物質ありの場合は阻害物質なしの場合と比較して，酵素反応の速度は著しく低下した。その理由を説明した内容となるよう，以下の説明文中の(ア)～(ウ)の( )に，それぞれ適切な語句を選び，答えなさい。なお，阻害物質の濃度は一定とする。

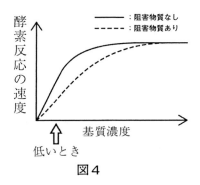

図4

説明文

> 基質濃度が低いとき，酵素は基質と出会う頻度が^(ア)(　高く　低く　)なり，阻害物質と出会う頻度が^(イ)(　高く　低く　)なるため酵素反応の速度は影響を^(ウ)(　受けやすい　受けにくい　)から。

(7)　ある酵素の成分を調べるために次の実験を行った。以下の(ア)〜(ウ)の各問いに答えなさい。

実験

　すりつぶした酵母菌の抽出液は，グルコースからアルコール発酵を行う能力をもつ。この抽出液をセロハン膜の袋に入れて，水の入ったビーカーに入れた。ビーカーに入れてから，十分な時間置いた後，A液(袋内の液)，B液(ビーカーの液)，C液(袋内の液＋ビーカーの液)の3種類の溶液それぞれでアルコール発酵を行う能力を調べた。その結果，C液のみアルコール発酵を行う能力を持っていた。

　(ア)　B液(ビーカーの液)に含まれる酵素反応に関係する物質の総称は何というか，答えなさい。

　(イ)　この実験に用いたセロハン膜のように，水など低分子の物質は通すが，高分子の物質は通さない性質のある膜を何と

いうか，答えなさい。

(ウ)　この実験のように，セロハン膜など用いて，高分子の物質と低分子の物質を分離する操作を何というか，答えなさい。

(☆☆☆◎◎◎◎)

【2】次の文章を読み，各問いに答えなさい。

遺伝子組換え技術によって，大腸菌を用いて，ヒトのインスリンなど，目的のタンパク質を多量に生産できるようになった。

インスリンの製造方法は，まず，インスリンの(a)遺伝子を含んだDNAを(①)法で増幅させ，(b)制限酵素とよばれる酵素でDNAの特定の塩基配列を識別し，その部分を切断する。そこに同じ制限酵素で切断した大腸菌の環状DNA(プラスミド)を加え，DNAを連結させる酵素である(②)でつなぐとインスリンの遺伝子を含む組換えプラスミドができる。この組換えプラスミドを大腸菌に導入し，大腸菌を培養して増殖させると多量のインスリンが得られる。

このような遺伝子組換え技術を用いて，青いバラが作成された。その方法は，バラの葉を切り取って，そこから(c)未分化の細胞塊をつくった。そのバラの未分化の細胞塊に(d)パンジーの花の青色色素を合成する酵素の遺伝子を組み込んだ(③)という細菌を感染させた後，培養し，植物体を再生させることで青いバラの作成に成功した。青いバラのように外来の遺伝子が導入され，その組換え遺伝子が体内で発現するようになった生物を(④)生物という。

(1)　文章中の(①)～(④)にあてはまる最も適切な語句を答えなさい。なお，④はカタカナで答えること。

(2)　下線部(a)の方法の手順や反応を示した(ア)～(エ)を正しい順番に並べ替え，記号で答えなさい。

(ア)　約72℃にして，DNAポリメラーゼをはたらかせ，それぞれの1本鎖が鋳型となり，目的のDNAを含む2本鎖のDNAが複製される。

(イ)　DNAを含む溶液を，約95℃に加熱する。

(ウ) 2本鎖のDNAの相補的な塩基どうしの結合が切れて，1本鎖のDNAに分かれる。

(エ) 50〜60℃にして，プライマーと1本鎖のDNAが結合し，複製の開始の起点となる。

(3) 下線部(a)に関して，DNAを増幅させるには図5のどの領域の塩基配列と相補的な塩基配列をもったプライマーを用いるのが良いか，最も適切なものを(ア)〜(エ)から二つ選び，記号で答えなさい。

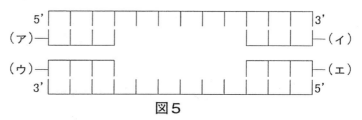

図5

(4) 下線部(b)に関して，ある制限酵素で，生物の体細胞の核内の$4.0×10^9$塩基対からなるDNAを次の図6のように切断した場合，約何か所で切断されるか，以下の(ア)〜(エ)から最も適切なものを一つ選び，記号で答えなさい。

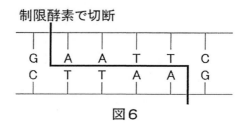

図6

(ア) $8.0×10^6$　　(イ) $5.0×10^6$　　(ウ) $3.0×10^6$

(エ) $1.0×10^6$

(5) 図7は，2本鎖のDNA断片の一方のヌクレオチド鎖の塩基配列であるが，【　】は塩基配列が確認できていない部分である。表は制限酵素2種類(Sma I，Nae I)にそれぞれ識別される配列と切断部位を

示したものである。図7のDNA断片をSma Iで切断すると9塩基対と13塩基対からなる2つの断片が生じ，Nae Iで切断すると8塩基対と14塩基対からなる2つの断片が生じた。このことから，【　　】の塩基配列を答えなさい。なお，制限酵素はもう一方のヌクレオチド鎖も同じ部位で切断される。

ATACCA【　　】CGGCCTAGT

図7

制限酵素名	識別される配列と切断部位(|)
Sma I	CCC | GGG
Nae I	GCC | GGC

表

(6)　下線部(c)を何というか，カタカナで答えなさい。また，様々な植物において，未分化の細胞塊を増殖させたり，分化させたりする際に2つの植物ホルモンが関係している。最も適切なものを，次の(ア)～(エ)から二つ選び，記号で答えなさい。

(ア)　オーキシン　　　　　(イ)　ジャスモン酸

(ウ)　サイトカイニン　　　(エ)　エチレン

(7)　下線部(d)に関して，花などの色素は，一般的に細胞内のどの構造体に存在するか，その構造体の名称を答えなさい。

(8)　文章中のプラスミドや(　③　)の細菌のように特定の遺伝子を組み込んで生物内で増殖させることのできるものの総称を何というか，答えなさい。

(9)　文章中の(　④　)生物には，オワンクラゲから発見されたGFP(緑色蛍光タンパク質)が導入された生物がある。GFPは紫外線によって，緑色に発光するタンパク質で，GFP遺伝子を目的の遺伝子とつないで導入できる。そのため，生物学の研究にはなくてはならないものとなっている。GFP遺伝子を目的の遺伝子とつないで生物に導入することで，目的の遺伝子の何が分かるのか，答えなさい。

(☆☆☆☆◎◎◎◎)

【3】次の文章を読み，各問いに答えなさい。

　動物は環境の中で様々な刺激を受け取り，それらに対する反応として多様な行動をする。動物の行動の中には，生まれてからの経験がなくても，遺伝的な影響によって生じる定型的なものがある。このような行動は(　①　)的な行動と呼ばれるが，動物の行動はこのようなものばかりではない。生まれてからの経験によって行動の変化を獲得することがあり，これを学習という。

　海に生息するアメフラシは(a)軟体動物であり，背中にえらと水管をもち，水管で海水を出し入れして呼吸をしている。水管に接触刺激を与えると，それによって生じる信号はえらまで伝わり，えらと水管が体の中に引っ込められる。ところが，この水管への接触刺激を何度も繰り返すと，やがてえらを引っ込めなくなる。これは(　②　)と呼ばれ，単純な学習の一つである。

　(　②　)を生じているアメフラシに対して，尾部に強い電気刺激を与えると，えらを引っ込める反応が復活する。この現象を脱(　②　)という。

　また，(b)アメフラシの尾部に，より強い電気刺激を与えると，ふつうでは反応が生じないような弱い水管接触刺激でも，えらを引っ込める反応が生じるようになる。この現象を(　③　)といい，図8の経路で反応が生じる。

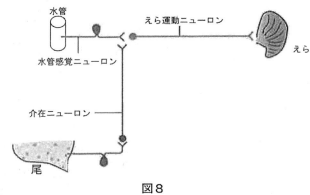

図8

(1)　文章中の(　①　)〜(　③　)にあてはまる最も適切な語句を答えなさい。なお，同じ番号の(　)には，同じ語句が入るものとする。

(2)　文章中の下線部(a)に関して，軟体動物のような三胚葉性の動物は，発生の過程において原口がそのまま成体の口になるものと，原口またはその付近に肛門が形成され，その反対側に口が形成されるものに大別される。三胚葉性の動物で口の形成に関して，軟体動物とは異なるものを，次の(ア)〜(エ)から一つ選び，記号で答えなさい。

(ア)　節足動物　　(イ)　刺胞動物　　(ウ)　へん形動物

(エ)　棘皮動物

(3)　動物の体内で合成され，体外へ分泌される物質で，同種の他個体に刺激となって特定の行動を起こさせる物質の総称を何というか，答えなさい。

(4)　1本のニューロンに成り立つ「全か無かの法則」を説明しなさい。

(5)　文章中の下線部(b)の反応が生じるとき，水管感覚ニューロンの軸索末端で起こっていることを，次の(ア)〜(カ)からすべて選び，記号で答えなさい。

(ア)　カリウムチャネルが活性化され，カリウムイオンの流出が増加する。

(イ)　カリウムチャネルが不活性化され，カリウムイオンの流出が減少する。

(ウ)　発生する興奮性シナプス後電位が増大する。

(エ)　発生する興奮性シナプス後電位が減少する。

(オ)　カルシウムチャネルがしばらく開き，カルシウムイオンの流出量が増加する。

(カ)　カルシウムチャネルがしばらく開き，カルシウムイオンの流入量か増加する。

(6)　アメフラシの神経系に対して，神経伝達物質の一種であるセロトニンが放出できなくなる薬品で処理した。そのアメフラシに対して，水管への刺激を与えるとえらが体の中に引っ込められたが，水管への刺激を何度も繰り返すとえらを引っ込めなくなった。その後，尾

部に強い電気刺激を与えたが，えらを引っ込める反応は復活しなかった。このことから，セロトニンが放出されていると考えられる神経細胞はどれか，次の(ア)～(カ)から一つ選び，記号で答えなさい。

(ア)　水管感覚ニューロン

(イ)　えら運動ニューロン

(ウ)　介在ニューロン

(エ)　水管感覚ニューロンと介在ニューロン

(オ)　水管感覚ニューロンとえら運動ニューロン

(カ)　介在ニューロンとえら運動ニューロン

(☆☆☆☆◎◎◎)

【4】次のⅠ，Ⅱの文章を読み，各問いに答えなさい。

Ⅰ　植物は，葉の気孔から二酸化炭素を取り込み，光合成をおこなっている。また，気孔からは水分の蒸散もおこなわれるため，環境の変化に応じて気孔の開閉を調節する必要がある。

　葉に光があたると，青色光が（　①　）と呼ばれる物質によって受容される。（　①　）の作用によって気孔を構成する孔辺細胞に変化が生じ，気孔が開くことで，二酸化炭素が取り込まれる。また，土壌中の水分が不足すると，植物ホルモンの一種である（　②　）が合成される。（　②　）が孔辺細胞に作用し，気孔が閉じられることで水分の蒸散が抑えられ，乾燥を防ぐことができる。これらの気孔の開閉は，孔辺細胞における膨圧の変化が引き起こすと考えられている。

(1)　文章中の（　①　），（　②　）にあてはまる最も適切な語句を答えなさい。なお，同じ番号の（　）には，同じ語句が入るものとする。

(2)　気孔の開閉には，孔辺細胞の細胞壁の厚さの違いも関係している。次の図9は，閉じた状態の気孔の孔辺細胞(細胞小器官は省略)を示している。図中の細胞壁において，厚くなっている部分を黒くぬりつぶしなさい。

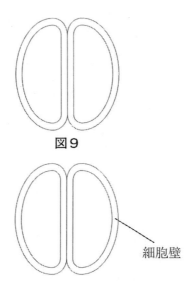

図９

細胞壁

(3)　文章中の下線部について，次に示した気孔が開くしくみについての文中の(a)～(c)に入る語句の組合せとして最も適切なものを以下の(ア)～(ク)から一つ選び，記号で答えなさい。

> 孔辺細胞の中にイオンが流入することで，細胞内の浸透圧が(a)し，水が孔辺細胞内(b)すると，孔辺細胞の膨圧が(c)して孔辺細胞が膨らみ，気孔が開く。

	a	b	c
(ア)	低下	へ流入	上昇
(イ)	低下	へ流入	低下
(ウ)	低下	から流出	上昇
(エ)	低下	から流出	低下
(オ)	上昇	へ流入	上昇
(カ)	上昇	へ流入	低下
(キ)	上昇	から流出	上昇
(ク)	上昇	から流出	低下

(4) 膨圧の変化が引き起こす植物の運動には，気孔の開閉のほかに，オジギソウの葉に触れたときに葉が折りたたまれる現象などがある。植物の器官が外部からの刺激を感知した際，刺激の方向とは無関係に一定の方向に屈曲する反応を何というか，答えなさい。

Ⅱ 植物は，生育に適さない厳しい環境を，種子をつくることなどで乗り越えている。また，種子を形成し遠くに運ばれることで，生息範囲を広げたりすることができる。そのため，植生の遷移の初期には種子の散布範囲を広げるために，比較的軽い種子をつくる傾向が見られる。

種子の発芽能力は植物により様々で，何年も地中に埋もれていた後でも発芽するものもある。種子の発芽における胚のはたらきを調べるために，次の実験を行った。

実験

　オオムギの種子を，胚のない側(試料A)と胚のある側(試料B)の半分に切断する。試料A，Bそれぞれを，切断面を下にしてデンプンを含む寒天培地の上に置き，ふたをして適温で3日間培養する。各試料を取り除いた培地に，霧吹きでヨウ素液を吹きかけて，ヨウ素デンプン反応を調べた。

(5) 文章中の下線部について，植生の遷移の初期に侵入し，裸地などの厳しい環境に耐える性質を持つ植物の総称を何というか，答えなさい。

(6) 種子の発芽には「胚のはたらきが必要である」と仮定すると，実験の結果はどのようになると考えられるか，次の(ア)〜(エ)から最も適切なものを一つ選び，記号で答えなさい。

(ア) 試料Aおよび試料Bを取り除いた部分でヨウ素デンプン反応が見られた。

(イ) 試料Aおよび試料Bを取り除いた部分でヨウ素デンプン反応が見られなかった。

(ウ) 試料Aを取り除いた部分のみでヨウ素デンプン反応が見られなかった。

　　　(エ)　試料Bを取り除いた部分のみでヨウ素デンプン反応が見ら
　　　れなかった。
　(7)　様々な実験から，種子の発芽には胚から分泌される植物ホルモ
　　　ンが必要であることがわかっている。その植物ホルモンの名称を
　　　答えなさい。また，その植物ホルモンが作用して，アミラーゼが
　　　合成される場所はどこか，次の(ア)～(エ)から最も適切なものを
　　　一つ選び，記号で答えなさい。
　　　(ア)　糊粉層　　(イ)　胚　　(ウ)　胚乳　　(エ)　種皮

(☆☆☆◎◎◎)

解答・解説

中　学　理　科

【1】(1)　(ウ)　　(2)　①　社会　　②　積極　　(3)　(ア)　探究
(イ)　技能　　(ウ)　問題　　(エ)　解釈　　(オ)　表現　　(カ)　総合
的
〈解説〉(1)　教育基本法　第2条は教育の目標に関する条文であり，「そ
の目的」とは第1条「教育は，人格の完成を目指し，平和で民主的な
国家及び社会の形成者として必要な資質を備えた心身ともに健康な国
民の育成を期して行われなければならない」を指す。　(2)　不登校児
童生徒への支援の視点として，児童生徒が主体的に社会的自立を目指
す必要があること，不登校の時期について積極的な意味がある一方で，
不利益や社会的なリスクが伴うことを留意する必要があると示してい
る。また，同項目では，学校教育の意義・役割，不登校の理由に応じ
た働きかけや関わりの重要性，家庭への支援について示している。
(3)　「目標」の内容において，育成を目指す資質・能力として項目(1)

では「知識及び技能」，(2)では「思考力，判断力，表現力等」，(3)では「学びに向かう力，人間性等」を挙げている。

【2】(1) (ア) 横　　(イ) 調節ねじ　　(2) (ウ) 脱色　　(エ) 葉緑体　　(オ) デンプン　　(3) (カ) 保護眼鏡　　(キ) 目
(4) (ク) b　　(ケ) c　　(5) (コ) クロロフィル　　(サ) 光
〈解説〉(1)　プレパラートをステージの上にのせ，対物レンズとプレパラートを近づける際，近づけすぎてプレパラートと対物レンズが接触しないように，横から見ながら調整ねじを回す。　(2)　オオカナダモの葉をエタノールに浸すと，葉に含まれる色素を溶かすことができる。葉緑体では光合成が行われ，デンプンが合成されるので，うすいヨウ素液を加えると青紫色に変化する。　(3)　飛散した薬品などが目に入る可能性のある実験では，常に保護眼鏡を着用させるようにする。
(4)　二酸化炭素は石灰水を白く濁らせる。葉に日光を当てたときと，当てなかったときで，二酸化炭素の有無を比較するためには，試験管aとbの組合せが妥当である。また，日光を当て，葉の有無で二酸化炭素の有無を比較するためには，試験管aとcの組合せが妥当である。
(5)　葉緑体の内部は，扁平な袋状の構造をもつチラコイドが多数重なったグラナと，チラコイドの間を埋めるストロマからなる。チラコイド膜にはクロロフィルなどの光合成色素が含まれ，光エネルギーを吸収して化学エネルギーに変換している。

【3】(1) A 肺動脈　　B 肺静脈　　(2) (ア) うす　　(イ) 逆流
(ウ) 弁　　(3) (エ) 右　　(オ) 酸素　　(3) (カ) 左
(4) (キ) 小腸　　(ク) 毛細　　(ケ) 肝臓　　(5) 呼吸
〈解説〉(1)　A　心臓から出て肺へ向かう血液が流れているので，肺動脈である。　B　灰から心臓に戻ってくる血液が流れているので，肺静脈である。　(2)　動脈の壁は，高い圧力で心臓から血液を送り出すので，その圧力に耐えられるよう静脈の壁より厚くなっている。
(3)　心臓から肺を経由して再び心臓にもどる肺循環では，右心室から

酸素の少ない血液が送られ，肺で酸素を得た血液が左心房にもどって
くる。 (4) 栄養分は，小腸の表面にある柔毛から吸収され，毛細血
管に入った後，門脈を通って肝臓へ運ばれる。 (5) 呼吸の過程では，
酸素を用いて有機物を水と二酸化炭素に分解してエネルギーを取り出
し，ATPを合成する。

【4】 (1) 真空放電 (2) (ア) － (3) V_1+V_2 (ウ) $R_1 I+R_2 I$
(4) 磁石を近づけない (5) レンツ
〈解説〉(1) 空気に大きな電圧を加えると放電するが，その後空気を抜
いて圧力を下げると，真空放電が起きる。 (2) 電子線は，負の電荷
をもつ電子の流れである。 (3) 2つの抵抗器は直列に接続されてい
るので，電圧の関係式は$V=V_1+V_2$となる。これに，オームの法則から
得られる式を代入すると，$RI=R_1 I+R_2 I$ (4) 解答参照。
(5) 解答参照。

【5】 (1) (ア) 2 (イ) 2 (ウ) 2 (エ) 1 (2) 放射能
(3) ② (4) 自然放射線 (5) (c)
〈解説〉(1) 元素記号の左下の数字は原子番号や陽子の数，左上の数字
は質量数を表している。質量数は陽子の数と中性子の数の和なので，
$_2^4 He$の陽子の数は2個，中性子の数は4－2＝2〔個〕である。同様に，
$_2^3 He$の陽子の数は2個，中性子の数は3－2＝1〔個〕である。 (2) 放
射線を出す能力のことを放射能，放射能をもつ元素のことを放射性元
素という。 (3) α線はヘリウムの原子核，γ線とX線は電磁波，中
性子線は中性子が実体である。 (4) 人工的に発生させる放射線に対
して，もともと自然界に存在するものを自然放射線という。 (5) 放
射線が人体に及ぼす影響の大きさは，実効線量で表し，その単位はシ
ーベルト〔Sv〕である。

【6】 (1) 空気が入らないようにする (2) (a) (3) 酸素
(4) 0.3〔g〕 (5) $CO_2+2Mg \rightarrow C+2MgO$

〈解説〉(1)　空気が試験管内に入ると，銅が酸化されてしまうため，空気が入らないようゴム管を閉じる。　(2)　$2CuO + C \rightarrow 2Cu + CO_2$より，酸化銅が活性炭で還元されると，銅に変化する。銅は赤色の光沢をもつ金属である。　(3)　例えば，炭素の方が銅より酸素と結びつきやすい(酸化されやすい)ので，酸化銅を還元できる。　(4)　試験管内には活性炭が残ったので，酸化銅はすべて銅に還元されたと考えられる。銅と酸素は質量比4：1で反応するので，4.0gの酸化銅は，$4.0 \times \dfrac{4}{4+1} =$ 3.2〔g〕の銅と4.0－3.2＝0.8〔g〕の酸素が化合していたことがわかる。よって，残った物質のうち3.2gは銅なので，活性炭の質量は，3.5－3.2＝0.3〔g〕　(5)　この反応では，マグネシウムが二酸化炭素から酸素を奪い，酸化マグネシウムに変化する。

【7】(1)　急に沸騰するのを防ぐ　　(2)　蒸気　　(3)　(イ)
(4)　①　沸点　　②　エタノール　　(5)　硫黄

〈解説〉(1)　急に沸騰(突沸)すると，高温の溶液が飛散しやけどする恐れがある。　(2)　蒸留は，沸点の違いを利用した混合物の分離法であり，蒸気の温度を正確に測る必要がある。　(3)　純物質を加熱した場合，沸騰時の温度は一定である。一方，混合物を加熱した場合，沸騰時の温度は一定ではないが，沸騰前より温度変化が緩やかになる。図9より，温度計の示度の変化が初めて緩やかになるのは，約78℃と読み取れる。　(4)　水の沸点は100℃，混合物の沸点は(3)より約78℃なので，エタノールの沸点は水の沸点より低いとわかる。　(5)　硫黄が結晶化したものをサルファーという。

【8】(1)　(ア)　　(2)　①　地軸　　②　公転面　　(3)　78〔度〕
(4)　年周視差

〈解説〉(1)　北半球で太陽高度が最も大きい(イ)が夏至，最も小さい(エ)が冬至である。したがって，(ア)は春分，(ウ)は秋分である。
(2)　解答参照。　(3)　(夏至の南中高度)＝90－(地点の緯度)＋23.4＝90－35.4＋23.4＝78〔度〕　(4)　解答参照。

【9】(1)　運搬　　(2)　鍵層　　(3)　(地質年代)…中生代　　(化石の種類)…示準化石　　(4)　(イ)　　(5)　チバニアン

〈解説〉(1)　流水のはたらきには，侵食・運搬・堆積がある。れきや砂の粒が丸みを帯びるのは，運搬される間に粒子どうしがぶつかって，角が削られるためである。　　(2)　火山灰は同時に広範囲に堆積し，火山や噴火によって鉱物組成や化学成分が異なるため区別しやすい。また，地質学的には1回の噴火は短時間で起こり，繰り返すことが多いため，火山灰が堆積した年代を精度よく決定できる。　　(3)　アンモナイトのように，特定の時代に生息し，地層の対比や年代決定に役立つ化石を示準化石という。示準化石に適するのは，生息期間が短い(進化が速い)，生息範囲が広い，産出する個体数が多い等の条件を満たすものである。　　(4)　上盤(断層面に対して上側の岩盤，図11右側)がずり上がっているため，逆断層である。　　(5)　約77万4000年前に地磁気が逆転し，その時期が更新世の前期と中期の境界になっている。千葉県市原市にはその頃の連続した地層の露頭があり，2020年に国際的に認められたことで，更新世中期の約77万4000年前～12万9000年前を「チバニアン」と呼称することとなった。

高 校 理 科

【共通問題】

【1】(1)　(ク)　　(2)　①　人間としての在り方生き方　　②　道徳教育推進教師　　③　特別活動　　(3)　①　(a)　×　　(b)　○　(c)　×　　②　(エ)　　③　(ウ)

〈解説〉(1)　学校教育法における高等学校の目的及び目標では，第50条で目的が示され，第51条では，それを受けて目標が示されている。なお，第52条に関連して学校教育法施行規則第84条では，高等学校学習指導要領を教育課程の基準と位置づけている。　　(2)　道徳教育は学習指導要領が目的としている『「生きる力」の育成』の構成要素「豊か

な心」に関わる教育であり，道徳教育推進教師を中心に学校の教育活動全体で行われるもの，という位置づけである。道徳教育の目標は「人間としての在り方生き方を考え，主体的な判断の下に行動し，自立した人間として他者と共によりよく生きるための基盤となる道徳性を養うこと」であり，「公共」や「倫理」，特別活動が人間としての在り方生き方に関する中核的な指導の場面としている。　(3)　①「高等学校学習指導要領(平成30年3月告示)」の「第2章　各学科に共通する各教科　第5節　理科　第3款　各科目にわたる指導計画の作成と内容の取扱い　1　(1)」の内容である。(a)は「まとまり」，(c)は「働かせ」が正しい。　②「高等学校学習指導要領(平成30年3月告示)」の「第2章　各学科に共通する各教科　第5節　理科　第3款　各科目にわたる指導計画の作成と内容の取扱い　1　(4)」の内容である。　③「高等学校学習指導要領(平成30年3月告示)」の「第2章　各学科に共通する各教科　第5節　理科　第3款　各科目にわたる指導計画の作成と内容の取扱い　2　(2)」の内容である。学習指導要領の前文でも明記されているように，児童生徒が持続可能な社会の創り手となることができるようにすることが求められている。

【2】(1)　a　2　　b　3　　c　2　　d　4　　(2)　$Ca(OH)_2 \rightarrow Ca^{2+} + 2OH^-$
(3)　①　1.5〔mol〕　　②　0.25〔mol〕　　(4)　(ウ)，(エ)
(5)　27　　(6)　7.0〔mol〕

〈解説〉(1)　$aCH_3OH + bO_2 \rightarrow cCO_2 + dH_2O$とする。未定係数法より，左辺と右辺でCの数が等しいので$a=c$，Hの数が等しいので$4a=2d$，Oの数が等しいので$a+2b=2c+d$となる。$a=2$とすると，$c=2$，$d=4$，$b=3$となる。　(2)　水酸化カルシウム$Ca(OH)_2$は，水中で完全に電離してカルシウムイオンCa^{2+}と水酸化物イオンOH^-が生じる。(3)　①　酸素分子は2個の酸素原子からなるので，$\frac{4.5 \times 10^{23}}{6.0 \times 10^{23}} \times 2 = 1.5$〔mol〕　②　標準状態において，気体1molの体積は22.4Lなので，$\frac{5.6}{22.4} = 0.25$〔mol〕　(4)　ブレンステッド・ローリーの定義では，水素イオンを与える物質を酸としている。(ア)と(イ)は水素イオンを受け取

っているので，塩基としてはたらいている。　　(5)　金属Mの酸化物に含まれる酸素の質量は，$17-9.0=8.0$〔g〕である。金属Mの原子量をxとすると，組成式がM_2O_3なので，$\dfrac{9.0}{x}:\dfrac{8.0}{16}=2:3$が成り立ち，$x=27$

(6)　この水溶液1.0Lの質量は1.4×1000〔g〕なので，溶質である硫酸の質量は$1.4\times1000\times0.49$〔g〕であり，その物質量は$1.4\times1000\times\dfrac{0.49}{98}=7.0$〔mol〕

【3】(1)　ウ　　(2)　5.0　　(3)　40　　(4)　ア　　(5)　エ　　(6)　4.0

〈解説〉(1)　波の1振動分の長さなので，波長である。　　(2)　周期は0.20sなので，求める振動数は$\dfrac{1}{0.20}=5.0$〔Hz〕　　(3)　図1より，波長は8.0mなので，波の基本式より求める速さは，$5.0\times8.0=40$〔m/s〕

(4)　x軸を負の向きに進んでいることに注意すると，$x=8.0$〔m〕の位置では，図1より，時刻$t=0$〔s〕で$y=0$であり，その後，正方向に変位することがわかる。　　(5)　$0.75\div0.20=3.75=3+0.75$より，図1から周期の0.75倍，すなわち6.0mだけx軸の負の向きに移動した波形を考えればよい。　　(6)　x軸上のある点において，その点の左側(x軸の負の側)でyが正，右側(x軸の正の側)でyが負になる位置が，最も密な位置である。これに当てはまるのは，$x=4.0$〔m〕

【4】(1)　①　減数分裂　　②　体細胞分裂　　(2)　A　G_1期　　B　S期　　C　G_2期，M期　　(3)　7

〈解説〉(1)　①　生殖細胞をつくるときには減数分裂が行われるが，DNA複製が1回に対して2回連続で分裂が起こるため，娘細胞の染色体数は母細胞の半分となる。　　②　体をつくる細胞が増えるときには体細胞分裂が行われるが，DNA複製も分裂も1回なので，母細胞と娘細胞の染色体数は変化しない。　　(2)　体細胞分裂は，G_1期(DNA合成準備期：DNA量は変化しない)→S期(DNA合成期：DNA量は徐々に増加し最終的に2倍になる)→G_2期(分裂準備期：DNA量は2倍のまま)→M期(分裂期：DNA量は分裂が終了するまではG_2期と同じ，終了すると2つの娘細胞に分配されるのでG_2期の半分になる)という細胞周期を経る。

(3)　細胞数は全部で2500個なので，B期に該当する細胞数は，2500－1000(A)－800(C)＝700〔個〕である。細胞数の割合はその時期に要する時間の長さに比例するので，B期に要する時間は，$25 \times \dfrac{700}{2500} = 7$〔時間〕

【5】(1)　震央　(2)　$\dfrac{d}{V_p}$　(3)　$\dfrac{d}{V_s}$　(4)　$\dfrac{V_p V_s}{V_p - V_s}$　(5)　36

〈解説〉(1)　震源の真上にある地表の点を震央，震央と観測地点までの距離を震央距離という。　(2)　初期微動が観測されるのは，P波が観測地点に到着した時点である。つまり，P波は震源距離dを時間t_pで進むので，$V_p = \dfrac{d}{t_p}$が成り立つので，$t_p = \dfrac{d}{V_p}$　(3)　主要動が観測されるのは，S波が観測地点に到着した時点である。したがって，(2)と同様に考えると，$t_s = \dfrac{d}{V_s}$　(4)　初期微動継続時間の定義より，$t = \dfrac{d}{V_s} - \dfrac{d}{V_p}$が成り立ち，これを変形すると，$t = \left(\dfrac{1}{V_s} - \dfrac{1}{V_p}\right)d = \dfrac{V_p - V_s}{V_p V_s}d$　∴　$d = \dfrac{V_p V_s}{V_p - V_s}t$　よって，$k = \dfrac{V_p V_s}{V_p - V_s}$　(5)　図3より，初期微動継続時間は$t = 6$〔s〕と読み取れるので，(4)の式より，$d = \dfrac{6.0 \times 3.0}{6.0 - 3.0} \times 6 = 36$〔km〕

【物理・地学】

【1】(1)　$\sqrt{2gh}$　(2)　$e^2 h$　(3)　小球…$2\sqrt{\dfrac{gh}{3}}$　　台…$-\sqrt{\dfrac{gh}{3}}$

(4)　$2m\sqrt{\dfrac{gh}{3}}$　(5)　小球…$-2e\sqrt{\dfrac{gh}{3}}$　　台…$e\sqrt{\dfrac{gh}{3}}$

(6)　$2m(1+e)\sqrt{\dfrac{gh}{3}}$　(7)　$e^2 h$　(8)　$mg(1-e^2)h$

〈解説〉(1)　台が床に固定されているので，小球について力学的エネルギー保存の法則より，求める速度をv_0とすると，$mgh = \dfrac{1}{2}mv_0^2$　v_0は正の値より，$v_0 = \sqrt{2gh}$　(2)　壁に衝突した直後の速度は，反発係数eより，$-ev_0$である。求める高さをh'とすると，小球についての力学的エネルギー保存の法則より，$\dfrac{1}{2}m(-ev_0)^2 = mgh'$　これと(1)から，$h' = e^2 h$　(3)　求める小球の速度と台の速度をそれぞれv，Vとする。水平方向に

ついての運動量保存則より，$0=mv+2mV$　力学的エネルギー保存の法則より，$mgh=\frac{1}{2}mv^2+\frac{1}{2}\cdot 2mV^2$　これら2式からVを消去すると，$v=2\sqrt{\frac{gh}{3}}$　これを運動量保存則の式に代入して，$V=-\sqrt{\frac{gh}{3}}$　(4)　小球が台から受けた力積の水平成分は，小球の水平方向の運動量の変化に等しいので，$mv=2m\sqrt{\frac{gh}{3}}$　(5)　はね返った直後の小球の速度と台の速度をそれぞれv'，V'とおくと，運動量保存則より，$0=mv+2mV=mv'+2mV'$　$\therefore$　$V'=-\frac{1}{2}v'$　また，反発係数の式より，$e=-\frac{v'-V'}{v-V}=-\frac{v'}{v}$となるので，$v'=-ev=-2e\sqrt{\frac{gh}{3}}$　また，$V'=e\sqrt{\frac{gh}{3}}$　(6)　台の運動量の変化は，$2mV'-2mV=2m(1+e)\sqrt{\frac{gh}{3}}$　(7)　小球が最高点に到達したときは小球と台の水平方向の速度が等しいときであるが，水平方向の運動量については，小球の運動量と台の運動量の和は常に0なので，小球も台も水平方向の速度が0とわかる。このときの高さをh''とすると，力学的エネルギー保存の法則より，$mgh''=\frac{1}{2}mv'^2+\frac{1}{2}\cdot 2mV'^2=e^2\cdot mgh$　$\therefore$　$h''=e^2h$　(8)　位置エネルギーの差をとって，$mgh-mgh''=mg(1-e^2)h$

【2】(1)　$\dfrac{EBd}{R}$　(2)　$\dfrac{E-vBd}{R}$　(3)　$\dfrac{E}{2R+3r}$　(4)　$\dfrac{EBd}{2R+3r}$

(5)　$\dfrac{RE}{(R+r)Bd}$　(6)　棒L_1…$\dfrac{(v_2-v_1)B^2d^2}{3R}$　棒L_2…$-\dfrac{(v_2-v_1)B^2d^2}{3R}$

(7)　$\dfrac{1}{4}mv_0^2$

〈解説〉(1)　L_1にはア→イの向きに電流が流れ，求める力は，$\dfrac{E}{R}\times B\times d=\dfrac{EBd}{R}$　(2)　L_1の速さがvのとき，L_1には誘導起電力vBdが生じてお

り，アが高電位である。このときの電流をI'とすると，キルヒホッフの法則より，$E-vBd=RI'$ $\therefore$ $I'=\dfrac{E-vBd}{R}$ (3) L_1，L_2が動かない状態なので，抵抗値R，$2R$の抵抗が並列に接続されているとみなせ，その合成抵抗をR'とすると，$\dfrac{1}{R'}=\dfrac{1}{R}+\dfrac{1}{2R}$より$R'=\dfrac{2}{3}R$ したがって，抵抗rを流れる電流I''は，オームの法則より，$E=\left(\dfrac{2}{3}R+r\right)I''$なので，$I''=\dfrac{3E}{2R+3r}$ 並列に接続された抵抗を流れる電流は，抵抗値の逆比になるので，求める電流は，$I''\times\dfrac{1}{3}=\dfrac{E}{2R+3r}$ (4) $\dfrac{E}{2R+3r}\times B\times d=$ $\dfrac{EBd}{2R+3r}$ (5) L_2の速度が一定より，L_2を流れる電流は0である。L_1をア→イの向きに流れる電流をi_1とすると，キルヒホッフの法則より，$E=(r+R)i_1$，$Ri_1=v'Bd$ これら2式より，$v'=\dfrac{RE}{(R+r)Bd}$ (6) L_1をア→イに流れる電流をi_2とすると，キルヒホッフの法則より，$v_2Bd-v_1Bd=(R+2R)\,i_2$ $\therefore$ $i_2=\dfrac{(v_2-v_1)Bd}{3R}$ したがって，L_1，L_2に加わる力の大きさはいずれも，$\dfrac{(v_2-v_1)B^2d^2}{3R}$となる。なお，力の向きは，$L_2$に右向きの初速度を与えているので，$v_2>v_1$と考えられ，$L_1$に加わる力は$x$軸の正方向，$L_2$に加わる力は$x$軸の負方向である。 (7) L_1とL_2に加わる力は同じ大きさで逆向きなので，L_1とL_2が内力を及ぼし合っていると考えられる。したがって，L_1，L_2が同じ速さVになったとすると，運動量保存則より，$mv_0=mV+mV$ $\therefore$ $V=\dfrac{1}{2}v_0$ 求めるエネルギーは，最初のL_2の運動エネルギーと，2つの棒が等速になったときの運動エネルギーとの差なので，$\dfrac{1}{2}mv_0{}^2-\left(\dfrac{1}{2}mV^2+\dfrac{1}{2}mV^2\right)=\dfrac{1}{2}mv_0{}^2-$

$$2\times\frac{1}{8}mv_0{}^2=\frac{1}{4}mv_0{}^2$$

【3】(1)　(a)，(b)，(e)　　(2)　C層→B層→A層→断層F

(3)

(4)　7〔m〕　　(5)　①　正断層　　②　(b)　　(6)　40〔m〕

(7)　a　短　　b　広　　(8)　①　接触変成作用　　②　ホルンフェル

ス　　③　a　SiO_2　　b　Al_2SiO_5　　(9)　(a)

(10)

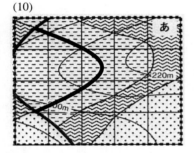

〈解説〉(1)　(a)　級化層理では，通常は粒径が下位から上位へ向かって
小さくなっていく。(b)　クロスラミナでは，通常は上位の層が下位の
ラミナを切断している。　(e)　枕状溶岩は，粘性が小さい溶岩が水中
で急冷されてできるので，通常は下位の溶岩の凹みを埋めるように上
位の溶岩が重なり，枕が重なったような形となる。　(2)　問題文より，
「A層，B層，C層について地層の走向，傾斜は一定」なので，A層とB
層の層理面について，標高170mと180mの走向線を引くと，東側の方
が走向線の標高が高いので，層理面は西傾斜であり，水平断面を考え
ると，図8の右側にある方が下位の地層とわかる。また，地層の逆転
はないので，地層累重の法則より，下位の地層ほど形成が早いので，
C層→B層→A層の順である。さらに，断層FはA〜C層をすべて切って

154

いるため，これらよりも形成が遅い。　(3)　(2)で描いた走向線の向き
が走向でN−S(南北)であり，標高170mと180mの走向線の水平距離は
10mで西傾斜なので，傾斜角は45°である。　(4)　B層とC層の層理面
について，標高180mの走向線を引くと，(2)で描いた標高180mの走向
線との水平距離は10mとわかる。地層の厚さ(層厚)は，層理面に垂直
な方向で測るので，$10 \times \sin 45° = 10 \times \dfrac{\sqrt{2}}{2} = 7$〔m〕　(5)　①　標高
190mと200mの走向線から，断層面の走向はN−Sで東傾斜であること
がわかる(2本の走向線間の水平距離は20mなので，傾斜は(2)の層理面
の傾斜の半分)。したがって，図8の東側が上盤側である。ここで，A
層とB層の層理面の200mの走向線を断層の東西で考えると，水平距離
は約20mであり，走向・傾斜がN−S・45°Wであることを踏まえると，
断層がなければ西側の層理面は，東側の走向線の位置で標高220mにな
っていると推測できる。よって，上盤がずり落ちているため，正断層
と判断できる。　②　最小の圧縮力が最大の圧縮力に押し負けて断層
がずれる。正断層は，断層面の両側が鉛直方向に動く縦ずれ断層であ
り，圧縮力は鉛直方向にはたらき，水平方向には引っ張り力がはたら
く。　(6)　(5)①より，断層面の標高190mの地点は，断層面と標高
200mの下側の交点から水平距離で20m東にある。つまり，点Pから測
ると真東に約40mの地点である。　(7)　火山灰は広範囲に堆積し，火
山や噴火によって鉱物組成や化学成分が異なり区別しやすい。地質学
的には1回の噴火は短時間で起こり，繰り返すことが多いため，堆積
した年代を精度よく決定できる。　(8)　①　貫入した高温のマグマに
接触して周囲の岩石が変成する現象は，接触変成作用である。
②　泥岩が接触変成作用を受けると，ホルンフェルスになる。
③　石英の化学式はSiO_2であり，Kを含まないので，両辺のKの係数か
ら紅柱石はKを含まない。また，両辺でHの数も同じである。したが
って，紅柱石の化学式は$Al_xSi_yO_z$とおけ，両辺での原子の個数が一致す
るためには，$x=2$，$y=1$，$z=5$である。　(9)　1500万年前は新生代新

第三紀なので，古第三紀～新第三紀の示準化石であるビカリアが該当する。　(10)　地点Pを通るTの走向線から20m東へ進んだ断層Fの200mの走向線の位置において，Tの標高は210mである。断層の東側では，20m東へ進むと標高が20m上がって20m下がる，すなわち20m進んだ場所で同じ標高となり，Tの標高は210mである。したがって，TはPから東に40mの地点で標高210mの等高線と交わっている。TはA層と同じ走向・傾斜であるため，10m西では10m標高が低い等高線と交わっている。したがって，解答のような図が描ける。

【4】(1)　①　(a)　　②　(d)＞(c)＞(a)＞(b)　　③　1000万(10^7)〔年〕

(2)　イ　離心率　　ウ　近日点　　(3)　9〔AU〕　　(4)　平均密度

(5)　オ，カ　水素，ヘリウム(順不同)　　(6)　キ　西　　ク　東

(7)　天球上での惑星の動きがほぼ静止して見える。　　(8)　衝

(9)　サ　$\dfrac{360}{E}-\dfrac{360}{P}$　　シ　360　　ス　$\dfrac{EP}{P-E}$

〈解説〉(1)　①　解答参照。　②　恒星のスペクトルは，吸収線の現れ方によって，表面温度が高い方から順に，O，B，A，F，G，K，M型に分けられ，太陽はG型である。　③　問題文の仮定より，

(恒星の寿命)∝$\dfrac{元素の量}{恒星の光度}$∝$\dfrac{恒星の質量}{(恒星の質量)^4}$∝$\dfrac{1}{(恒星の質量)^3}$となるので，恒星の寿命は恒星の質量の3乗に反比例する。よって，質量が10倍になると，寿命は$\dfrac{1}{10^3}=\dfrac{1}{1000}$〔倍〕になるので，$10^{10}\times\dfrac{1}{1000}=10^7$〔年〕　(2)　イ　惑星の公転軌道の長半径をa，楕円の中心と太陽の距離をcとすると，離心率$e=\dfrac{c}{a}$より，離心率が大きいほど焦点が中心から離れているため，つぶれた楕円になる。　ウ　第二法則の内容は「各惑星について，太陽と惑星を結ぶ線分(動径)は，等しい時間に等しい面積を描く」より，動径が最も短い近日点で公転速度が最も大きくなる。　(3)　第三法則の内容は「惑星と太陽の平均距離aの3乗は，惑星の公転周期Pの2乗に比例する」より，$\dfrac{a^3}{P^2}$＝(一定)となる。aの単位

をAU，Pの単位を年とすると，地球に対しても成り立つので，$\dfrac{a^3}{P^2}=\dfrac{1^3}{1^2}=1$となる。したがって，$\dfrac{a^3}{27^2}=1$　∴　$a=3^2=9$〔AU〕

(4)　解答参照。　(5)　木星型惑星の表面は，水素とヘリウムが約99％の質量を占める。　(6)　惑星が天球上を西から東へ動くとき，この動きを順行といい，反対に東から西へ動くときを逆行という。　(7)　順行から逆行(逆行から順行)に移るとき，惑星がほぼ止まって見えることから，留という。　(8)　解答参照。　(9)　外惑星と地球がそれぞれ軌道上を1日に公転する角度は，$\dfrac{360}{P}$〔°〕，$\dfrac{360}{E}$〔°〕であり，外惑星は地球よりも公転周期が長いので，1日に地球は外惑星よりも$\left(\dfrac{360°}{E}-\dfrac{360°}{P}\right)$〔°〕だけ先に進む。この角度が加算されて360°になったとき，再び同じ位置関係となるので，$\left(\dfrac{360°}{E}-\dfrac{360°}{P}\right)\times S=360°$より，$\dfrac{1}{S}=\dfrac{1}{E}-\dfrac{1}{P}$　∴　$S=\dfrac{EP}{P-E}$　なお，内惑星の場合は地球よりも公転周期が短いので，外惑星の場合とP，Eの関係が逆になり，$\dfrac{1}{S}=\dfrac{1}{P}-\dfrac{1}{E}$が成り立つ。

【化学】

【1】(1)　①　(ア)　8

(イ)

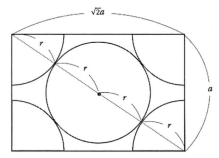

(ウ)　$\dfrac{\sqrt{3}}{4}a$〔cm〕　　(エ)　$\dfrac{2M}{a^3N_A}$〔g/cm³〕　　②　(ア)　六方最密構造　　(イ)　$\left(\dfrac{1}{6}\times12+\dfrac{1}{2}\times2+3\right)\times\dfrac{1}{3}=2$　　(2)　①　1.5×10^{-3}

〔mol/L〕　　②　3.7×10^3〔Pa〕　　③　38〔cm〕

④　浸透圧は絶対温度に比例するため，水位が高くなる。

(3)　①　5.0×10^5〔Pa〕　　②　2.5×10^5〔Pa〕

③　反応式…$CH_4+2O_2\rightarrow CO_2+2H_2O$

全圧…反応式の係数より，生成する水は0.20〔mol〕

この水がすべて水蒸気だと仮定して水の分圧P_{H_2O}を求めると，

$P_{H_2O}V=nRT$より，$P_{H_2O}\fallingdotseq1.7\times10^5$〔Pa〕

これは27℃における水の蒸気圧を上回るので，

水の分圧は3.6×10^3〔Pa〕である。

反応後に生じたCO_2の分圧P_{CO_2}は$P_{CO_2}V=nRT$より，

$P_{CO_2}=8.3\times10^4$〔Pa〕

よって全圧は，$3.6\times10^3+8.3\times10^4=8.7\times10^4$〔Pa〕

〈解説〉(1)　①　(ア)　金属Aは体心立方格子の単位格子であり，中央の原子に立方体の8つの頂点に位置する原子が隣接しているので，配位数は8である。　(イ)　立方体の体対角線上に原子が並び，その長さは原子半径4つ分に相当する。　(ウ)　体対角線の長さは，

$\sqrt{(\sqrt{2}\,a)^2+a^2}=\sqrt{3}\,a$〔cm〕であり，これが原子半径$r$の4つ分なので，

$r=\dfrac{\sqrt{3}}{4}$〔cm〕　(エ)　体心立方格子の単位格子には，各頂点に原子$\dfrac{1}{8}$〔個〕，中心に原子1個が位置するので，合計$\dfrac{1}{8}\times8+1=2$〔個〕の原子が含まれている。原子量は1molあたりの質量と一致するので，

$M=\dfrac{da^3}{2}\times N_A$より，$d=\dfrac{2M}{a^3N_A}$〔g/cm³〕　②　六方最密構造の単位格子を3つ合わせたものが，図4の六角柱である。この六角柱には，各頂点に$\dfrac{1}{6}$個分の原子が12個あるので$\dfrac{1}{6}\times12=2$〔個〕，面上に$\dfrac{1}{2}$個分の原子

が2個あるので$\frac{1}{2} \times 2 = 1$〔個〕，内部に3個の原子があるので，合計6個含まれている。よって，単位格子に含まれる原子の数は，$6 \times \frac{1}{3} = 2$〔個〕 (2) ① グルコース$C_6H_{12}O_6$の分子量は180なので，モル濃度は，$\frac{0.135}{180} \times \frac{1000}{500} = 1.5 \times 10^{-3}$〔mol/L〕 ② ファントホッフの法則より，浸透圧$\Pi = \left(\frac{0.135}{180} \times 8.3 \times 10^3 \times 300 \right) \times \frac{1000}{500} = 3735$〔Pa〕$\fallingdotseq 3.7 \times 10^3$〔Pa〕 ③ 液柱1.0cmの重さによる圧力が98Paなので，求める高さhについて，$h \times 98 = 3735$ $\therefore$ $h = \frac{3735}{98} \fallingdotseq 38$〔cm〕 ④ ②の式より，絶対温度が高くなると浸透圧が高くなるが，これとつり合うために液柱も高くなる。 (3) ① 気体の状態方程式より，

$P = \frac{0.20 \times 8.3 \times 10^3 \times 300}{1.0} \fallingdotseq 5.0 \times 10^5$〔Pa〕 ② 混合気体の全量は0.30molで体積は3.0Lより，$P = \frac{0.30 \times 8.3 \times 10^3 \times 300}{3.0} \fallingdotseq 2.5 \times 10^5$〔Pa〕 ③ $P_{H_2O} = \frac{0.2 \times 8.3 \times 10^3 \times 300}{3.0} \fallingdotseq 1.7 \times 10^5$〔Pa〕，$P_{CO_2} = \frac{0.1 \times 8.3 \times 10^3 \times 300}{3.0} = 8.3 \times 10^4$〔Pa〕より，全圧は$3.6 \times 10^3 + 8.3 \times 10^4 = 8.66 \times 10^4 \fallingdotseq 8.7 \times 10^4$〔Pa〕

【2】(1) ① (ア) 左 (イ) 左 (ウ) ×
②

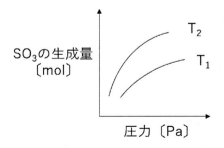

(2)　①　$K_a = \dfrac{[\mathrm{H^+}][\mathrm{CH_3COO^-}]}{[\mathrm{CH_3COOH}]}$　②　$\alpha = \sqrt{\dfrac{K_a}{c}}$　③　$[\mathrm{H^+}] = \sqrt{cK_a}$
④　pH＝2.8　⑤　ア　緩衝液　イ　$\mathrm{CH_3COO^-}$　ウ　$\mathrm{CH_3COOH}$
エ　$\mathrm{H_2O}$

〈解説〉(1)　(ア)　粒子数の減少する方向，つまり左に平衡が移動する。
(イ)　アンモニウムイオン$\mathrm{NH_4^+}$が増えるので，$\mathrm{NH_4^+}$が減少する方向，
つまり左に平衡が移動する。　(ウ)　温度・体積を一定にしてアルゴ
ンを加えても，他の気体とは反応しないため分圧が変わらず，平衡は
移動しない。　②　$\mathrm{SO_3}$の生成反応は発熱反応なので，温度が低い方
が平衡は右に移動し，$\mathrm{SO_3}$の生成量が大きくなる。また，圧力が高く
なるほど，気体の粒子数を小さくするため平衡が右に移動し，$\mathrm{SO_3}$の
生成量は大きくなる。　(2)　①　質量作用の法則を用いる。　②　平
衡状態では，$[\mathrm{CH_3COOH}] = c(1-\alpha)$，$[\mathrm{H^+}] = [\mathrm{CH_3COO^-}] = c\alpha$であり，

$\alpha \ll 1$より$1-\alpha \fallingdotseq 1$と近似できるので，$K_a = \dfrac{[\mathrm{H^+}][\mathrm{CH_3COO^-}]}{[\mathrm{CH_3COOH}]}$
$= \dfrac{(c\alpha)^2}{c(1-\alpha)} \fallingdotseq c\alpha^2$となる。よって，$\alpha = \sqrt{\dfrac{K_a}{c}}$　③　$[\mathrm{H^+}] = c\alpha$より，

$[\mathrm{H^+}] = c \times \sqrt{\dfrac{K_a}{c}} = \sqrt{cK_a}$　④　$[\mathrm{H^+}] = \sqrt{0.10 \times (2.7 \times 10^{-5})} = \sqrt{2.7 \times 10^{-3}} =$
1.6×10^{-3}より，$\mathrm{pH} = -\log_{10}(1.6 \times 10^{-3}) = 4 - 4\log_{10}2 = 4 - 1.2 = 2.8$
⑤　ア　弱酸とその塩(または弱塩基とその塩)からなる混合水溶液は，
少量の酸や塩基を加えてもpHが大きく変化しない緩衝液である。
イ，ウ　$\mathrm{CH_3COO^- + H^+ \rightarrow CH_3COOH}$　エ　$\mathrm{CH_3COOH + OH^- \rightarrow}$
$\mathrm{CH_3COO^- + H_2O}$

【3】(1)　ア　26　イ　遷移　ウ　アルミニウム　エ　テルミッ
ト　オ　不動態　(2)　①　CO　②　$\mathrm{O_2}$　③　Cr　④　Sn
(3)　(a)　$\mathrm{Fe_2O_3 + 2Al \rightarrow 2Fe + Al_2O_3}$　(b)　$\mathrm{Fe + H_2SO_4 \rightarrow FeSO_4 + H_2}$
(4)　$\mathrm{Fe^{2+} : Fe^{3+}} = 1 : 2$　(5)　求める赤鉄鉱の質量をx〔kg〕とすると，
$\mathrm{Fe_2O_3}$(式量160)1molからFe(原子量56)2mol が生成するので，

$$\frac{x \times 10^3 \times 0.8}{160} \times 2 = \frac{1 \times 10^3}{56}$$

$x = 1.78 ≒ 1.8$ 〔kg〕

(6) ZnはFeよりもイオン化傾向が大きいため，表面が傷ついてFeが露出してもZnが先に酸化されるため。

〈解説〉(1) ア 第3周期に属する元素は原子番号18のArまでであり，鉄は第4周期の8族の元素なので，原子番号は18＋8＝26 イ 近年の教科書では，12族元素を遷移元素に含める場合と含めない場合がある。ウ 解答参照。 エ アルミニウムを用いて金属の酸化物を還元し単体を得る方法をテルミット反応という。 オ 表面に酸化被膜が形成され，内部は酸化されない状態である。 (2) ① $Fe_2O_3 + 3CO →$ $2Fe + 3CO_2$ ② 転炉では酸素によって炭素が除かれる。③，④ 解答参照。 (3) (a) アルミニウムが酸化され，酸化鉄(Ⅲ)が還元される。 (b) 発生する気体は水素である。 (4) Fe_3O_4は$FeO \cdot Fe_2O_3$と表せるので，$Fe^{2+} : Fe^{3+} = 1 : 2$ (5) (2)①の解説の反応式より，求める赤鉄鉱をx〔kg〕とすると，$160 : 2 \times 56 = x \times \frac{80}{100} : 1.0$が成り立ち，$x = 1.78 \cdots ≒ 1.8$〔kg〕 (6) イオン化傾向の大きな金属ほど，酸化されやすい。

【4】(1) A アセトン D ホルムアルデヒド(ホルマリンでも可)
(2) B C

(3) マルコフニコフ則 (4) 8 (5) (Ⅰ) ウ (Ⅱ) イ
(Ⅲ) エ (Ⅳ) オ (6) $FeCl_3$ (7) レゾール (8) 操作1
…(ア) 操作2…(オ)

〈解説〉(1) A クメン法では，フェノールとアセトンが得られる。
D 酸触媒を用いてフェノールとホルムアルデヒドを付加縮合させる

と，ノボラックが得られる。　(2)　B　ニトロ化が進み，最終的に2－4－6トリニトロフェノール(ピクリン酸)が生成する。　C　フェノール→ナトリウムフェノキシド→サリチル酸ナトリウム→サリチル酸という順で生成する。　(3)　マルコフニコフ則(マルコフニコフの法則)より，アルケンに付加反応が起こる場合，アルキル置換基が少ない方の炭素にHが結合した化合物が主生成物となる。　(4)　ベンゼンC_6H_6の置換体の数を検討する。一置換体の場合，C_6H_5-の残りが$-C_3H_7$なので，$-CH_2-CH_2-CH_3$と$-CH-(CH_3)_2$が置換基となるので2種類。二置換体の場合，C_6H_4-の残りが$-C_3H_8$なので，$-CH_3$と$-C_2H_5$がオルト・メタ・パラ位で結合するので3種類。三置換体の場合，C_6H_3-の残りが$-C_3H_9$なので，3つの$-CH_3$が，(1，2，3)，(1，2，4)，(1，3，5)位に結合するので3種類。よって，合計8種類の構造異性体が存在する。(5)　(Ⅰ)　プロペン$CH_2＝CH-CH_3$の二重結合にベンゼンが付加する。(Ⅱ)　ベンゼン環の水素原子がニトロ基と置き換わる置換反応が起こる。　(Ⅲ)　グリセリンの$-OH$のHと硝酸の$-OH$から水が生じる縮合反応が起こる(エステル化である)。　(Ⅳ)　(1)のDの解説参照。　(6)フェノール類に塩化鉄(Ⅲ)水溶液を加えると，赤紫から青紫に変化するので，これはフェノール類の検出反応として用いられる。　(7)　塩基を触媒に用いると，ベンゼン環に$-CH_2OH$が置換した中間物質レゾールが生じる。　(8)　エーテル溶液中に含まれる安息香酸とフェノールは酸性なので，操作1で水酸化ナトリウム水溶液を加えると，ナトリウム塩となり水層に含まれる。また，酸性の強さは，強い順に，安息香酸＞炭酸＞フェノールとなるので，操作2で二酸化炭素を加えるとフェノールが遊離してエーテル層Bに含まれる。

【生物】

【1】Ⅰ　(1)　①　20　　②　ペプチド(ポリペプチド)　　③　アミノ(カルボキシ)　　④　カルボキシ(アミノ)　　⑤　ペプチド結合(2)　システイン　　(3)　変性　　(4)　失活　　Ⅱ　(5)　⑥　活性化⑦　基質特異性　　⑧　競争的阻害　　(6)　(ア)　低く　　(イ)　高

く　　（ウ）　受けやすい　　（7）　（ア）　補酵素(補助因子)(補因子)
（イ）　半透膜　　（ウ）　透析

〈解説〉Ⅰ　(1)　タンパク質を構成するアミノ酸は，中心の炭素原子に
アミノ基，カルボキシ基，水素原子，側鎖が結合した低分子化合物で
ある。側鎖の違いにより，20種類のアミノ酸がある。アミノ酸同士は，
アミノ基とカルボキシ基の間でペプチド結合を形成することでペプチ
ドとなり，これが多数つながったものをポリペプチドやタンパク質と
いう。　(2)　S－S結合(ジスルフィド結合)を形成するのは，側鎖に硫
黄原子をもつシステインである。　(3)　温度やpHの条件により，タン
パク質の立体構造が変化し，その機能が変化することを変性という。
(4)　タンパク質が変性してその機能を失うことを失活という。

Ⅱ　(5)　酵素は，活性化エネルギーを低下させることで化学反応の速
度を大きくする。また，酵素は特定の基質と酵素－基質複合体を形成
する。競争的阻害を引き起こす阻害物質は，酵素の活性部位に結合す
るため，酵素－基質複合体の形成が妨げられ，反応速度が低下する。
(6)　阻害物質が存在する場合，基質濃度が低いと，基質が酵素と出会
う頻度が低いため酵素反応の速度は小さい。一方，基質濃度が高いほ
ど，阻害物質よりも基質と結合する酵素の割合が大きくなるので，酵
素反応の速度は阻害物質の影響を受けにくくなり，最終的には阻害物
質が存在しない場合とほとんど変わらなくなる。　(7)　酵素が活性化
するために必要な低分子の有機化合物を補酵素という。設問の実験で
は，B液(ビーカーの液)には低分子でセロハン膜を通過できる補酵素が
含まれ，タンパク質である酵素は含まれない。

【2】(1)　①　PCR(ポリメラーゼ連鎖反応)　　②　DNAリガーゼ
③　アグロバクテリウム　　④　トランスジェニック　　(2)　(イ)→
(ウ)→(エ)→(ア)　　(3)　(イ)・(ウ)　　(4)　(エ)　　(5)　CCCGGGC
(6)　カルス　　記号…(ア)・(ウ)　　(7)　液胞　　(8)　ベクター
(9)　発現場所(目印，標識)，働いた場所，発現の有無
〈解説〉(1)　①　目的とするタンパク質を大量に生産するためには，ま

ず微量のDNAを増幅させるため，PCR法を用いる。　②　目的とする遺伝子を大腸菌に導入するためには，DNAリガーゼを用いて，目的遺伝子を含むDNAと大腸菌のプラスミドをつなぐ。　③　植物細胞を用いて遺伝子組換えを行う場合，植物細胞に感染するアグロバクテリウムという細菌を用いることが多い。　④　青いバラはトランスジェニック植物の例であるが，外来遺伝子を動物の受精直後の受精卵に導入した場合はトランスジェニック動物が生まれる。　(2)　PCR法では，大きく3つの手順を行う。まず，2本鎖DNAを含む溶液を約95℃で加熱し，2本鎖DNAの水素結合を切断して1本鎖DNAに解離する。次に，溶液を50〜60℃に下げ，プライマーと1本鎖DNAを結合させる。さらに，耐熱性DNAポリメラーゼの最適温度である約72℃で溶液を加熱し，1本鎖DNAを鋳型として2本鎖DNAを複製する。　(3)　DNAポリメラーゼは，$5'→3'$方向に新生鎖を伸長させるので，(イ)と(ウ)が適切である。(4)　図6より，この制限酵素は6塩基対を認識しており，4種類

の塩基がこの配列で並ぶ確率は$\frac{1}{4^6}=\frac{1}{4096}$である。つまり，$4.0×10^9$

〔塩基対〕のうち，この配列は$(4.0×10^9)×\frac{1}{4096}≒1.0×10^6$〔か所〕含

まれているので，切断か所も約$1.0×10^6$〔か所〕である。　(5)　*Sma*Ⅰで9塩基対と13塩基対に切断され，*Nae*Ⅰで8塩基対と14塩基対で切断されることより，この塩基対は，22塩基対からなることがわかる。図7より，【　】の左側には6塩基対，右側には9塩基対あるので，【　】内には22−(6+9)＝7〔塩基対〕が入る。ここで，右から数えて8〜6塩基対目に*Nae*Ⅰの切断部位の右側GGCが位置しており，9塩基対目にCが位置するので，【　】内の右側2つは「GC」となる。さらに，*Sma*Ⅰで9塩基対と13塩基対に切断できる【　】内の塩基対を考えると，【CCCGGGC】となる。　(6)　植物組織から培養された未分化の細胞塊をカルスといい，オーキシンとサイトカイニンの濃度を調節することで，再分化を引き起こすことができる。　(7)　液胞では，色素以外にも細胞の代謝産物や老廃物も貯蔵している。　(8)　ベクターには，プラスミド以外に，ファージやウイルスDNAが用いられる。(9)　ある遺伝子の後にGFP遺伝子をつなぎ，その遺伝子が発現した場

合，GFPタンパク質も合成されるため緑色蛍光が観測される。これにより，目的遺伝子の場所や発現時期などがわかる。

【3】(1) ① 生得　② 慣れ　③ 鋭敏化　(2) (エ)
(3) フェロモン　(4) 閾値以上の大きさの刺激によって興奮が生じる　(5) (イ)・(カ)　(6) (ウ)

〈解説〉(1)　生得的行動とは逆に，生まれてからの経験などにより生じる行動を，学習による行動という。　(2)　三胚葉性の動物は，原口が口になる旧口動物と，原口付近が肛門・その反対側が口になる新口動物に分かれる。軟体動物・節足動物・へん形動物は旧口動物であり，刺胞動物は二胚葉性の動物で口の形成は旧口動物と同様であり，棘皮動物は新口動物である。　(3)　フェロモンには，性フェロモン，集合フェロモンなどがある。　(4)　興奮が起こる最小の刺激の強さを閾値という。1本のニューロンに対して，閾値以上の刺激を与えても，一定の大きさの活動電位しか示さない。　(5)　尾部での強い刺激は，感覚ニューロンから介在ニューロンに伝わり，その軸索末端からセロトニンが放出される。これが水管感覚ニューロンの受容体に結合し，cAMPが合成され，活性化されたプロテインキナーゼがカリウムチャネルをリン酸化して不活性化する。その結果，カリウムイオンの流出量が減少してカルシウムチャネルの開いている時間が長くなり，活動電位の持続時間が長くなるので，水管感覚ニューロンの軸索末端に流入するカルシウムイオン量が多くなる。よって，シナプス小胞から放出される神経伝達物質の量が増加し，興奮の伝達が起こりやすくなる。
(6)　設問のような脱慣れの場合でも，鋭敏化と同様にセロトニンを介した神経伝達物質が増加する。(5)の解説より，セロトニンは水管感覚ニューロンの軸索末端の受容体にはたらきかけているので，図8より，水管感覚ニューロンの軸索とシナプス形成している介在ニューロンから放出されていると考えられる。

【４】Ⅰ　(1)　①　フォトトロピン　　②　アブシシン酸

(2)

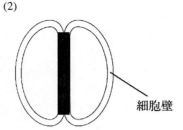

細胞壁

(3)　(オ)　　(4)　傾性　　Ⅱ　(5)　先駆植物(パイオニア植物)

(6)　(エ)　　(7)　植物ホルモン…ジベレリン　　アミラーゼが合成される場所…(ア)

〈解説〉Ⅰ　(1)　①　葉に青色光が当たり，フォトトロピンに受容されると，気孔が開いて二酸化炭素が取り込まれる。　②　水分不足の状態になると，アブシシン酸が合成され，これが孔辺細胞に作用することで気孔が閉じられ，水分の蒸散が抑えられる。　(2)　孔辺細胞の細胞壁は，気孔側の方が厚くなっている。　(3)　孔辺細胞内にイオンが流入すると，細胞外より濃度が高くなるため，浸透圧は上昇し，孔辺細胞内へ水が流入する。細胞内の水が細胞壁を押す圧力が大きくなるので，膨圧が上昇する。　(4)　解答参照。　Ⅱ　(5)　先駆植物には，草本類・コケ植物・地衣類などが該当する。　(6)(7)　オオムギの種子の発芽の際には，胚でジベレリンが合成され，糊粉層に作用するとアミラーゼが分泌されて胚乳中のデンプンが分解される。つまり，胚がある側(試料B)があればデンプンから糖ができるためヨウ素デンプン反応が見られるが，胚のない側(試料A)だけでは見られないことになる。

2022年度 | 実施問題

中 学 理 科

【1】次の各問いに答えなさい。

(1) 次の文は，教育基本法第4条の条文である。条文中の[ ]に入る共通の語句として適切なものを以下の(ア)～(オ)から一つ選び，記号で答えなさい。

第4条 すべて国民は，ひとしく，その能力に応じた教育を受ける機会を与えられなければならず，人種，信条，性別，社会的身分，経済的地位又は門地によって，教育上差別されない。

2 [ ]は，障害のある者が，その障害の状態に応じ，十分な教育を受けられるよう，教育上必要な支援を講じなければならない。

3 [ ]は，能力があるにもかかわらず，経済的理由によって修学が困難な者に対して，奨学の措置を講じなければならない。

(ア) 国民　　　　　　　　　(イ) 教育委員会

(ウ) 国及び地方公共団体　　(エ) 父母その他の保護者

(オ) 教育長

(2) 次の文章が説明する制度の名称として，最も適切なものを答えなさい。

平成16年に法制化され，その後，平成29年の法改正により，その設置が教育委員会の努力義務となっている。学校と地域住民等て力を合わせて学校の運営に取り組むことが可能となる「地域とともにある学校」への転換を図るための有効な仕

　組みである。

　　学校運営に地域の声を積極的に生かし，地域と一体となっ
　て特色ある学校づくりを進めていくことができる。

　　なお，法律に基づいて教育委員会が学校に設置するこの制
　度に関する機関には，主な役割として以下の3つがある。

○校長が作成する学校運営の基本方針を承認する。

○学校運営に関する意見を教育委員会又は校長に述べること
　ができる。

○教職員の任用に関して，教育委員会規則に定める事項につ
　いて，教育委員会に意見を述べることができる。

(3)　次の文章は，令和3年1月26日に中央教育審議会で取りまとめられ
　た「『令和の日本型学校教育』の構築を目指して～全ての子供たち
　の可能性を引き出す，個別最適な学びと，協働的な学びの実現～
　(答申)」における「第Ⅱ部　各論」の「6. 遠隔・オンライン教育を
　含むICTを活用した学びの在り方について」に記載された内容の一
　部である。(　①　)～(　④　)にあてはまる，最も適切な語句の組
　合せを以下の(ア)～(ク)から一つ選び，記号で答えなさい。

第Ⅱ部　各論

　6. 遠隔・オンライン教育を含むICTを活用した学びの在
　　り方について

(1)　基本的な考え方

○　これからの学校教育を支える基盤的なツールとして，ICT
　は必要不可欠なものであり，1人1台の端末環境を生かし，
　端末を日常的に活用していく必要がある。また，ICTを利用
　して(　①　)制約を緩和することによって，他の学校・地域
　や海外との交流なども含め，今までできなかった学習活動
　が可能となる。

○　学校教育におけるICTの活用に当たっては，新学習指導要領の趣旨を踏まえ，各教科等において育成するべき資質・能力等を把握し，心身に及ぼす影響にも留意しつつ，まずはICTを日常的に活用できる環境を整え，児童生徒が「（　②　）」として活用できるようにし，「主体的・対話的で深い学び」の実現に向けた（　③　）に生かしていくことが重要である。

○　また，AI技術が高度に発達する Society5.0 時代にこそ，教師による（　④　）や児童生徒同士による学び合い，地域社会での多様な学習体験の重要性がより一層高まっていくものである。もとより，学校教育においては，教師が児童生徒一人一人の日々の様子，体調や授業の理解度を直接に確認・判断することで，児童生徒の理解を深めたり，生徒指導を行ったりすることが重要であり，あわせて，児童生徒の怪我や病気，災害の発生等の不測のリスクに対する安全管理への対応にも万全を期す必要がある。

	①	②	③	④
（ア）	集団的・画一的	文房具	環境構築	オンライン授業
（イ）	集団的・画一的	教科書	環境構築	オンライン授業
（ウ）	集団的・画一的	文房具	環境構築	対面指導
（エ）	集団的・画一的	教科書	授業改善	対面指導
（オ）	空間的・時間的	文房具	授業改善	対面指導
（カ）	空間的・時間的	教科書	授業改善	対面指導
（キ）	空間的・時間的	文房具	授業改善	オンライン授業
（ク）	空間的・時間的	教科書	環境構築	オンライン授業

(4)　次の文章は，「中学校学習指導要領(平成29年3月告示)」第2章　第4節　理科〔第2分野〕の目標の一部を抜粋したものである。（　ア　）～（　カ　）に入る最も適切な語句をそれぞれ答えなさい。

(1)　生命や地球に関する事物・現象についての観察，実験などを行い，生物の体のつくりと働き，生命の連続性，大地の成り立ちと変化，気象とその変化，地球と宇宙などについて理解するとともに，（　ア　）に探究するために必要な観察，実験などに関する基本的な技能を身に付けるようにする。

(2)　生命や地球に関する事物・現象に関わり，それらの中に（　イ　）を見いだし見通しをもって観察，実験などを行い，その結果を分析して（　ウ　）し表現するなど，（　ア　）に探究する活動を通して，多様性に気付くとともに規則性を見いだしたり課題を解決したりする力を養う。

(3)　生命や地球に関する事物・現象に進んで関わり，（　ア　）に探究しようとする（　エ　）と，生命を尊重し，（　オ　）の保全に寄与する（　エ　）を養うとともに，自然を（　カ　）に見ることができるようにする。

(☆☆◎◎◎)

【２】ヒトのだ液のはたらきを調べるために，次の〔実験〕を行った。これについて，以下の各問いに答えなさい。

〔実験〕

①　図1のように，デンプン溶液(濃度0.5％)を2本の試験管A，Bに取り，試験管Aにはだ液，試験管Bには水を加えた。

②　ビーカーに約40℃の湯を入れ，試験管A，Bを5分〜10分間あたためた。

③　試験管A，Bの溶液を半分ずつ別の試験管C，Dにとり分けた。

④　試験管A，Bには，ヨウ素液を数滴加え，液体の色の変化を観察した。

⑤　試験管C，Dには，沸騰石を入れてベネジクト液を数滴加え，ガスバーナーで加熱し，液体の色の変化を観察した。

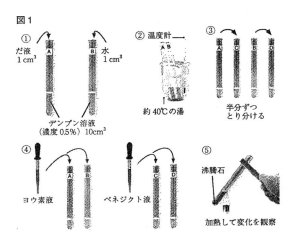

図1

表1は，このときの色の変化をまとめたものである。

表1

ヨウ素液を加えた場合		ベネジクト液を加え，加熱した場合	
試験管A	試験管B	試験管C	試験管D
変化なし	青紫色	赤褐色	変化なし

(1) 次のガスバーナー①とガスバーナー②のうち，ガスバーナー①の空気の量が最も適正な状態である。ガスバーナー②はガスバーナー①と比べて空気の量が多いか，少ないか，答えなさい。

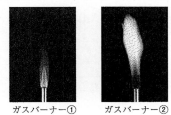

ガスバーナー①　　ガスバーナー②

(2) 〔実験〕⑤で試験管C，Dを加熱するときの注意点を，次のようにまとめた。文中の(ア)，(イ)に入る最も適切な語句をそれぞれ答えなさい。

171

　　　試験管を軽く（　ア　）ながら加熱すること。また，液体が飛び出すことがあるので，試験管の（　イ　）を人のいる方向へ向けないこと。

(3)　試験管Aと試験管Bの液体の色の変化について，次のようにまとめた。文中の（　ア　），（　イ　）に入る最も適切な語句をそれぞれ答えなさい。

　　　試験管Aと試験管Bを約40℃の湯に入れあたためた後，ヨウ素液を加え液体の色の変化を比べると，水だけ加えて温めても（　ア　）は変化せず，（　イ　）を加えたことで（　ア　）がなくなっていることがわかる。

(4)　(3)の（　イ　）に含まれる消化酵素を何というか，最も適切な語句を答えなさい。

(5)　(4)について説明した以下の文中の（　ア　），（　イ　）に入る最も適切な語句をそれぞれ答えなさい。

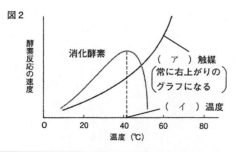

図2

　　　図2のように，酸化マンガンなどの（　ア　）触媒では，温度が高くなるにつれて反応速度が大きくなるが，(4)の消化酵素はヒトの体温に近い40℃のときに最も反応が速くなる。この最も反応が速くなるときの温度を（　イ　）温度という。

（☆☆◎◎◎）

【3】光の性質について調べるために，次の〔実験1〕，〔実験2〕を行った。これについて，以下の各問いに答えなさい。

〔実験1〕

① 図3のように，光学台の中心に凸レンズを固定する。

② 物体をAに固定した後，スクリーンだけを動かして，像をスクリーンに映し，スクリーンに像ができる凸レンズとスクリーンの距離，物体と比べた時のスクリーンに映った像の大きさを調べた。

③ 物体をAからDへと順に動かしていき，②と同じことを調べて，結果を表2にまとめた。

図3

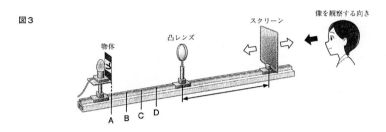

表2

物体の位置	凸レンズと物体の距離	凸レンズとスクリーンの距離	スクリーンに映った像の大きさ
A	30cm	（　ア　）	（　ウ　）
B	20cm	20cm	物体の大きさと等しい
C	15cm	（　イ　）	（　エ　）
D	5cm	スクリーンには像が映らない。凸レンズを通して物体を見ると，像が見えた。	

〔実験2〕

次の図4のように，スリットを通した白色光をプリズムに通し，出てくる光を観察した。

図4

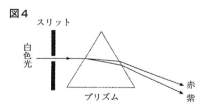

(1) 〔実験1〕について，表2の（　ア　），（　イ　）に入る最も適切なも

173

のを，次の(a)～(c)の中からそれぞれ一つずつ選び，記号で答えなさい。また，（　ウ　），（　エ　）に入る最も適切なものを，次の(d)～(f)の中からそれぞれ一つずつ選び，記号で答えなさい。

(a)　20cm
(b)　20cmより短い
(c)　20cmより長い
(d)　物体の大きさと等しい
(e)　物体の大きさより大きい
(f)　物体の大きさより小さい

(2)　〔実験1〕について，物体をDの位置に置いたとき，スクリーンをどの位置に移動させても像はできず，凸レンズを通して見ると像が見えた。この像の大きさと向きの特徴について最も適切なものを，次の(ア)～(エ)の中から一つ選び，記号で答えなさい。

(ア)　物体より大きく，上下左右が逆である。
(イ)　物体より大きく，同じ向きである。
(ウ)　物体より小さく，上下左右が逆である。
(エ)　物体より小さく，同じ向きである。

(3)　〔実験1〕について，スクリーン上に像ができず，凸レンズを通して見ても像が見えないのは，物体を凸レンズから何cm離れた位置に置いたときか，答えなさい。

(4)　〔実験2〕のプリズムに白色光を通すと色が分かれて見える理由について，次のようにまとめた。文中の（　）の中から適切な語句を選び答えなさい。

> 　図4のように赤と紫の光がそれぞれ観察できた。これは，光が屈折するとき，色によって屈折角が少しずつ異なるためである。このことから，紫に比べ，赤の方が屈折角が（　大きい　・　小さい　）ことが分かる。

(5)　プリズムで分散された太陽の光には，目に見えない光も含まれている。この中で，ものの温度を上昇させるはたらきがあり，太陽の光をあたたかく感じる要因となっている光を何というか，答えなさい。

(6)　青色のかさが，青色に見える理由について，次のようにまとめた。

文中の(ア),(イ)に入る最も適切な語句を,それぞれ漢字2字で答えなさい。

> 青色の物体が,青色に見えるのは,白色光に混ざっている青色の光が,物体の表面で強く(ア)され,それ以外の色の多くは表面で(イ)されるからである。

(☆☆☆◎◎◎)

【4】動物のふえ方と成長について,次の各問いに答えなさい。

(1) 寒天のようなものに包まれている卵を産むのはどの動物か。最も適切なものを,次の①〜⑤の中から一つ選び,記号で答えなさい。

① フナ　　② ハト　　③ トカゲ　　④ ウサギ

⑤ ヒキガエル

(2) (1)の発生のようすを観察日時が古い順になるように,次の(ア)をはじめとして(イ)〜(オ)を左から順に並べて,記号で答えなさい。

(3) 動物の受精の説明として,最も適切なものを,次の(ア)〜(エ)の中から一つ選び,記号で答えなさい。

(ア) 1つの精細胞が卵の中に入る。

(イ) 1つの精子が卵の中に入る。

(ウ) 1つの卵が精細胞の中に入る。

(エ) 1つの卵が精子の中に入る。

(4) 図5は,動物のふえ方における細胞の分裂と染色体の数について,模式的に表したものである。図5の　x　,　y　にあてはまるものの組合せとして最も適切なものを,(ア)〜(エ)の中から一つ選び,記号で答えなさい。

図5

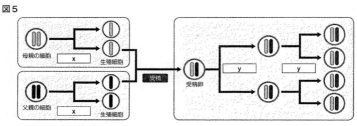

(ア)　x：体細胞分裂　　y：体細胞分裂

(イ)　x：体細胞分裂　　y：減数分裂

(ウ)　x：減数分裂　　　y：体細胞分裂

(エ)　x：減数分裂　　　y：減数分裂

(5)　文中の(ア), (イ)に入る最も適切な語句をそれぞれ答えなさい。

> 2007年，山中伸弥博士はヒトの(ア)の細胞から人工的に幹細胞をつくり出すことに成功した。これが，人工多能性幹細胞((イ)細胞)である。

(6)　文中の(ア)〜(ウ)に入る最も適切な語句をそれぞれ答えなさい。ただし，(ア), (イ)に入る語句は大文字のアルファベット3文字で答えること。

> ウイルスは，遺伝物質である核酸((ア)や(イ))をもち，核酸を(ウ)の殻で包んだような構造をしている。

(☆☆☆◎◎◎)

【5】浮力の大きさについて調べるために，次の〔実験〕を行った。これについて，以下の各問いに答えなさい。ただし，100gの物体にはたらく重力の大きさを1N，水の密度を1g/cm³，ばねばかりとおもりをつなぐ糸及び金具の体積は無視できるものとする。

〔実験〕
① 図6のAのように，ばねばかりにおもりをつり下げ，空気中でおもりにはたらく重力の大きさをはかる。
② 図6のBのように，おもりを水中にゆっくりと入れていき，水中に半分入れたときのばねばかりの示す値を読み取る。
③ 図6のCのように，水面からの深さをなるべく浅くして，ばねばかりの示す値を読み取る。
④ 図6のDのように，ビーカーの底におもりがつかないように，Cよりも深く水中に沈め，ばねばかりの示す値を読み取る。
⑤ ①～④の結果を表3にまとめた。

図6

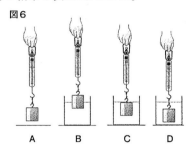

A　　　B　　　C　　　D

表3

	A	B	C	D
ばねばかりの示す値（N）	1.09	（ x ）	0.69	（ y ）

(1) 図6のCのとき，おもりにはたらく浮力の大きさは何Nか，小数第2位まで答えなさい。

(2) 表3の(x)，(y)に入る最も適切な値を，次の(ア)～(エ)の中からそれぞれ一つずつ選び，記号で答えなさい。
　(ア) 1.09　　(イ) 0.89　　(ウ) 0.69　　(エ) 0.49

(3) 図6のDのとき，おもりにはたらく水圧の大きさと向きを矢印で表したものはどれか。次の(ア)～(エ)の中から一つ選び，記号で答えなさい。ただし，矢印の長さは水圧の大きさ，矢印の向きは水圧の向きをそれぞれ表している。

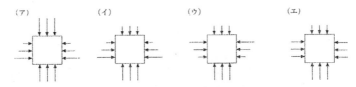

(4)　おもりの体積は何cm³か，整数で答えなさい。

(5)　浮力の大きさについて説明した文として，適切なものを次の(ア)〜(エ)の中から二つ選び，記号で答えなさい。

(ア)　浮力の大きさは，水中にある部分の物体の体積が大きいほど大きくなる。

(イ)　浮力の大きさは，物体を沈めた深さが深いほど大きくなる。

(ウ)　浮力の大きさは，水中にある部分の物体の体積の大きさには関係しない。

(エ)　浮力の大きさは，物体を沈めた深さには関係しない。

(6)　物体にはたらく浮力の大きさと重力のつり合いについて説明した文として，最も適切なものを次の(ア)〜(ウ)の中から一つ選び，記号で答えなさい。

(ア)　水中の物体が沈んでいくとき，物体にはたらく浮力と重力はつり合っている。

(イ)　水中の物体が浮かび上がっていくとき，物体にはたらく浮力と重力はつり合っている。

(ウ)　物体が水面に浮いて止まっているとき，物体にはたらく浮力と重力はつり合っている。

(☆☆☆◎◎◎)

【6】図7の火成岩(A)〜(D)を観察し，その特徴からグループ分けを行った。これについて，以下の問いに答えなさい。ただし，火成岩(A)〜(D)は，玄武岩，安山岩，斑れい岩，花こう岩のいずれかである。

図7

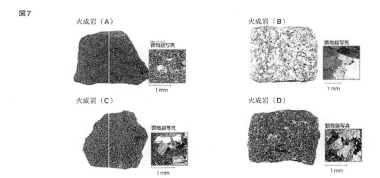

火成岩（A）　顕微鏡写真　1mm
火成岩（B）　顕微鏡写真　1mm
火成岩（C）　顕微鏡写真　1mm
火成岩（D）　顕微鏡写真　1mm

(1) 白っぽく見える特徴をもつ火成岩に，ふくまれる割合が多い鉱物の組み合わせはどれか。次の(ア)〜(エ)の中から一つ選び，記号で答えなさい。

(ア) カンラン石と輝石　　(イ) 石英と角閃石

(ウ) 長石とカンラン石　　(エ) 石英と長石

(2) 手に持った火成岩を観察するときのルーペの使い方を次のようにまとめた。文中の(　　)に入る最も適切な語句を答えなさい。

> ルーペは(　　)に近づけて持ち，火成岩を前後に動かして，よく見える位置を探す。

(3) 図8は，岩石のできる場所を模式的に表したものである。火成岩(C)ができた場所として最も適切なものを，(ア)，(イ)から一つ選び，記号で答えなさい。また，火成岩(C)はマグマがどのように冷やされて固まってできたものであるか，答えなさい。

図8

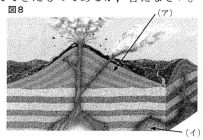

(ア)

(イ)

(4)　次の(ア)，(イ)は，火山の形を模式的に表したものである。火成岩(A)は，いずれの火山のマグマからつくられたものと考えられるか。最も適切なものを一つ選び，記号で答えなさい。

（ア）　　　　　　　　　　　　　　　　　　　（イ）

ドーム状の形　　　　　　　　　　　　傾斜の緩やかな形

(5)　火成岩(A)～(D)のうち，等粒状組織のつくりをもつものはどれか。適切なものを火成岩(A)～(D)の中からすべて選び，記号で答えなさい。

(6)　気象庁が発表する噴火警戒レベルについて，次のようにまとめた。文中の(　ア　)に入る最も適切な語句を答えなさい。また，文中の(　イ　)に入る最も適切な数値を整数で答えなさい。

> 　噴火警戒レベルとは，気象庁が発表する指標のことであり，(　ア　)活動の状況に応じて「警戒が必要な範囲」と防災機関や住民等の「とるべき防災対応」を(　イ　)段階に区分している。

(☆☆☆◎◎◎)

【7】炭酸水素ナトリウムを加熱したときの変化について調べるために，次の〔実験〕を行った。これについて，以下の各問いに答えなさい。

〔実験〕

①　炭酸水素ナトリウム(2g)を乾いた試験管に入れ，図9のような装置を組み立てる。

②　試験管を加熱して，ア発生した気体を水上置換法で3本の試験管(A，B，C)に集める。

③　3本の試験管に集めたイ気体の性質を次の方法で，それぞれ調べる。

試験管A　石灰水を入れてよく振る。

試験管B　マッチの火を近づける。

試験管C　火のついた線香を入れる。

④　図10のように，加熱した試験管の口付近についた液体に，ウ青色の塩化コバルト紙をつける。

⑤　炭酸水素ナトリウムと加熱後に残った物質を同量ずつそれぞれ別の試験管に取り，エ水を加えてとけ方を調べた後，それぞれの水溶液にフェノールフタレイン液を加えて色の変化を調べる。

図9

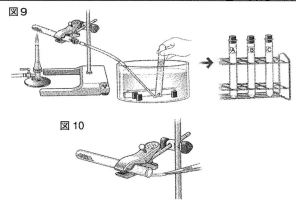

図10

(1)　下線部アの操作をする際，1本目の試験管に集めた気体は捨てて集め直す。このような実験操作をする理由を次のようにまとめた。文中の(　)にあてはまる内容を答えなさい。

もともと(　　　　　　　　　　　　　　　　　　　　)から。

(2)　下線部イについて，試験管A〜Cの実験結果として最も適切なものを，次の表4の(ア)〜(エ)の中から一つ選び，記号で答えなさい。

表4

	試験管A	試験管B	試験管C
(ア)	変化しない	音を立てて燃える	線香の火が消える
(イ)	変化しない	マッチの火が消える	線香が激しく燃える
(ウ)	白くにごる	音を立てて燃える	線香が激しく燃える
(エ)	白くにごる	マッチの火が消える	線香の火が消える

(3) 下線部ウについて，青色の塩化コバルト紙は何色に変化するか。また，加熱した試験管の口付近についた液体は何か，物質名を答えなさい。

(4) 下線部エの，結果として最も適切なものを，次の(ア)～(エ)の中から一つ選び，記号で答えなさい。

(ア) 加熱後にできた白い物質は，炭酸水素ナトリウムより水に溶けにくく，その水溶液は強いアルカリ性である。

(イ) 加熱後にできた白い物質は，炭酸水素ナトリウムより水に溶けやすく，その水溶液は強いアルカリ性である。

(ウ) 加熱後にできた白い物質は，炭酸水素ナトリウムより水に溶けにくく，その水溶液は弱いアルカリ性である。

(エ) 加熱後にできた白い物質は，炭酸水素ナトリウムより水に溶けやすく，その水溶液は弱いアルカリ性である。

(5) 〔実験〕のように，炭酸水素ナトリウムが熱分解するときの化学変化を化学反応式で表しなさい。ただし，原子の記号はすべて活字体で表し，大文字と小文字の違いをはっきりさせて答えること。

(6) 日本の理化学研究所が合成に成功し，2016年に113番元素として周期表にのることになった元素は何か，元素名を答えなさい。

(☆☆◎◎◎)

【8】中和に必要な酸とアルカリの水溶液の濃度と体積の関係について調べるために，次の〔実験〕を行った。これについて，以下の各問いに答えなさい。

〔実験〕

① それぞれ別の試験管に次のA～Cの3種類のうすい塩酸を取り，これにBTB液を2滴加える。

A　うすい塩酸　4cm³

B　Aの濃度を$\frac{1}{2}$倍にした塩酸　4cm³

C　Aと同じ濃度の塩酸4cm³に蒸留水を4cm³加えたもの

② 図11のように，Aの試験管にこまごめピペットを使って，ある

濃度の水酸化ナトリウム水溶液を少しずつ加えていき，何cm³加えたところで緑色に変化したか調べる。

③ B，Cについても②と同様にして調べる。

図11

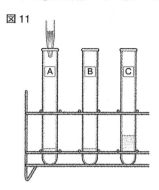

(1) Aの試験管にある濃度の水酸化ナトリウム水溶液6cm³を加えると，緑色に変化した。B，Cの試験管では，Aに加えたものと同じ濃度の水酸化ナトリウムを何cm³加えたところで緑色に変化すると考えられるか，それぞれ整数で答えなさい。

(2) 中和について述べたものとして，最も適切なものを，次の(ア)～(エ)の中から一つ選び，記号で答えなさい。

(ア) 塩酸に水酸化ナトリウム水溶液を1滴加えただけでは中和はまったく起こらないが，酸性の性質は弱くなる。

(イ) 塩酸に水酸化ナトリウム水溶液を1滴加えただけでは中和はまったく起こらないが，アルカリの性質は弱くなる。

(ウ) 塩酸に水酸化ナトリウム水溶液を1滴でも加えると中和が起こり，このときの水溶液は中性となる。

(エ) 塩酸に水酸化ナトリウム水溶液を1滴でも加えると中和が起こるが，このときの水溶液は中性とは限らない。

(3) 〔実験〕について，中和に必要な酸とアルカリの水溶液の濃度と体積の関係を，次のようにまとめた。文中の(ア)，(イ)に入る最も適切な語句をそれぞれ答えなさい。

> 　酸の水溶液とアルカリの水溶液を混ぜ合わせて，過不足な
> く中和するためには，酸の水溶液に含まれる(　ア　)イオンの
> 数と，アルカリの水溶液に含まれる(　イ　)イオンの数が等し
> くなるようにする。

(4)　塩化ナトリウムのように，酸の陰イオンとアルカリの陽イオンと
が結びついてできた物質を何というか。最も適切な語句を答えなさ
い。

(5)　〔実験〕後，塩化ナトリウムの結晶を観察するために次の操作を
行った。文中の(　　)に入る最も適切な語句を答えなさい。

> 　緑色に変化した水溶液をスライドガラスに取って，水を
> (　　)させる。

(6)　乾燥剤や融雪剤などに利用される(4)の一つである塩化カルシウム
は，塩酸に水酸化カルシウム水溶液を加えると生じる。塩酸に水酸
化カルシウムが反応して，塩化カルシウムができる化学変化を化学
反応式で表しなさい。ただし，原子の記号はすべて活字体で表し，
大文字と小文字の違いをはっきりさせて答えること。

(☆☆◎◎◎◎)

高 校 理 科

　すべての受験者が，【共通問題】をすべて答えなさい。また，物理・地
学受験者は【物理・地学】を，化学受験者は【化学】を，生物受験者は
【生物】を選択して答えなさい。

【共通問題】

【1】次の各問いに答えなさい。

(1)　次の文は，教育基本法第4条の条文である。条文中の[　　]に入る
共通の語句として適切なものを以下の(ア)～(オ)から一つ選び，記
号で答えなさい。

> 第4条　すべて国民は，ひとしく，その能力に応じた教育を受ける機会を与えられなければならず，人種，信条，性別，社会的身分，経済的地位又は門地によって，教育上差別されない。
>
> 2　[　　]は，障害のある者が，その障害の状態に応じ，十分な教育を受けられるよう，教育上必要な支援を講じなければならない。
>
> 3　[　　]は，能力があるにもかかわらず，経済的理由によって修学が困難な者に対して，奨学の措置を講じなければならない。

(ア)　国民　　　　　　　　　(イ)　教育委員会

(ウ)　国及び地方公共団体　　(エ)　父母その他の保護者

(オ)　教育長

(2)　次の文章が説明する制度の名称として，最も適切なものを答えなさい。

> 　平成16年に法制化され，その後，平成29年の法改正により，その設置が教育委員会の努力義務となっている。学校と地域住民等が力を合わせて学校の運営に取り組むことが可能となる「地域とともにある学校」への転換を図るための有効な仕組みである。
>
> 　学校運営に地域の声を積極的に生かし，地域と一体となって特色ある学校づくりを進めていくことができる。
>
> 　なお，法律に基づいて教育委員会が学校に設置するこの制度に関する機関には，主な役割として以下の3つがある。
>
> ○校長が作成する学校運営の基本方針を承認する。
>
> ○学校運営に関する意見を教育委員会又は校長に述べることができる。
>
> ○教職員の任用に関して，教育委員会規則に定める事項について，教育委員会に意見を述べることができる。

(3)　次の文章は，令和3年1月26日に中央教育審議会で取りまとめられた「『令和の日本型学校教育』の構築を目指して～全ての子供たちの可能性を引き出す，個別最適な学びと，協働的な学びの実現～(答申)」における「第Ⅱ部　各論」の「6. 遠隔・オンライン教育を含むICTを活用した学びの在り方について」に記載された内容の一部である。(　①　)～(　④　)にあてはまる，最も適切な語句の組合せを以下の(ア)～(ク)から一つ選び，記号で答えなさい。

第Ⅱ部　各論

> 6. 遠隔・オンライン教育を含むICTを活用した学びの在り方について

(1)　基本的な考え方

○　これからの学校教育を支える基盤的なツールとして，ICTは必要不可欠なものであり，1人1台の端末環境を生かし，端末を日常的に活用していく必要がある。また，ICTを利用して(　①　)制約を緩和することによって，他の学校・地域や海外との交流なども含め，今までできなかった学習活動が可能となる。

○　学校教育におけるICTの活用に当たっては，新学習指導要領の趣旨を踏まえ，各教科等において育成するべき資質・能力等を把握し，心身に及ぼす影響にも留意しつつ，まずはICTを日常的に活用できる環境を整え，児童生徒が「(　②　)」として活用できるようにし，「主体的・対話的で深い学び」の実現に向けた(　③　)に生かしていくことが重要である。

○　また，AI技術が高度に発達するSociety5.0時代にこそ，教師による(　④　)や児童生徒同士による学び合い，地域社会での多様な学習体験の重要性がより一層高まっていくものである。もとより，学校教育においては，教師が児童生徒一人一人の日々の様子，体調や授業の理解度を直接に確

認・判断することで，児童生徒の理解を深めたり，生徒指導を行ったりすることが重要であり，あわせて，児童生徒の怪我や病気，災害の発生等の不測のリスクに対する安全管理への対応にも万全を期す必要がある。

	①	②	③	④
(ア)	集団的・画一的	文房具	環境構築	オンライン授業
(イ)	集団的・画一的	教科書	環境構築	オンライン授業
(ウ)	集団的・画一的	文房具	環境構築	対面指導
(エ)	集団的・画一的	教科書	授業改善	対面指導
(オ)	空間的・時間的	文房具	授業改善	対面指導
(カ)	空間的・時間的	教科書	授業改善	対面指導
(キ)	空間的・時間的	文房具	授業改善	オンライン授業
(ク)	空間的・時間的	教科書	環境構築	オンライン授業

(4) 次の文は「高等学校学習指導要領(平成30年3月告示)」における教科「理科」の目標である。文中の空欄(ア)～(カ)に適する語句を答えなさい。なお，同じ表記の( )には，同じ語句が入る。

自然の事物・現象に関わり，理科の見方・考え方を働かせ，(ア)をもって観察，実験を行うことなどを通して，自然の事物・現象を科学的に(イ)するために必要な資質・能力を次のとおり育成することを目指す。

(1) 自然の事物・現象についての(ウ)を深め，科学的に(イ)するために必要な観察，実験などに関する(エ)を身に付けるようにする。

(2) 観察，実験などを行い，科学的に(イ)する力を養う。

(3) 自然の事物・現象に(オ)に関わり，科学的に(イ)しようとする(カ)を養う。

(☆☆◎◎◎)

【2】次の各問いに答えなさい。

(1) 次の文中の空欄(ア)～(オ)に入る最も適切な語句を答え
なさい。なお，同じ表記の(　　)には，同じ語句が入る。

原子は，原子核とその周りに存在する負の電荷をもつ(ア)か
らなる。原子核は，正の電荷をもつ(イ)と電荷をもたない
(ウ)からなる。また，(イ)と(ウ)の数の和をその原子の
(エ)という。(イ)の数をその原子の原子番号という。原子
番号が同じ原子であっても(エ)が異なる原子を互いに(オ)
といい，これらの原子の化学的性質は非常によく似ている。

(2) 次の結晶の種類(A)～(D)に関して，〔Ⅰ群〕から最も適する性質
を，〔Ⅱ群〕から結晶の例として適切なものを選び，それぞれ記号
で答えなさい。

(A) 金属結晶　　(B) イオン結晶　　(C) 分子結晶
(D) 共有結合の結晶

〔Ⅰ群〕

(ア) 硬いがもろく，固体では電気を導かないが，融解液や水溶
液では電気を通す。

(イ) 軟らかく，融点が低いものが多い。昇華性を示すものもあ
る。

(ウ) 極めて硬く，融点が非常に高い。

(エ) 展性・延性を示し，熱や電気をよく導く。

〔Ⅱ群〕

(あ) ヨウ素　　(い) 二酸化ケイ素　　(う) ナトリウム
(え) 酸化カルシウム

(3) ホウ素Bの原子量は10.8であり，天然には^{10}B(相対質量10.0)のホウ
素と^{11}B(相対質量11.0)の2種類の原子が存在する。^{11}Bの存在比は何％
か，有効数字2桁で答えなさい。

(4) ある温度・圧力で10Lの一酸化炭素に10Lの酸素を加えて点火し，
一酸化炭素を完全燃焼させた。反応後，気体を燃焼前と同じ温度・
圧力にすると，混合気体の体積は何Lになるか，有効数字2桁で答え

なさい。

(☆☆○○○○)

【3】次の文章を読み，各問いに答えなさい。

　図1のような，人を乗せた台を空中で静止させる装置を考える。この装置は，天井に取り付けられたなめらかに回転する定滑車があり，この定滑車に台の上部のひもをかけ，ひもの他端を鉛直下向きに引くことで人を乗せた台を水平に空中で静止させることができる。台の水平な上面には体重計が設置されており，その上にはAさんが乗っている。ただし，台の質量をM〔kg〕，Aさんの質量をm〔kg〕（$m > M$），重力加速度の大きさをg〔m/s²〕，体重計とひもの質量は無視できるものとし，空気による浮力の影響はないものとする。また，台をつるしているひもは常に鉛直であるものとする。

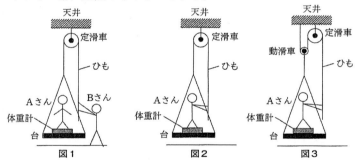

　まず，図1のように，ひもの他端をBさんが鉛直下向きに引く場合を考える。ただし，Bさんは浮き上がらないものとする。

(1)　図1のとき，Bさんが引くひもの張力は何Nか，答えなさい。

(2)　図1のとき，体重計が示す値は何kgか，答えなさい。

　次に，図2のように，図1と同様の装置で，ひもの他端をAさん自身で鉛直下向きに引く場合を考える。

(3)　図2のとき，Aさんが引くひもの張力は何Nか，答えなさい。

(4)　図2のとき，体重計が示す値は何kgか，答えなさい。

　次に，図3のように，図1と同様の台の上部のひもの上端に動滑車を

189

取り付け，別のひもの一端を天井に固定して動滑車と定滑車にかけ，他端をＡさん自身で鉛直下向きに引く場合を考える。ただし，動滑車の質量は無視できるものとし，動滑車をつるしているひもは常に鉛直であるものとする。

(5)　図3のとき，Ａさんが引くひもの張力は何Ｎか，答えなさい。

(6)　図3のとき，体重計が示す値は何kgか，答えなさい。

(☆☆☆◎◎◎)

【４】ヒトの体には，物理的・化学的に病原体の侵入を防いだり，病原体が侵入してしまった場合には，それを排除したりする生体防御のしくみが備わっている。この生体防御に関する次の各問いに答えなさい。

(1)　涙やだ液に含まれていて，細菌などの細胞壁を分解することで抗菌作用を示す酵素を何というか答えなさい。

(2)　自然免疫において，食作用をおこなう食細胞には，いくつかの種類がある。食細胞の種類のうち，一つを答えなさい。

(3)　ワクチンを接種する予防接種は，免疫に関するヒトのどのような性質を利用したものか。適切な文を，次の(ア)～(ウ)から一つ選び，記号で答えなさい。

(ア)　他の動物がつくった抗体を体内で利用することで，侵入した病原体を排除することができる。

(イ)　自身の細胞や成分に反応するリンパ球を死滅させたり，はたらきを抑えたりすることで，自分自身に対して免疫がはたらかない状態をつくることができる。

(ウ)　一度反応した病原体の情報を記憶した記憶細胞を形成することで，再び同じ病原体が侵入したときには，速やかに反応し，症状を軽減することができる。

(4)　外界からの異物に対する免疫反応が過敏になり，その結果，(ア)生体に不利益をもたらすことを何というか答えなさい。また，(イ)その症状として急激な血圧の低下や呼吸困難など生命に関わる重篤な症状を総称して何というか答えなさい。

(5) 血液型が不明な血液(血液P)のABO式血液型を調べるために，A型のヒトの血清とB型のヒトの血清を用意した。血液PとA型の血清を混合した場合は凝集反応が起こったが，血液PとB型の血清を混合した場合は凝集反応が起こらなかった。血液Pの血液型を答えなさい。

(☆☆☆◎◎◎)

【5】次の文章を読み，各問いに答えなさい。

　地表の岩石は，侵食や①風化によって，礫，砂，泥となる。これらの粒子は大きさによって区分され，総称して砕屑粒子と呼ばれる。砕屑粒子は，流水や風によって運搬される。流水や風によって運搬された砕屑粒子は，次第に低い場所へ移動し，流水の流れや風が弱まったり，止まったりしたときに堆積する。

　次の図4は，水中で砕屑粒子が動き出す流速及び停止する流速と粒径との関係を，水路実験によって調べた結果である。曲線Aは，徐々に流速を大きくしていったときに，静止している砕屑粒子が動き出す流速を示す。曲線Bは，徐々に流速を小さくしていったときに，動いている砕屑粒子が停止する流速を示す。この図4により，②流水による侵食，運搬，堆積の作用が，どのような砕屑粒子の大きさと，どのような流速のときに起こるかが分かる。

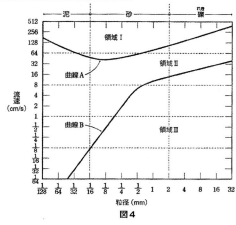

図4

191

(1) 下線部①について，岩石の割れ目に入り込んだ水の凍結による膨張や，気温の変化などによって引き起こされる風化を何と呼ぶか，答えなさい。

(2) 下線部①について，鉱物そのものが水に溶けたり，変化したりして分解する風化を何と呼ぶか，答えなさい。

(3) 下線部②について，図4の実験で流速が0cm/sから次第に大きくなるとき，水中に堆積している砕屑粒子のうち，最初に運搬され始めるものはどれか，最も適当なものを次の(ア)～(ウ)の中から一つ選び，記号で答えなさい。

(ア) 礫　　(イ) 砂　　(ウ) 泥

(4) 次の(ア)～(ウ)の文は，図4中の領域Ⅰ～Ⅲのいずれかについて説明したものである。領域Ⅰ～Ⅲの説明として最も適当なものを(ア)～(ウ)の中からそれぞれ一つずつ選び，記号で答えなさい。

(ア) 堆積していたものが侵食・運搬される領域

(イ) 運搬されていたものが堆積する領域

(ウ) 運搬されていたものは引き続き運搬されるが，堆積していたものは侵食・運搬されない領域

(☆☆☆◎◎◎)

【物理・地学】

【1】次の文を読み，各問いに答えなさい。

　図5のように，水平面AB上にばね定数k〔N/m〕で質量の無視できるばねの一端を固定し，ばねの他端に質量m_0〔kg〕の板を固定する。物体の質量はm〔kg〕，台車の質量はM〔kg〕であり，台車は水平面CD上をなめらかに運動することができ，台車の上面は水平であり，水平面ABと同じ高さにある。水平面EFは水平面ABと同じ高さにあり，円弧面FGにつながっている。円弧面FGの中心はO，その半径はR〔m〕である。水平面AB，水平面EFおよび円弧面FGはなめらかであり，空気抵抗，板および物体の大きさは無視できるものとする。重力加速度の大きさはg〔m/s²〕とし，すべての運動は鉛直平面内で起こるものと

する。

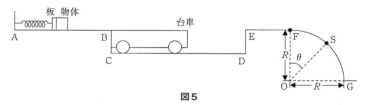

図5

　物体を板に押しつけて，ばねを自然長よりd〔m〕だけ縮ませ静かに手を離した。次の各問いに答えなさい。なお，解答はm_0，m，g，k，dの中から適切なものを用いて表しなさい。

(1)　ばねが自然長になったとき物体は板から離れて運動するようになった。手を静かに離してから板と物体が離れるまでの時間と，そのときの物体の速さを求めなさい。

(2)　板は物体と離れた後，単振動をした。板の単振動の振幅を求めなさい。

　やがて物体は水平面AB上から速さv_0〔m/s〕で台車に乗り移り，台車の上面を滑り始めた。その後，台車の右端と物体は，同時に同じ速さv_1〔m/s〕で水平面EFの左端に到達した。物体と台車の上面との間の動摩擦係数をμ'とする。次の各問いに答えなさい。なお，解答はm，M，g，v_0，μ'の中から適切なものを用いて表しなさい。

(3)　物体が台車上を運動しているとき，物体と台車の加速度を求めなさい。ただし，右向きを正とする。

(4)　速さv_1〔m/s〕を求めなさい。

　物体は台車から水平面EF上に乗り移り，点Fを通過した後，円弧面FG上に沿って落下し始め，点Sで円弧面から離れた。∠FOS＝θ（$\theta <$ 90°）とする。次の問いに答えなさい。なお，解答はm，R，g，v_1の中から適切なものを用いて表しなさい。

(5)　$\cos\theta$を求めなさい。

（☆☆☆◎◎）

193

【2】次の文を読み，各問いに答えなさい。

　図6のように，電圧V〔V〕の直流電源E，コンデンサーC_1，自己イン
ダクタンスL〔H〕のコイルL_1とスイッチS_1，S_2からなる回路がある。
最初，スイッチはともに開いており，コンデンサーには電荷が充電さ
れていないものとし，コンデンサーの右側の極板は接地されている。
また，導線やコイルなどがもつ回路の抵抗およびコンデンサーの極板
の端の効果は無視できるものとし，回路から放出される電磁波による
エネルギーの損失はないものとする。

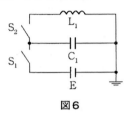

図6

　スイッチS_1を閉じて，十分に時間が経過した。次の各問いに答えな
さい。ただし，コンデンサーC_1は極板の面積S〔m²〕，間隔d〔m〕の平
行板コンデンサーである。極板間は真空であるとし，真空の誘電率を
ε_0〔F/m〕とする。なお，解答はV，S，d，ε_0の中から適切なものを
用いて表しなさい。

(1)　コンデンサーの電気容量を求めなさい。

(2)　コンデンサーに蓄えられる電気量を求めなさい。

(3)　コンデンサーに蓄えられる静電エネルギーを求めなさい。

(4)　コンデンサーの極板間に働く力の大きさを求めなさい。

　次に，スイッチS_1を閉じたまま，図7のように，コンデンサーC_1の中
央に極板と平行に誘電体を挿入した。誘電体は極板と同じ面積で厚み
が$\dfrac{d}{3}$〔m〕，誘電率$2\varepsilon_0$〔F/m〕で帯電していない。挿入後，十分に時
間が経過した。以下の問いに答えなさい。

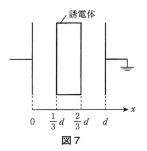

図7

(5) 図7に示すように, 左の極板の位置を原点にとり, そこから右の極板に向けてx軸をとるとき, $0 \leqq x \leqq d$における電位変化の様子と電場の強さをそれぞれグラフに描きなさい。

電位変化の様子

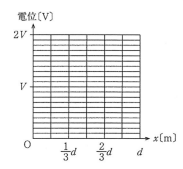

電場の強さ

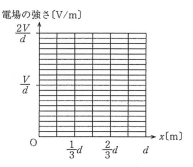

　　コンデンサーC_1を静電容量C〔F〕のコンデンサーC_2に取り替え，スイッチS_1を閉じて，十分に時間が経過した。その後，スイッチS_1を開いて，スイッチS_2を閉じると，コンデンサーに蓄えられた電荷が放電され，回路には一定周期で向きが変わる電流が流れた。次の問いに答えなさい。なお，解答はV，L，Cの中から適切なものを用いて表しなさい。

(6)　回路を流れる電流の最大値とスイッチS_2を閉じてから電流が最大値になるまでに経過した時間を求めなさい。

(☆☆☆◎◎◎)

【3】次の文を読み，各問いに答えなさい。

　　地球の内部構造は，地震波の伝わり方から明らかにされた。[　(ア)　]は，地震波の走時曲線から，地震波の速度が急激に増加する不連続面があることを明らかにした。この不連続面より浅い部分を地殻，深い部分をマントルという。マントルより深い場所にあたる(イ)核の存在は，(ウ)震央距離約103°から約143°までの領域に，P波が観測されないことから分かった。また，(エ)S波の観測結果から，地球の内部構造について，さらに別の事実も明らかになった。さらに，後になって詳しく調べることにより，(オ)核は内核と外核に分けられることが明らかになった。

　　(カ)地殻の厚さは大陸地域，海洋地域で大きく異なる。さらに，大陸地殻の厚さは，低地の部分と，山岳地域では大きく異なる。このように，地殻の厚さは場所により異なるが，マントルを構成する物質は長い時間スケールでみると流動する性質があるため，マントル内部の同じ深さの面にかかる圧力が均一になるように地殻とマントルが変動し，安定した状態となっている。このような状態をアイソスタシーという。

　　地殻とマントルは構成する岩石に違いがあるが，主に造岩鉱物が集まった岩石からできているという点は共通している。(キ)造岩鉱物の大部分は，1つのケイ素に4つの酸素が結びついた，SiO_4四面体を基本と

した結晶構造をもつ。$_{(ク)}$これらの鉱物は，SiO_4四面体の連結のしかたと，隙間を埋める金属イオンの種類によって分類される。マントル上部はおもに[　（ケ）　]とよばれる岩石からなる。$_{(コ)}$上部マントルを構成する岩石が部分融解してマグマが生じると，密度が小さいマグマがマントルから地殻中を上昇し，地表に噴出することで火山が形成される。

(1)　文中の空欄[　（ア）　]に当てはまる人物名を答えなさい。

(2)　文中の下線部(イ)について，核を構成すると推定されている主な元素を元素名で2つ答えなさい。

(3)　文中の下線部(ウ)について，震央距離143°よりわずかに遠い地点へ到達するP波の伝播経路として最も適切なものを，次の(a)～(d)より選び，記号で答えなさい。

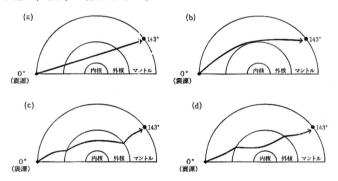

(4)　文中の下線部(エ)について，S波のどのような観測結果から，核に関してどのようなことが分かったか。次の(a)～(d)から最も適切な説明を選び，記号で答えなさい。

(a)　S波が震央距離103°より遠い場所には伝わらないことから，核が固体であることが分かった。

(b)　S波が震央距離143°より遠い場所には伝わらないことから，核が固体であることが分かった。

(c)　S波が震央距離103°より遠い場所には伝わらないことから，核が液体であることが分かった。

(d)　S波が震央距離143°より遠い場所には伝わらないことから，核が液体であることが分かった。

(5)　文中の下線部(オ)について，核が内核と外核に分けられることはどのような観測事実から明らかになったか答えなさい。

(6)　文中の下線部(カ)について，アイソスタシーが成り立っているある地域について，海洋地殻の厚さが7.5kmであるとき，大陸地殻の厚さ〔km〕をもとめなさい。ただし，この地域の陸地の高さの平均を1000m，海洋の平均深度を4000m，大陸地殻，海洋地殻，マントル，海水の密度をそれぞれ，2.7g/cm³，3.0g/cm³，3.3g/cm³，1.0g/cm³とし，小数第二位を四捨五入した値で答えなさい。

(7)　文中の下線部(キ)について，このような特徴をもつ鉱物を何というか答えなさい。

(8)　文中の下線部(ク)について，次の①，②の問いに答えなさい。

①　主要な造岩鉱物のうち，金属イオンを含まない鉱物の名称を答えなさい。

②　鉱物Xは，金属イオンとしてマグネシウムのみを含む輝石である。輝石は，1つのSiO_4四面体の2個の酸素が隣り合う2個のSiO_4四面体と共有されることで，一重の鎖状に連結した結晶構造を持つ鉱物である。鉱物XにおけるSiO_2成分の重量比は何〔%〕か。ただし，原子量を，Mg＝24，Si＝28，O＝16とし，小数点以下を四捨五入して答えなさい。

(9)　文中の空欄[　(ケ)　]に当てはまる岩石名を答えなさい。

(10)　文中の下線部(コ)について，次の図8は上部マントルを構成する岩石が融け始めマグマを生じる温度と深さの関係と，海洋地域での標準的な地下の温度分布を示したものである。図8に示されているように，通常の状態では，海洋地域の地下の温度が，マントルを構成する岩石の融け始める温度よりも低く，このままであればマグマが生じない。以下の①，②の問いに答えなさい。

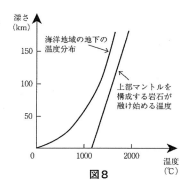

図8

① マントル上部の温度や圧力がどのように変化するとマグマが発生するか。次の(a)～(d)から最も適切なものを選び，記号で答えなさい。

(a) 温度が上昇するか，または圧力が上昇する。

(b) 温度が上昇するか，または圧力が低下する。

(c) 温度が低下するか，または圧力が上昇する。

(d) 温度が低下するか，または圧力が低下する。

② 温度や圧力の変化以外に，日本のような島弧の地下で起こると考えられているマグマ発生の要因を答えなさい。

(☆☆☆☆◎◎◎)

【4】次の文を読み，各問いに答えなさい。

　地球の大気圏は，高度による気温の変化によって，図9のように大きく4つの領域に区分される。地球大気の最も上層にあたるAの領域では，窒素や酸素の分子などが紫外線とX線を吸収するため高温となっている。また，対流圏で高度が低いほど温度が高くなっているのは，地球大気による温室効果によるものである。地球の温度分布で特徴的なのは，(ア)上空50km付近に温度の極大があることである。このような温度分布は同じ地球型惑星である金星や火星には見られない。

　地表付近の対流圏では，100mにつき約[　(イ)　]℃の割合で気温が

199

低下していく。このため，対流圏は潜在的に不安定な大気となっており，さまざまな気象現象が発生する。特に，対流圏での気象の変化において，大気中の水蒸気は非常に重要である。(ウ)水蒸気を含む大気に上昇気流が発生すると，断熱膨張によって大気中の水蒸気は凝結し，雲を発生させ，降雨をもたらす。

　　降雨の有無など，気象予測において大気中の水蒸気の量は非常に重要な要素であるが，さらに重要なのは，大気状態を空間的に把握することである。このために天気図が用いられる。このうち，地上天気図では平均海面の気圧分布が等圧線によって示される。一方，上空の大気状態を把握する際には，(エ)高層天気図が用いられることが多い。

　　大規模な大気の流れは気圧の分布によって生じる気圧傾度力だけでなく，地球の自転の影響による転向力も受けている。中緯度から高緯度地域の上空で等圧線が直線的である場合に吹く風は(オ)地衡風と呼ばれる。例えば，対流圏上空における平均的な気圧分布は，中緯度では高緯度側が[　(カ)　]となるため，中緯度地域の上空では，地衡風はおおむね[　(キ)　]に向かって流れる。中緯度地域の上空を吹くこの風を[　(ク)　]という。また，対流圏界面付近では，[　(ク)　]が秒速100mを超える強風となっている場所がある。この強い大気の流れを[　(ケ)　]という。

　　実際には，高気圧や低気圧のまわりの等圧線は直線ではない。そのため，高気圧や低気圧のまわりを運動する大気に作用する力は地衡風よりも少し複雑である。上空の等圧線が円形に近い場所で吹く風を(コ)傾度風という。また，(サ)地上付近を吹く風には，地表面による影響がはたらくため，上空の風とは異なる風が吹く。

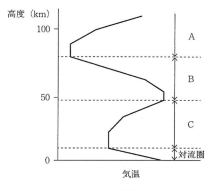

図9

(1) 文中の下線部(ア)について，地球大気の鉛直方向の温度分布において，上空50km付近に極大がみられる理由を答えなさい。

(2) 図9中のCの領域を何というか答えなさい。

(3) 文中の空欄[（イ）]にあてはまる数値として最も適切なものを，次の(a)～(e)より選び，記号で答えなさい。

　(a) 0.65　　(b) 0.85　　(c) 1.0　　(d) 1.3　　(e) 1.7

(4) 文中の下線部(ウ)について，地表にある空気が上昇する際の凝結高度について考えてみる。地表に，温度T_1〔℃〕，露点T_2〔℃〕の空気塊Xがある。この空気塊が上昇すると乾燥断熱減率にしたがって，100mにつき1℃の割合で温度が下がる。これに関して次の①，②の問いに答えなさい。

　① 空気塊Xが地上で求めた露点に達する高度をh_1〔m〕とすると，$h_1 = 100(T_1 - T_2)$となるが，上空での露点は地上で求めた値より小さくなり，凝結高度はh_1〔m〕より高くなる。上空での露点が地上で求めた値よりも小さくなる理由を答えなさい。

　② 空気塊Xの凝結高度をh〔m〕とすると，$h = k(T_1 - T_2)$という関係が成り立つ。kの値を求める方法を示した次の文の空欄[（a）]・[（b）]に当てはまる式または数値をそれぞれ答えなさい。ただし，空気塊が，100m上昇すると，露点が0.2℃低下す

るとする。

> 空気塊が，100m上昇すると，露点が0.2℃低下することから，
> $\dfrac{h}{100}$＝[　(a)　]　という式が成り立つ。
> この式を変形すると，h＝[　(b)　]$(T_1 - T_2)$　となるので，
> k＝[　(b)　]　である。

(5) 文中の下線部(エ)について，高層天気図では気圧の分布がどのように示されているか答えなさい。

(6) 文中の下線部(オ)について，地衡風を説明した次の文の空欄[　①　]・[　②　]・[　③　]に当てはまる語をそれぞれ答えなさい。ただし，[　①　]・[　②　]の解答の順序は問わない。

> 　地衡風は，[　①　]と[　②　]がつりあった状態で，等圧線に[　③　]な方向に吹く風である。

(7) 文中の空欄[　(カ)　]〜[　(ケ)　]に当てはまる語を答えなさい。

(8) 文中の下線部(コ)について，北半球の同じ緯度の上空に，等圧線が円形で等圧線の間隔がまったく同じ，低気圧と高気圧があり，この低気圧の中心から少し離れた地点Aと，高気圧の中心から少し離れた地点Bがある。地点Aと地点Bの気圧傾度力がまったく同じであるとき，地点Aと地点Bに吹く傾度風について正しく説明した文を次の(a)〜(d)から選び，記号で答えなさい。

(a) A地点では転向力と遠心力が同じ向きになるが，B地点では逆になるため，A地点のほうが強い風が吹く。

(b) A地点では転向力と遠心力が同じ向きになるが，B地点では逆になるため，B地点のほうが強い風が吹く。

(c) B地点では転向力と遠心力が同じ向きになるが，A地点では逆になるため，A地点のほうが強い風が吹く。

(d) B地点では転向力と遠心力が同じ向きになるが，A地点では逆になるため，B地点のほうが強い風が吹く。

(9) 文中の下線部(サ)について，北半球の地上付近で，図10のような

一定の速度の風が吹いている。このとき，この風に作用している力を矢印で示しなさい。ただし，力の名称を明示し，力のつり合いが分かるように作図すること。

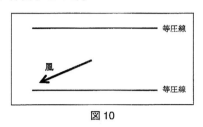

図10

(☆☆☆☆◎◎◎◎)

【化学】

【1】次の各問いに答えなさい。

(1) 次の文章を読み，各問いに答えなさい。

　(a)塩化鉄(Ⅲ)水溶液を沸騰水中に入れると，赤褐色の溶液を生じる。この溶液にレーザー光線をあてると，光の通路が輝いて見える。この現象は(ア)と呼ばれ，(イ)溶液に特有な現象である。(b)この赤褐色の溶液をセロハン膜の袋に入れ，蒸留水中に浸しておくと，前よりも純度の高い溶液が得られる。この操作を(ウ)という。操作後，赤褐色の溶液の一部をとり，少量の電解質水溶液を加えて放置すると，沈殿が生じる。この現象を(エ)という。

　① 文章中の空欄(ア)〜(エ)に適する語句を答えなさい。

　② 下線部(a)の反応を化学反応式で示しなさい。

　③ 下線部(b)の操作後，(Ⅰ)セロハン膜の袋の外側の溶液のpHはどのように変化するか，また，(Ⅱ)この溶液に硝酸銀水溶液を数滴加えるとどのような変化が起こるか，それぞれ理由とともに説明しなさい。

(2) 50.0gのベンゼンに溶質として0.600gの酢酸を加えた溶液の凝固点降下は0.512Kであった。ベンゼンのモル凝固点降下を，5.12K・kg/molとして，次の各問いに答えなさい。原子量は，H＝1.0，C＝

12，O＝16とする。

① 下線部の結果から，この溶質の見かけの分子量はいくらか，整数で答えなさい。

② ①の結果から，ベンゼン中で酢酸分子はどのような状態で存在していると考えられるか説明しなさい。また，その様子を酢酸の構造式を用いて，図示しなさい。ただし，共有結合以外の働く力については点線で表しなさい。

(3) 硫酸銅(Ⅱ)の水への溶解度は，60℃で40である。次の各問いに答えなさい。原子量は，H＝1.0，O＝16，S＝32，Cu＝64とする。

① 60℃の硫酸銅(Ⅱ)の飽和水溶液100gをつくるのに必要な硫酸銅(Ⅱ)五水和物は何gか，答えは四捨五入して小数第1位まで答えなさい。

② ①の飽和水溶液を同温で放置し，一部の水を蒸発させたところ，20gの硫酸銅(Ⅱ)五水和物が析出した。蒸発した水は何gか，有効数字2桁で答えなさい。

(☆☆☆◎◎◎◎)

【2】次の文章を読み，各問いに答えなさい。ただし，電解液の蒸発や硫酸鉛(Ⅱ)の溶解度は無視できるものとする。原子量は，H＝1.0，N＝14，O＝16，S＝32，Ag＝108，Pb＝207とする。

電池は，化学反応に伴って放出されるエネルギーを，電気エネルギーとして取り出す装置である。正極では(ア)反応が，負極では(イ)反応が起こる。放電時に，電子が導線に向かって流れ出す電極を(ウ)極という。

電池は一般に，イオン化傾向が異なる2種類の金属板を電極として電解液に浸し，導線でつなぐことでつくられ，イオン化傾向が小さい方の金属板が(エ)極となる。電池の例として，ダニエル電池や鉛蓄電池などがある。

図5のように，鉛蓄電池を電源として，0.200Aの電流を一定時間流して電解槽の硝酸銀水溶液を電気分解した。この時，電極C，Dに銀を

用いると，電極Cに銀が21.6g析出した。

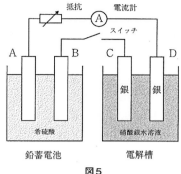

図5

(1) 文章中の空欄(ア)〜(エ)に適する語句を答えなさい。

(2) 放電時に電極A，電極Bで起こる反応を電子を含むイオン反応式で答えなさい。ただし，電子はe^-の記号を用いなさい。また，それぞれの電極でのPbの酸化数の変化を$(0 \rightarrow +1)$のように答えなさい。

(3) 放電時に電極Dで起こる反応を電子を含むイオン反応式で答えなさい。ただし，電子はe^-の記号を用いなさい。

(4) 放電前と比べて，正極の質量の変化は何gか。有効数字3桁で求め，「[ ]g増加する」又は，「[ ]g減少する」のように記しなさい。

(5) 放電後の鉛蓄電池の希硫酸の質量パーセント濃度は35.0%，質量は400gであった。放電前の希硫酸の濃度は何%であったか，有効数字3桁で答えなさい。ただし，計算過程も示しなさい。

(☆☆☆◎◎◎◎)

【3】次の文を読み，各問いに答えなさい。

　周期表17族の元素は(ア)と呼ばれる。これらの原子の価電子の数はいずれも(イ)個である。また，単体は，共有結合からなる二原子分子で，有色・有毒の物質である。また，いずれの単体も他の物質から電子を奪うので酸化作用を示す。

　①水との反応では，フッ素は激しく反応する。塩素は水に少し溶け

て，次式で表されるように，溶けた塩素の一部が水と反応する。

$$Cl_2 + H_2O \rightleftarrows HCl + HClO \cdots ⓐ$$

このとき，強い酸化作用を持った化合物HClOが生成するので，塩素は水道水の殺菌に用いられている。②ヨウ素は水には溶けにくいが，ヨウ化カリウム水溶液には溶けて，褐色の溶液になる。

単体の塩素は，実験室では，③酸化マンガン(Ⅳ)に濃塩酸を加えて熱する(図6)ことで得られる。また，④工業的には，イオン交換膜を用いて塩化ナトリウム水溶液を電気分解することで得られる。

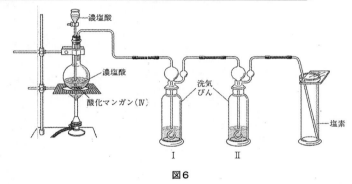

濃塩酸
濃塩酸
酸化マンガン(Ⅳ)
洗気びん
塩素
Ⅰ　Ⅱ

図6

フッ素，塩素，臭素，ヨウ素の単体に水素を反応させた化合物は，無色で刺激臭のある有毒な気体である。また，これらの化合物は水によく溶けて，(ウ)の水溶液以外は強い酸性を示す。

(1) 文中の空欄(ア)～(ウ)について，(ア)には適する語句を，(イ)には数値を，(ウ)には物質名を答えなさい。

(2) 次の(a)～(c)の物質の組合せのうち，反応が起こるものを1つ選び，記号とともにその化学反応式を示しなさい。

(a) KBr水溶液とI_2　　(b) KBr水溶液とCl_2

(c) KF水溶液とBr_2

(3) 下線部①～③で起こる変化を化学反応式で示しなさい。ただし下線部②はイオン反応式で示しなさい。

(4) 下線部③について，乾燥した純粋な塩素を捕集するために，図6に示した洗気びんⅠ，Ⅱに入れる物質と取り除かれる物質をそれぞ

れ答えなさい。

(5)　化学反応式Ⓐで生じた化合物HClOは水溶液のpHに依存しながら，次のように電離をする弱酸である。

　　　HClO $\rightleftarrows$ H$^+$＋ClO$^-$

　　　電離定数は，K_a＝3.0×10^{-8}mol/Lである。水酸化ナトリウム水溶液を加えてpHを調整すると，HClOの半分が電離をした。

　　　この水溶液のpHを計算過程とともに，有効数字2桁で求めなさい。ただし，この電離の反応は水溶液中の他のイオンの影響を受けないものとする。また，$\log_{10}3$＝0.48として計算しなさい。

(6)　化学反応式Ⓐで生じた化合物HClOの物質名を答えなさい。

(7)　下線部④に関連して，この電気分解により塩素以外に生成する2つの物質を化学式で答えなさい。

(☆☆☆◎◎◎◎)

【4】次の文章を読み，各問いに答えなさい。

　　日常生活では，多くの合成高分子化合物がさまざまな製品として利用されている。例えば，スチレン(C$_8$H$_8$)の付加重合により得られるポリスチレンは，文房具や台所用品などに用いられている。また，ポリスチレンに発泡剤を加えて発泡させた後，成型したものは発泡スチロールとして容器，断熱材，緩衝材などに用いられている。

　　また，化合物C$_3$H$_3$Nを付加重合させると，羊毛に似た肌触りで保温力に優れた繊維が得られ，セーターや毛布などに用いられている。

　　原料となる単量体を2種類以上混合して重合を行うことを共重合という。合成繊維や合成ゴムでも共重合は利用されている。

　　スチレンとp－ジビニルベンゼンを共重合させると，立体網目状構造を持った合成樹脂が得られる。得られた樹脂のベンゼン環に①スルホ基やアルキルアンモニウム基の水酸化物－N$^+$R$_3$OH$^-$(Rはアルキル基)を導入したものは，②イオン交換樹脂と呼ばれる。

　　スチレンと1,3－ブタジエンを共重合すると③スチレン－ブタジエンゴム(SBR)が生成する。SBRは多量に生産されている合成ゴムで，耐

久性，耐摩耗性にすぐれ，自動車のタイヤや靴底などに利用されている。

(1) スチレンの構造式を示しなさい。

(2) 化合物C₃H₃Nの物質名と構造式を答えなさい。

(3) 下線部①のスルホ基をベンゼン環に導入するために用いる物質名を書きなさい。

(4) 下線部②に関連して0.020mol/Lの塩化カルシウム水溶液10mLを，充分な量の陽イオン交換樹脂を詰めたカラムの上部から流し入れて流出液を集めた。その後，カラムを純水で十分に洗い流したところ，合計100mLの流出液を得た。この流出液の水素イオン濃度[H⁺]を有効数字2桁で求めなさい。

(5) 下線部③の，SBRに臭素Br₂を反応させると，SBR中のブタジエン由来の二重結合のみと反応した。SBR30gに含まれるブタジエン由来の二重結合をすべて臭素付加するのに，臭素が60g必要であった。このSBRの構成単位であるスチレンとブタジエンの物質量比を，計算過程を示して答えなさい。ただし，分子量は，スチレン104，1,3－ブタジエン54，臭素160とする。

(6) 次の(ア)・(イ)の文が説明する高分子の物質名と高分子の繰り返し部分の構造式(重合度をnとする)を，例にならって記しなさい。

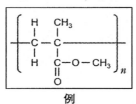

例

(ア) プロペンの付加重合により合成された樹脂で，熱に強くて機械的強度が大きく，容器などに用いられる。

(イ) アジピン酸とヘキサメチレンジアミンの縮合重合により合成された繊維で，絹に似た触感を持つ。弾力性や耐摩耗性に優れ，ストッキングやロープに用いられる。

(☆☆☆☆◎◎◎)

【生物】

【1】次の文を読み，各問いに答えなさい。

　遺伝子には，どの細胞でも常に発現しているものもあるが，(a)細胞がおかれた環境や成長に応じて発現する遺伝子の種類やその発現量が調節されているものもある。この遺伝子発現の調節は，転写が開始される段階でおこなわれている場合が多い。

　一般に，酵素などのタンパク質の遺伝子を構造遺伝子という。原核生物のDNAでは，一連の代謝反応に関わる遺伝子のように，関連するはたらきをもつ複数の構造遺伝子が連続して存在することで，遺伝子群をつくり，その情報がまとめて1本の(①)として転写されることが多い。このような遺伝子群を(②)という。(①)の合成は，RNAポリメラーゼという酵素が(③)と呼ばれる領域に結合することで開始する。(③)の近くには，オペレーターといわれる転写調節領域があり，このオペレーターに調節遺伝子のはたらきで合成された，調節タンパク質が結合することにより，転写が調節されている。

　大腸菌は，生育にグルコースを必要とするが，培地に炭素源としてラクトースだけが含まれる場合，ラクトースを分解してグルコースを生成する酵素がつくられるため，培地にグルコースが含まれなくても生育することができる。しかし，培地にグルコースを含むが，ラクトースを含まない場合は，調節遺伝子からつくられた(b)調節タンパク質がオペレーターに結合することで，RNAポリメラーゼが(③)に結合できない。そのため，遺伝子群は転写されず，ラクトースを分解する酵素などが合成されない。このように，転写の段階で調節がおこなわれることで，必要のないタンパク質が合成されないように制御している。

　(c)真核生物では，原核生物と転写調節のしくみが異なる。真核生物では，RNAポリメラーゼは(④)因子とよばれる複数のタンパク質と結合することで，転写複合体を形成する。その転写複合体に調節タンパク質が作用して転写を調節する。

(1)　文中の(①)～(④)にあてはまる最も適切な語句を答えな

さい。

(2)　文中の下線部(a)の結果，細胞が特定の形やはたらきをもつように変化することを何というか，答えなさい。

(3)　文中の下線部(b)のように転写を抑制する調節タンパク質を何というか，答えなさい。

(4)　文中の下線部(c)に関して，真核細胞における転写と翻訳のしくみについて誤っている文を，次の(ア)～(オ)からすべて選び，記号で答えなさい。

(ア)　細胞質基質で転写がおこなわれる。

(イ)　RNAポリメラーゼは，RNAのヌクレオチド鎖を5´→3´の方向に順に合成していく。

(ウ)　DNAのイントロンの領域は転写せず，エキソンの領域のみが転写される。

(エ)　転写によって合成された物質の連続した塩基3つの並びが，翻訳において1つのアミノ酸を指定する。

(オ)　tRNAによって運搬されてきたアミノ酸どうしがペプチド結合によって連結し，ポリペプチドが合成される。

(5)　ある大腸菌の突然変異株を，グルコースは含まれないがラクトースを含む培地で培養した。しかし，ラクトースは分解されず大腸菌は生育できなかった。この突然変異株はどのような特徴をもっていると考えられるか，次の(ア)～(エ)から一つ選び，記号で答えなさい。ただし，この変異株では，1カ所のみに突然変異が起こっているものとする。

(ア)　オペレーターが欠損している突然変異株

(イ)　ラクトースの代謝産物が調節タンパク質に結合できない突然変異株

(ウ)　調節タンパク質が合成できない突然変異株

(エ)　合成された調節タンパク質がオペレーターに結合できない突然変異株

(☆☆☆◎◎◎◎)

【2】次のⅠ，Ⅱの文を読み，各問いに答えなさい。

Ⅰ　被子植物の配偶子形成と受精は次のような過程でおこなわれる。

　　めしべでは，子房内にある胚珠の中で，胚のう母細胞の減数分裂
によって，1個の胚のう細胞と3個の小さな細胞が生じる。3個の小
さな細胞は退化するが，胚のう細胞は3回の核分裂をおこなって，8
個の核をもつ胚のうになる。(a)成熟した胚のうでは，8個の核がそ
れぞれ中央細胞，卵細胞，助細胞，反足細胞の核となる。また，お
しべでは花が小さなつぼみのとき，葯の中にある花粉母細胞の減数
分裂によって4個の細胞の集まった(　①　)が生じる。この細胞がそ
れぞれ不均等な体細胞分裂を1回おこなうことで，大きな花粉管細
胞と，小さな(　②　)が生じる。その後，(　②　)が花粉管細胞内
に入ることで，成熟した花粉となる。

　　花粉はめしべの柱頭につくと発芽して花粉管を伸ばす。(　②　)
は花粉管の中で1回分裂して精細胞2個を形成する。花粉管は胚珠に
向かって伸長し，(b)誘引物質に導かれて胚珠に到達する。花粉管か
ら放出された2個の精細胞のうち，1個は卵細胞と合体して受精卵と
なる。残りの1個は，中央細胞と合体して胚乳細胞を形成する。一
般に，助細胞と反足細胞は受精と前後して消失する。このように2
個の精細胞がそれぞれ別の細胞と受精する現象は(　③　)とよばれ，
被子植物に特有な現象である。

(1)　文中の(　①　)～(　③　)にあてはまる最も適切な語句を答え
なさい。

(2)　文中の下線部(a)について，胚のうに含まれるそれぞれの細胞
(卵細胞，助細胞，反足細胞)を，次の珠皮の内側に図示しなさい。
ただし，次の中央細胞のように，それぞれの細胞には核を示し，
細胞の名称をわかるように記入しなさい。

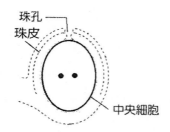

(3)　次の(ア)〜(エ)の細胞について，それぞれの核相をnをもちいて答えなさい。

(ア)　胚のう母細胞　　(イ)　花粉管細胞　　(ウ)　受精卵

(エ)　胚乳細胞

(4)　文中の下線部(b)について，誘引物質を放出している細胞の名称を答えなさい。

Ⅱ　被子植物の花では，一般に外側から内側に向かって，がく片，花弁，おしべ，めしべが図5のように同心円状に配置している。最も外側の，がく片が形成される領域を領域1，その内側を領域2，さらにその内側を領域3，最も内側を領域4とする。花は葉が変化したものであり，3種類の遺伝子のはたらきによって花の形成がおこっている。このモデルはABCモデルとよばれ，シロイヌナズナの花の形態に関する遺伝子に生じる突然変異の解析によって生み出されたものである。A遺伝子が単独ではたらくとがく片が，C遺伝子が単独ではたらくとめしべが分化する。また，A遺伝子のはたらきが失われた場合にはC遺伝子が花全体ではたらき，逆にC遺伝子のはたらきが失われた場合にはA遺伝子が花全体ではたらく。

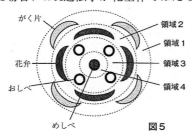

図5

212

(5) 遺伝子A, B, Cそれぞれのはたらきを欠く突然変異体について, それぞれの領域で何が形成されるかを次の表1に示した。表1中の野生型の領域2, 領域3ではどの遺伝子がはたらいていると考えられるか。以下の(ア)～(カ)から最も適したものをそれぞれ一つずつ選び, 記号で答えなさい。

表1

	領域1	領域2	領域3	領域4
野生型	がく片	花弁	おしべ	めしべ
A遺伝子のはたらきを欠く変異体	めしべ	おしべ	おしべ	めしべ
B遺伝子のはたらきを欠く変異体	がく片	がく片	めしべ	めしべ
C遺伝子のはたらきを欠く変異体	がく片	花弁	花弁	がく片

(ア) 遺伝子Aのみ (イ) 遺伝子Bのみ

(ウ) 遺伝子Cのみ (エ) 遺伝子Aと遺伝子B

(オ) 遺伝子Bと遺伝子C (カ) 遺伝子Aと遺伝子C

(6) 発生において器官形成を正しい位置におこさせる遺伝子を何というか, 答えなさい。

(☆☆☆◎◎◎)

【3】次のⅠ, Ⅱ, Ⅲの文を読み, 各問いに答えなさい。

Ⅰ 受容器には, 感覚細胞があり, その受容器が受容できる特定の刺激にのみ反応する。

ヒトの眼は, 光を受容する。光は, 眼の角膜と水晶体で屈折して, 網膜上に像を結ぶ。網膜には感覚細胞である(a)2種類の視細胞がある。これらの視細胞では, 光を受容すると, 電気的な変化が生じ, この電気的な変化が視神経によって大脳に伝えられ, 視覚が生じる。さらに, 眼には, 眼に入る光の量を調節したり, (b)水晶体の厚さを変えて遠近調節したりするしくみがある。

ヒトの耳は, 外耳, 中耳, 内耳の3つの部分からなり, 音の感覚細胞は, 内耳のうずまき管にある聴細胞である。音波は, 耳殻によって集められ, 外耳道を通って鼓膜に達し, これを振動させる。鼓

膜の振動は，耳小骨によって増幅されてうずまき管に伝わり，うずまき管のリンパ液が振動すると，(c)基底膜が振動する。基底膜の振動により，基底膜の上のコルチ器官にある聴細胞に電気的な変化が生じ，この電気的な変化が聴神経によって大脳に伝わり，聴覚が生じる。

(1)　文中の下線部(a)について，次の(ア)〜(オ)のうち，錐体細胞にあてはまるものにはA，桿体細胞にあてはまるものにはB，両方にあてはまるものにはC，どちらにもあてはまらないものにはDと記号で答えなさい。

(ア)　盲斑に多く存在する。

(イ)　黄斑に多く存在する。

(ウ)　外節部が棒状である。

(エ)　視物質を含む。

(オ)　うす暗い所ではたらき，明暗に反応するが色の識別はしない。

(2)　文中の下線部(b)について，近くを見るときの調節について説明した説明文1中の〈　　〉にあてはまる最も適切な語句をそれぞれ選び，記号で答えなさい。

説明文1

> 毛様筋が①〈(ア)　収縮　　(イ)　弛緩〉し，チン小帯が②〈(ウ)　引っ張られ　　(エ)　緩み〉，水晶体が③〈(オ)　薄くなる　　(カ)　厚くなる〉ことにより，水晶体の焦点距離が④〈(キ)　短くなる　　(ク)　長くなる〉。

(3)　文中の下線部(c)について，基底膜の性質について説明した説明文2中の〈　　〉にあてはまる最も適切な文をそれぞれ選び，記号で答えなさい。

説明文2

214

> 基底膜の幅は，うずまき管の入り口(基部)では^①〈(ア)　広く，先端にいくほど狭く　　(イ)　狭く，先端にいくほど広く〉なる。また，音の高低の違いによって，異なった場所の基底膜が振動し，^②〈(ウ)　高音ではうずまき管の入り口に近い部分の基底膜が，低音では奥にある基底膜が　　(エ)　低音ではうずまき管の入り口に近い部分の基底膜が，高音では奥にある基底膜が〉振動する。

Ⅱ　カエルのふくらはぎの筋肉と，それにつながっている座骨神経を切り出し，ミオグラフを用いて神経の伝導速度と筋肉の収縮に関する実験を行うために，神経を電気刺激してから筋肉が収縮するまでの時間を測定した。筋肉と神経の接合部から18mm離れた座骨神経上の部位に閾値以上の単一の電気刺激を与えたところ，11.6ミリ秒後に収縮がおきた。次に，筋肉と神経の接合部から42mm離れた座骨神経上の部位に閾値以上の単一の電気刺激を与えたところ，12.4ミリ秒後に収縮がおきた。

(4)　このカエルの座骨神経において，興奮が伝導する速さ〔m/秒〕を答えなさい。

(5)　興奮が座骨神経の末端に到達してから，筋肉が収縮するまでに要する時間は何ミリ秒か，答えなさい。

Ⅲ　運動神経の神経終末から神経伝達物質である(　①　)が分泌されると，筋細胞の細胞膜にある(　①　)受容体に結合して，筋細胞が興奮する。筋細胞が興奮すると，(　②　)から(　③　)イオンが放出される。放出された(　③　)イオンが(　④　)というタンパク質に結合して，アクチンフィラメントの上の(　⑤　)の構造が変化することにより，アクチンとミオシンの相互作用が可能となり，筋肉が収縮する。

(6)　文中の(　①　)～(　⑤　)にあてはまる最も適切な語句を答えなさい。

(☆☆☆◎◎◎)

【4】次の文を読み，各問いに答えなさい。

　ある一定の地域に生息する同種個体の集まりを個体群という。(a)個体群を構成する個体の分布の主な様式には3つあり，個体が集中して分布する集中分布，一定の間隔をおいて分布している一様分布，個体がランダムに分布するランダム分布がある。個体群を構成する個体数は，食物や生活空間などの資源に制限がなければ，無限に増えていくと考えられるが，実際は，食物や生活空間の不足などにより，安定した数に落ち着く。この数は(①)といわれる。

　ある生物が生活する単位空間当たりの(b)個体数は，個体群密度といわれる。個体群密度が，個体や個体群の成長や，個体の生理的・形態的な性質を変化させることを(②)という。また，個体群密度に応じて，同一種の形態や行動に著しい変化が生じることを(③)という。例えば，トノサマバッタでは，卵期から低密度で飼育すると，孤独相となる。一方，数世代にわたって高密度で飼育すると，(c)群生相となる。

　動物の個体群では，個体が集まって一緒に移動したり採食したりする集団が見られる場合があり，この集団を(④)という。また，動物のなかには，1個体や1家族が(⑤)とよばれる空間を占有し，そこへ侵入する他個体を追い払う行動を示すものがある。昆虫類のうち，ミツバチやシロアリなどは，同種の個体が密に集合した集団を形成し，役割などの分業が生じ，各個体の協力により組織化された集団が維持されている。このように生活している昆虫を(⑥)という。

　異種の個体間にもさまざまな関係がみられる。異種の生物の間で共通の資源をめぐって生じる種間競争や，(d)被食者と捕食者の関係，および(e)双方に利益をもたらす関係である(⑦)などがある。多数の種で構成されている生物群集の中においては，食物網に占める位置や生活空間などの資源の利用のしかたはどの種もだいたい決まっており，生物群集内で占めるこのような位置を，その種の(⑧)という。また，地理的に大きく異なる地域の生物群集内で，同じ(⑧)を占める種を(⑨)という。

(1) 文中の(①)～(⑨)にあてはまる最も適切な語句を答えなさい。

(2) 文中の下線部(a)について，風で種子が散布された植物の幼植物の分布は，集中分布，一様分布，ランダム分布のうち，どの分布様式が見られるか答えなさい。

(3) 文中の下線部(b)について，個体数を推定する場合に，標識再捕法を用いることがあるが，標識再捕法を用いて個体数を推定するためには，いくつかの条件を満たす必要がある。次の(ア)～(エ)のうち，標識再捕法を用いるときの条件として，誤っているものを一つ選び，記号で答えなさい。

(ア) 標識をつけられた個体の行動が，標識のない個体と変わらないこと。

(イ) 調査期間の間，調査地への個体の移入，調査地からの個体の移出が自由に起こること。

(ウ) 最初の捕獲と再捕獲は，同じ方法，同じ時間，同じ場所で行うこと。

(エ) 調査期間の間，標識が簡単に消えないこと。

(4) 文中の下線部(b)について，ある池の中に生息するフナの個体数を標識再捕法を用いて推定した。フナを捕獲したところ，54匹のフナがいたので，それぞれに標識をつけてその場で池に放流した。数日後，再度フナを捕獲したところ，56匹採集され，そのうち24匹に標識が認められた。このとき，この池に生息するフナの総個体数を推定して答えなさい。

(5) 文中の下線部(c)について，群生相のトノサマバッタは，孤独相のトノサマバッタと比べると，翅の長さ，後脚の長さ，集合性はそれぞれどのような特徴をもつか答えなさい。

(6) 文中の下線部(d)について，例えば，毒などをもたない種の個体の外見が，毒をもつ他の種の個体の形態に似ている場合，捕食者からねらわれにくい。このように，ある動物の外見が，他の種の動物の形態に似ていることを何というか，答えなさい。

(7) 自然界において，文中の下線部(e)のような関係がみられる生物の組み合わせを，次の(ア)～(オ)から，すべて選び，記号で答えなさい。

(ア) クマノミとイソギンチャク　　(イ) ナマコとカクレウオ

(ウ) サメとコバンザメ　　(エ) アリとアブラムシ

(オ) イワナとヤマメ

(☆☆☆◎◎)

解答・解説

中 学 理 科

【1】(1) (ウ)　　(2) 学校運営協議会(制度)(コミュニティ・スクール)
(3) (オ)　　(4) ア　科学的　イ　問題　ウ　解釈　エ　態度
オ　自然環境　カ　総合的

〈解説〉(1) 教育基本法の条文についても，学習指導要領に記載されているので確認しておこう。　(2) 学校運営協議会の制度は「地方教育行政の組織及び運営に関する法律」の第47条の5で教育委員会の努力義務として定められている。　(3) 解答参照。　(4) 「目標」の内容において，育成を目指す資質・能力として項目(1)では「知識及び技能」，(2)では「思考力，判断力，表現力等」，(3)では「学びに向かう力，人間性等」を挙げている。設問の対象となっている語句はいずれも重要であり，学習指導要領および同解説で頻出の表現である。

【2】(1) (空気の量が)少ない　　(2) ア　振り　イ　口
(3) ア　デンプン　イ　だ液　　(4) アミラーゼ　　(5) ア　無機　イ　最適

〈解説〉(1)　空気の量が少ないとガスと酸素が十分に反応せず，黄色の不安定な炎になる。空気調節ねじを開けて適量の空気を入れると青色の安定した炎となる。　(2)　穏やかに加熱するため，試験管を炎の周りで軽く振りながら加熱する。また，突沸により液体が飛び散っても危険がないよう，試験管の口を人がいる方向には向けないことに注意する。　(3)　デンプンはだ液に含まれる消化酵素により分解されるが，水を加えただけでは変化しない。　(4)　アミラーゼは，だ液や膵液に含まれる消化酵素であり，デンプンをマルトースに分解するはたらきがある。　(5)　金属などの触媒を酵素と区別する場合，無機触媒という。酵素が最も活発に活動できる温度を最適温度といい，多くの場合40℃が最適温度となる。

【3】(1)　ア　(b)　　イ　(c)　　ウ　(f)　　エ　(e)　　(2)　(イ)
(3)　10〔cm〕　　　(4)　小さい　　　(5)　赤外線　　　(6)　ア　反射
イ　吸収

〈解説〉(1)　凸レンズと物体の距離，凸レンズとスクリーンの距離，凸レンズの焦点距離をそれぞれa，b，fとすると，$\dfrac{1}{f}=\dfrac{1}{a}+\dfrac{1}{b}$が成り立つ。$f$は一定であるから，$a$が20cmより長いとき，$b$は20cmより短くなる。また，$a$が20cmより短いとき，$b$は20cmより長くなる。さらに，像の大きさは像の倍率$\dfrac{b}{a}$から求めることができる。　(2)　表2のBより，焦点距離は，$\dfrac{1}{f}=\dfrac{1}{20}+\dfrac{1}{20}=\dfrac{1}{10}$より，$f=10$〔cm〕となる。したがって，Dでは凸レンズと物体の距離が焦点距離より小さいので，物体より拡大されて見える正立虚像ができる。　(3)　凸レンズと物体の距離が焦点距離に等しいとき，物体から出た光は凸レンズを通過すると平行光になり，一点に集まらないため像は結ばない。　(4)　境界面に垂直な直線と，光線とのなす角が屈折角である。図4より，紫に比べ，赤の方が屈折角は小さい。なお，可視光線では波長が長い光ほど屈折率は小さくなる。　(5)　赤外線は高温物体から放射され，物体に吸収

されると熱エネルギーになりやすい性質がある。　(6)　物体の色は，白色光のうちどの色の光が吸収され，どの色の光が反射されるかで決まる。

【４】(1)　⑤　　　(2)　(ア)→(ウ)→(オ)→(イ)→(エ)　　　(3)　(イ)
(4)　(ウ)　　(5)　ア　皮膚　　イ　iPS　　(6)　ア　DNA
イ　RNA　　ウ　タンパク質

〈解説〉(1)　両生類は，寒天のようなゲル状の物質に包まれた卵を水中に産む。　(2)　(ウ)は2細胞期，(オ)は4細胞期，(イ)は桑実胚期，(エ)は尾芽胚期と考えられる。　(3)　動物では精子が卵の中に入って受精する。一方，植物では精細胞と卵細胞の核が合体して受精する。
(4)　xでは，細胞分裂の結果，染色体数が半減した生殖細胞ができるので，減数分裂である。yでは，もとの細胞と染色体数が等しい細胞が増えるので，体細胞分裂である。　(5)　iPS細胞は自分自身の皮膚の体細胞からつくることができるので，胚を使うことがなく，倫理的な問題や拒絶反応の問題が回避され，再生医療分野などでの活用が期待されている。　(6)　ウイルスは細胞構造をもっておらず，自己のみで増殖できないことから，生物と無生物の中間的存在に位置づけられる。

【５】(1)　0.40〔N〕　　　(2)　x　(イ)　　　y　(ウ)　　　(3)　(イ)
(4)　40〔cm³〕　　　(5)　(ア)，(エ)　　　(6)　(ウ)

〈解説〉(1)　浮力の大きさは，空気中での物体の重さ(A)から水中での物体の重さ(C)を引いた値なので，1.09−0.69＝0.40〔N〕となる。
(2)　x　水中に物体を半分入れたとき，浮力の大きさはAの半分なので，Bのばねばかりの示す値は，$1.09-\dfrac{0.40}{2}=0.89$〔N〕となる。
y　浮力の大きさは，物体が完全に水中に入っていれば深さにより変化しないので，Dのばねばかりの示す値はCと等しく0.69〔N〕である。
(3)　水圧の大きさは，水面からの深さに比例する。同じ深さではたらく水圧は，あらゆる向きに同じ大きさである。　(4)　浮力の大きさは，

水中にある物体の体積と同体積の水の重さに等しい。おもりの体積を V〔cm³〕とすると，0.40〔N〕＝1〔g/cm³〕×V〔cm³〕×0.01〔N/g〕より，V＝40〔cm³〕となる。　(5)　アルキメデスの原理より，「液体中の物体にはたらく浮力の大きさは，物体が排除した液体の重さに等しい」ので，体積によって変化し，深さには関係しない。　(6)　力がつり合っているとき，物体は静止している。物体が沈んでいれば重力の方が大きく，浮かび上がっていれば浮力の方が大きい。

【6】(1)　(エ)　(2)　目　(3)　記号…(ア)　固まり方…(マグマが)急に冷えて固まった　(4)　(イ)　(5)　(B), (D)　(6)　(ア)　火山　(イ)　5

〈解説〉(1)　白っぽく見えるのは，無色あるいは淡い色をもつ無色鉱物の割合が多いからと考えられる。選択肢のうち，無色鉱物の組み合わせは石英と長石である。　(2)　ルーペの使い方は，①目とルーペを近づける。②目とルーペの距離を保ちながら，対象物を持って近づけたり遠ざけたりする。③見たいものが動かせない場合は，目とルーペの距離を一定に保ちながら，観察者が対象物に近づいたり遠ざかったりする。　(3)　火成岩(C)は，斑状組織が見られ，火成岩(A)より白いので安山岩と考えられる。安山岩は，地表に噴出した溶岩や地表付近の薄い岩脈でマグマが急に冷やされてできる火山岩である。　(4)　火成岩(A)は黒くて斑状組織をもつので玄武岩と考えられる。玄武岩質マグマはSiO_2含有率が低く，粘性が小さいので，傾斜が緩やかな盾状火山や溶岩台地をつくる。　(5)　等粒状組織は，十分に成長した粗粒で粒径のそろった結晶の集まりであり，深成岩の組織の特徴である。

(6)　噴火警戒レベルとは，火山活動の状況に応じて「警戒が必要な範囲」と防災機関や住民等の「とるべき防災対応」を5段階に区分する指標である。

【7】(1)　(もともと)装置内にあった空気がでる(から)　　(2)　(エ)

　　(3)　色…赤色　　物質名…水　　(4)　(イ)　　(5)　$2NaHCO_3\rightarrow$
$Na_2CO_3+CO_2+H_2O$　　(6)　ニホニウム

〈解説〉(1)　実験開始時には，もともと試験管内にあった空気が発生し
た気体により押し出されてしまうので，これを試料にすると正しい実
験結果が得られない。　　(2)　発生した気体は二酸化炭素であり，石灰
水を白濁させるはたらきがある。なお，マッチや線香の火が消えるの
は，酸素がないためである。　　(3)　塩化コバルト紙は水の検出に用い
られ，水を吸収すると赤色に変化する。　　(4)　加熱後に生じる物質は
炭酸ナトリウムで，水に溶けると$Na_2CO_3\rightarrow2Na^++CO_3{}^{2-}$，$CO_3{}^{2-}+H_2O$
$\rightarrow HCO_3{}^-+OH^-$と変化し，強塩基性を示す。　　(5)　炭酸水素ナトリウ
ムは熱分化して二酸化炭素を発生する。　　(6)　ニホニウム(元素記号
Nh)は2004年に発見され，2016年に命名された。

【8】(1)　B　3〔cm³〕　　C　6〔cm³〕　　(2)　(エ)　　(3)　ア　水素
イ　水酸化物　　(4)　塩　　(5)　蒸発

　　(6)　$2HCl+Ca(OH)_2\rightarrow CaCl_2+2H_2O$

〈解説〉(1)　B　濃度が$\frac{1}{2}$倍になるので，必要な水酸化ナトリウム水溶液
の体積も$\frac{1}{2}$倍となり3cm³である。　　C　濃度は$\frac{1}{2}$倍，体積は2倍になる
ので，必要な水酸化ナトリウム水溶液の体積はAと変わらず6cm³で
ある。　　(2)，(3)　中和反応とは，酸のH^+と塩基のOH^-から水が生じ
る反応をいう。よって，塩酸に少量の水酸化ナトリウム水溶液を加え
ても中和反応自体は起こる。一方，液性が中性に達するには，H^+と
OH^-の数が等しくなる必要がある。　　(4)　中和反応では，酸と塩基が
反応して塩と水が生じる。　　(5)　塩化ナトリウムは水溶液中で電離し
て，Na^+とCl^-となっているため，NaClの結晶を観察するためには水分
を蒸発させる必要がある。　　(6)　この反応も中和反応であり，塩酸は
酸，水酸化カルシウムは塩基であり，反応の結果，塩と水が生じる。

高 校 理 科

【共通問題】

【1】(1) (ウ) (2) 学校運営協議会(制度)(コミュニティ・スクール)
(3) (オ) (4) ア 見通し イ 探究 ウ 理解 エ 技能
オ 主体的 カ 態度

〈解説〉(1) 教育基本法の条文は，学習指導要領に記載されているので
確認しておこう。 (2) 学校運営協議会の制度は「地方教育行政の組
織及び運営に関する法律」の第47条の5で教育委員会の努力義務とし
て定められている。 (3) 解答参照。 (4) 「目標」の内容において，
育成を目指す資質・能力として項目(1)では「知識及び技能」，(2)では
「思考力，判断力，表現力等」，(3)では「学びに向かう力，人間性等」
を挙げている。設問の対象となっている語句はいずれも重要であり，
学習指導要領および同解説で頻出の表現である。

【2】(1) ア 電子 イ 陽子 ウ 中性子 エ 質量数
オ 同位体(アイソトープ) (2) (A) Ⅰ群…(エ) Ⅱ群…(う)
(B) Ⅰ群…(ア) Ⅱ群…(え) (C) Ⅰ群…(イ) Ⅱ群…(あ)
(D) Ⅰ群…(ウ) Ⅱ群…(い) (3) 80〔%〕 (4) 15〔L〕

〈解説〉(1) 原子は，正の電荷をもつ陽子と電荷をもたない中性子から
原子核が構成され，その原子核の周囲に存在する負の電荷をもつ電子
からなる。陽子数を原子番号とし，陽子数と中性子数の和を質量数と
する。 (2) (A) 金属結晶は，原子間で自由電子を共有することで
金属結合が形成されたものである。電子の流れにより，熱や電気をよ
く通す性質がある。 (B) イオン結晶は，陽イオンと陰イオンとが静
電気力により結合したものである。融解液や水溶液中では結合が切断
されてイオンの状態になるので，電気を通す性質がある。 (C) 分子
結晶は，分子間力という比較的弱い力で結合したものなので，柔らか

く融点が低く，昇華性を示すものが多い。　(D)　共有結合の結晶は，共有結合が最も強い化学結合なので，非常に硬くて融点が高い。

(3)　原子量は，同位体の相対質量と存在比を加味した平均で求められる。^{11}Bの存在比をx〔％〕とすると，$10.0 \times \dfrac{100-x}{100} + 11.0 \times \dfrac{x}{100} = 10.8$ より，$x = 80$〔％〕となる。　(4)　一酸化炭素を完全燃焼させると$2CO + O_2 \rightarrow 2CO_2$より，10Lの一酸化炭素が完全燃焼するのに5Lの酸素を消費し10Lの二酸化炭素が発生することになる。よって，燃焼後は残った酸素5Lと発生した二酸化炭素10L，つまり合計15Lの混合気体が存在する。

【3】(1)　$(m+M)g$〔N〕　　(2)　m〔kg〕　　(3)　$\dfrac{(m+M)g}{2}$〔N〕

(4)　$\dfrac{m-M}{2}$〔kg〕　　(5)　$\dfrac{(m+M)g}{3}$〔N〕　　(6)　$\dfrac{2m-M}{3}$〔kg〕

〈解説〉(1)　Bさんがひもを引く力をF_1とすると，Aさんを乗せた台全体にはたらく力は，上向きにF_1，下向きに$(m+M)g$である。この状態で静止しているので，力のつり合いの式より，$F_1 = (m+M)g$〔N〕

(2)　体重計にはたらく力はmg〔N〕より，体重計が示す値はm〔kg〕となる。　(3)　Aさんがひもを引く力をF_2とすると，Aさんを乗せた台全体にはたらく力は，上向きに$2F_2$，下向きに$(m+M)g$である。よって，力のつり合いの式は，$2F_2 = (m+M)g$　∴　$F_2 = \dfrac{(m+M)g}{2}$〔N〕

(4)　体重計にはたらく力は，$mg - F_2 = mg - \dfrac{(m+M)g}{2} = \dfrac{(m-M)g}{2}$〔N〕より，体重計が示す値は$\dfrac{m-M}{2}$〔kg〕となる。　(5)　Aさんがひもを引く力を$F_3$とすると，Aさんを乗せた台全体にはたらく力は，上向きに$3F_3$，下向きに$(m+M)g$となる。よって，力のつり合いの式は，$3F_3 = (m+M)g$　∴　$F_3 = \dfrac{(m+M)g}{3}$〔N〕となる。　(6)　体重計にはたらく力は，$mg - F_3 = mg - \dfrac{(m+M)g}{3} = \dfrac{(2m-M)g}{3}$〔N〕より，体重

計が示す値は$\dfrac{2m-M}{3}$〔kg〕となる。

【4】(1) リゾチーム　　(2) 好中球, 樹状細胞, マクロファージ　から一つ　　(3) (ウ)　　(4) (ア) アレルギー　　(イ) アナフィラキシーショック　　(5) B型

〈解説〉(1) 涙やだ液などの粘膜自体, 物理的防御の一つとしてはたらく。また, 皮膚や粘膜からの分泌物に含まれるリゾチームなどは, 化学的防御としてはたらく。　(2) 物理的・化学的防御を超えて体内に侵入した病原体は, 食細胞の攻撃を受ける。　(3) (ア) 血清療法に関する説明である。　(イ) 免疫寛容に関する説明である。　(4) 解答参照。　(5) A型の血液は, A抗原をもつ赤血球とB抗原と凝集反応する血清で構成される。B型の血液は, B抗原をもつ赤血球とA抗原と凝集反応する血清で構成される。AB型の血液は, A抗原とB抗原の両方をもつ赤血球をもっているが, これらと凝集反応する血清をもっていない。O型の血液は, A抗原もB抗原ももっていないが, 両方の抗原と凝集反応する血清をもっている。血液Pは, A型の血清と凝集反応を起こすためB抗原をもっているが, B型の血清とは凝集反応を起こさなかったためA抗原をもっていない。したがって, 血液PはB型である。

【5】(1) 物理的風化(機械的風化)　　(2) 化学的風化　　(3) (イ)
(4) 領域Ⅰ…(ア)　　領域Ⅱ…(ウ)　　領域Ⅲ…(イ)

〈解説〉(1) 岩石は温度が上がればわずかに膨張し, 温度が下がれば収縮する。また, 水は凍結する際に体積が増えるので, 氷点を上下する気象条件の下では, 岩石にしみ込んだ水による膨張・収縮の効果が大きくなる。このような物理的な作用で起こる風化を物理的風化という。一方で, 加水分解や酸化還元などの化学変化による風化を化学的風化という。　(2) 雨水は, 大気中の二酸化炭素が溶けて弱酸性となっており, 炭酸塩鉱物と反応すると炭酸カルシウムが溶出する。これによ

り，石灰岩地域ではカルスト地形がつくられる。　(3)　曲線Aは，静止している粒子が動き始める境界を示す。横軸に平行な直線を上に移動していき，最初に曲線Aと交わるのは，粒径が$\frac{1}{8}$〔mm〕程度の砂なので，これが最初に運搬され始める。　(4)　曲線Aより上の領域Ⅰは，静止していた砕屑粒子が動き出す領域なので，堆積していたものが侵食・運搬される領域である。曲線Bより下の領域は，動いている砕屑粒子が停止する領域なので，運搬されていたものが堆積する領域である。残りの領域Ⅱは，運搬されていたものは引き続き運搬されるが，堆積していたものは侵食・運搬されない領域となる。「静止・停止，動き出す」を「堆積，侵食・運搬」に置き換えて考えればよい。

【物理・地学】

【１】(1)　時間…単振動の周期Tは　$T = 2\pi\sqrt{\dfrac{m_0 + m}{k}}$であるから，求める時間$t$は　$t = \dfrac{1}{4}T = \dfrac{\pi}{2}\sqrt{\dfrac{m_0 + m}{k}}$　　速さ…物体の速さをv_0とすると，力学的エネルギー保存則より　$\dfrac{1}{2}kd^2 = \dfrac{1}{2}(m_0 + m)v_0^2$　$v_0 = d\sqrt{\dfrac{k}{m_0 + m}}$

(2)　振幅をDとすると，力学的エネルギー保存則より　$\dfrac{1}{2}m_0v_0^2 = \dfrac{1}{2}kD^2$　$D = v_0\sqrt{\dfrac{m_0}{k}} = d\sqrt{\dfrac{m_0}{m_0 + m}}$　　(3)　物体…物体の加速度をaとすると，物体についての運動方程式は　$ma = -\mu' mg$　これより，$a = -\mu' g$　台車…台車の加速度をAとすると，台車についての運動方程式は　$MA = \mu' mg$　これより，$A = \dfrac{\mu' mg}{M}$　　(4)　運動量保存則より　$mv_0 = mv_1 + Mv_1$　$v_1 = \dfrac{m}{m + M}v_0$　　(5)　点Sで物体が円弧面から受ける垂直抗力が0となることから，物体の速さをv_sとすると，運動方程式は　$m\dfrac{v_\mathrm{s}^2}{R} = mg\cos\theta$　また，力学的エネルギー保存則より$\dfrac{1}{2}mv_1^2 +$

$$mgR(1-\cos\theta)=\frac{1}{2}mv_{\mathrm{s}}^2 \qquad これより, \quad \cos\theta=\frac{v_1^2}{3gR}+\frac{2}{3}$$

〈解説〉(1) 板と物体が離れる瞬間は,ばねは自然長であり,かかる時間は$\frac{1}{4}$周期に相当する。また,ばねを自然長よりd〔m〕だけ縮ませたときのばねの弾性エネルギーが,板と物体が離れる瞬間の板の運動エネルギーと物体の運動エネルギーの和に等しい。 (2) 解答参照。

(3) 物体にはたらく力は,移動方向とは逆向きの動摩擦力$-\mu'mg$である。この力の反作用力$\mu'mg$が台車にはたらく。 (4) 解答参照。

(5) 点Sで物体にはたらく重力の円の中心方向成分$mg\cos\theta$が,円運動の向心力となる。

【2】(1) コンデンサーC_1の電気容量をC_0とすると $C_0=\dfrac{\varepsilon_0 S}{d}$

(2) コンデンサーに蓄えられる電気量をQとすると $Q=C_0V=\dfrac{\varepsilon_0 SV}{d}$

(3) コンデンサーに蓄えられる静電エネルギーをUとすると

$U=\dfrac{1}{2}QV=\dfrac{\varepsilon_0 SV^2}{2d}$ (4) コンデンサーの極板間に働く力をF,極板間の電場の強さをEとすると $F=\dfrac{1}{2}QE=\dfrac{1}{2}Q\dfrac{V}{d}=\dfrac{\varepsilon_0 SV^2}{2d^2}$

(5) 電位変化の様子… 電場の強さ…

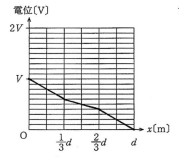

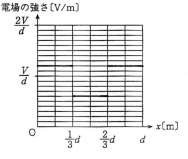

(6) 電流の最大値…電流の最大値をIとすると,エネルギー保存則よ

り　$\dfrac{1}{2}CV^2=\dfrac{1}{2}LI^2$　　これより，$I=V\sqrt{\dfrac{C}{L}}$　　時間…電気振動の周

期Tは　$T=2\pi\sqrt{LC}$　であるから，求める時間tは　$t=\dfrac{1}{4}T=\dfrac{\pi}{2}\sqrt{LC}$

〈解説〉(1)　コンデンサーの電気容量は，極板の面積に比例し，極板の

間隔に反比例する。　　(2)　極板に蓄えられる電気量は，電位差に比例

する。　　(3)，(4)　解答参照。　　(5)　$0\leqq x\leqq\dfrac{1}{3}d,\ \dfrac{2}{3}d\leqq x\leqq d$での電気

容量は，間隔がもとの$\dfrac{1}{3}$倍なのでいずれも$3C_0$である。一方，$\dfrac{1}{3}d\leqq$

$x\leqq\dfrac{2}{3}d$での電気容量は，間隔がもとの$\dfrac{1}{3}$倍であり，誘電率が2倍なの

で，$6C_0$である。全体の電気容量Cは，コンデンサーが直列に接続され

たものと同等なので，$\dfrac{1}{C}=\dfrac{1}{3C_0}+\dfrac{1}{6C_0}+\dfrac{1}{3C_0}=\dfrac{5}{6C_0}$より，$C=\dfrac{6}{5}C_0$とな

る。したがって，全体の電気量Q'は，$Q'=CV=\dfrac{6}{5}C_0V$となる。ここ

で，$0\leqq x\leqq\dfrac{1}{3}d,\ \dfrac{2}{3}d\leqq x\leqq d$での電位差は，いずれも電気量が$Q'$

より，$\dfrac{Q'}{3C_0}=\dfrac{\frac{6}{5}C_0V}{3C_0}=\dfrac{2}{5}V=0.4V$〔V〕，電場の強さはいずれ

も，$\dfrac{0.4V}{\frac{1}{3}d}=1.2\dfrac{V}{d}$〔V/m〕となる。一方，$\dfrac{2}{3}d\leqq x\leqq d$での電位差は，

電気量がQ'より，$\dfrac{Q'}{6C}=\dfrac{\frac{6}{5}C_0V}{6C_0}=\dfrac{1}{5}V=0.2V$〔V〕，電場の強さ

は$\dfrac{0.2V}{\frac{1}{3}d}=0.6\dfrac{V}{d}$〔V/m〕である。また，$x=0$の電位が$V$〔V〕なので，

$x=\dfrac{1}{3}d$の電位は$V-0.4V=0.6V$〔V〕，$x=\dfrac{2}{3}d$の電位は$0.6V-0.2V=$

$0.4V$〔V〕となる。　　(6)　この回路には，一定周期で向きが変わる電

流が流れ，電気振動が起きる。コンデンサーに蓄えられるエネルギー

と，コイルに蓄えられるエネルギーは互いに入れ替わりながら電気振

動し，エネルギーの和は一定に保存される。なお，スイッチS_2を閉じ

た瞬間に電流は流れておらず，最大の電流が流れるのは電気振動の$\frac{1}{4}$周期だけ経過したときである。

【3】(1) モホロビチッチ　　(2) 鉄，ニッケル　　(3) (d)　　(4) (c)
(5) 震央距離103°から143°に間に弱いP波が伝わることが分かったため。　　(6) 24.6〔km〕　　(7) ケイ酸塩鉱物　　(8) ① 石英
② 60〔%〕　　(9) かんらん岩　　(10) ① (b)　　② 沈み込む
プレート内の含水鉱物が脱水され，マントルに水が供給されることで
加水融解が生じる。

〈解説〉(1)　なお，地震波速度が不連続に増加する境界面は，モホロビ
チッチ不連続面と名付けられた。　　(2)　外核は液体，内核は固体と考
えられているが，いずれも主に鉄とニッケルで構成される。　　(3)　地
殻では深いところほど地震波速度が速くなるため，地震波の経路は内
側に向かって凸になる。一方，マントル－外核境界では固体から液体
へと進むため，P波速度は遅くなり，内側に屈折する。　　(4)　S波は横
波なので，固体中は伝わるが液体中は伝わらない。　　(5)　震央距離
103°～143°の影の部分に弱いP波が伝わることがわかったが，これは
核の内部にP波速度が急に速くなる不連続面があるため上向きに曲げ
られるからでる。この深さ約5100kmにある不連続面により，外側の外
核と内側の内核に分けられる。　　(6)　マントル内の等深面(均衡面)上
にのっている物質の重さの合計がどこでも等しく，バランスが成り立
つ状態をアイソスタシーという。このとき，地殻が受ける重力と浮力
がつり合っている。単位面積あたりの岩石柱で考えると，等深面上に
ある物質の重力は等しいので，2つの地点での密度と厚さの積は等し
くなる。大陸地殻の底を等深面とし，大陸地殻の厚さをh〔km〕とす
ると，$2.7 \times h = 1.0 \times 4.0 + 3.0 \times 7.5 + 3.3 \times (h - 1.0 - 4.0 - 7.5)$，$h \fallingdotseq 24.6$
〔km〕

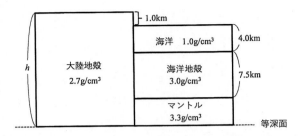

(7)　SiO₄四面体を基本単位として鎖状や網状につながり結晶構造をつくる鉱物を，ケイ酸塩鉱物という。　(8)　①　石英はSiO_2のみから構成される鉱物である。　②　共有される酸素原子は0.5個とカウントすると，1個のSiO_4四面体に対して，Si原子が1個，O原子が3個存在する。これに対して，Mg^{2+}が1個で電荷のバランスがとれているため，組成式は$MgSiO_3$となる。重量比を酸化物の割合として$MgSiO_3＝MgO＋SiO_2$と考えると，求めるSiO_2の重量比は，$\dfrac{28＋16×2}{24＋28＋16×3}×100＝60$〔％〕

(9)　上部マントルは主にかんらん岩からなる。下部マントルは，上部マントルと化学組成は似ているが鉱物の組み合わせが異なり，深くなるにつれて高温・高圧で安定な密度の高い物質に変わっている。

(10)　①　図8より，温度が上昇して右側に移行するか，圧力が低下して下側に移行するかどちらかである(深さが増すほど圧力は高くなるため)。　②　沈み込み帯では，沈み込む海洋プレートが約100〜200kmの深さに達すると含水鉱物から水が放出され，高温のマントルに水がもたらされる。そのため，かんらん岩の融解温度が下がり，マグマが発生しやすくなる。

【4】(1)　オゾン層が太陽からの紫外線を吸収し，大気を暖めているため。　(2)　成層圏　(3)　(a)　(4)　①　上空ほど気圧が低くなるので，上昇する空気塊の水蒸気圧が小さくなるため。
②　(a)　$T_1－T_2＋0.2×\dfrac{h}{100}$　(b)　125　(5)　上空における等圧面の高度分布を等高線で示してある。　(6)　①　気圧傾度力

② 転向力　③ 平行　(7) (カ) 低圧　(キ) 東　(ク) 偏
西風　(ケ) ジェット気流　(8) (b)
(9)

〈解説〉(1)　オゾン層は上部ほど紫外線を多く吸収するが，高度が高い
　　ほど大気の密度は小さくなり，熱容量が小さくなるため，気温の極大
　　は高度50km付近に現れる。　(2)　Aは熱圏，Bは中間圏，Cは成層圏
　　である。　(3)　対流圏の気温減率は，約0.65〔℃/100m〕である。

(4)　①　空気塊が上昇すると，上空ほど気圧が低いため，空気塊は断
熱膨張する。すると，分子数は変化せずに体積が増えるため，水蒸気
圧が低下する。したがって，雲が発生するときの露点は，地上での露
点よりも低くなる。　②　T_2が100m上昇すると0.2℃低下するので，
T_2を$T_2-0.2\times\dfrac{h}{100}$に置き換えればよい。したがって，$h=100(T_1-T_2)$
$\rightarrow h=100\left\{T_1-\left(T_2-0.2\times\dfrac{h}{100}\right)\right\}$，$\dfrac{h}{100}=T_1-T_2+0.2\times\dfrac{h}{100}$，$0.8\times\dfrac{h}{100}=$
T_1-T_2，$h=125(T_1-T_2)$　(5)　気圧は下層ほど高いので，高層天気図で
は，等圧面高度の低い部分が低圧部，高い部分が高圧部となる。
(6)　解答参照。　(7)　上空では低緯度側よりも高緯度側で気圧が低い
ので，北半球では地衡風は高圧部を右側に見て等圧線に平行に吹くの
で，東へ向かっている。この風を偏西風といい，対流圏界面付近の最
も強い帯状の偏西風の流れを，ジェット気流という。　(8)　低気圧で
は(気圧傾度力)＝(転向力)＋(遠心力)，高気圧では(転向力)＝(気圧傾度
力)＋(遠心力)が成り立っている。空気塊の速度をVとすると，転向力
の大きさはVに比例し，遠心力の大きさはV^2に比例する。したがって，
転向力と遠心力が同じ向きである低気圧の方が，小さな風速で傾度風
のつり合いを保つことができる。　(9)　北半球なので，転向力は進行

方向に対して直角右向きにはたらくので，左斜め上方向となる。摩擦
力は，風の向きと反対の向きにはたらく。気圧傾度力は，転向力と摩
擦力の合力とつり合うように，かつ等圧線に垂直になるように下向き
にはたらく。

【化学】

【1】(1)　①　ア　チンダル現象　　イ　コロイド　　ウ　透析
エ　凝析　　②　$FeCl_3 + 3H_2O \rightarrow Fe(OH)_3 + 3HCl$　　③　（Ⅰ）pH…小
さくなる　　理由…H^+がセロハン膜を通って外側に出てくるため。
（Ⅱ）変化…白色沈殿($AgCl$)を生じる。　　理由…Cl^-がセロハン膜を
通って外側に出てくるため。　　(2)　①　120　　②　説明…①の結果
は酢酸の分子量(60)の2倍であるため，ベンゼン中では酢酸分子が水素
結合によって二量体を形成している。

図示…

$$CH_3-C \overset{\displaystyle O\cdots H\text{-}O}{\underset{\displaystyle O\text{-}H\cdots O}{\big\langle\ \big\rangle}} C-CH_3$$

(3)　①　44.6〔g〕　　②　25〔g〕

〈解説〉(1)　①②　セロハン膜は半透膜なので，小さな分子やイオンは
通過できるが直径1～数百〔nm〕のコロイド粒子は通過できない。こ
のことを利用して，コロイド粒子を精製する方法を透析という。水酸
化鉄(Ⅲ)は水とは親和性が小さな疎水コロイド粒子であり，少量の電
解質溶液を加え疎水コロイド粒子を沈殿させる現象は凝析である。
③　$HCl \rightarrow H^+ + Cl^-$と電離するため，$H^+$と$Cl^-$がセロハン膜を通過して
外側へ出てくる。よって，外側の溶液のpHは小さくなり，硝酸銀水溶
液を加えると$Ag^+ + Cl^- \rightarrow AgCl$の反応が起こり$AgCl$の白色沈殿が生じ
る。　(2)　求める分子量をMとすると，凝固点降下より，$0.512 =$
$5.12 \times \dfrac{0.600}{M} \times \dfrac{1000}{50.0}$が成り立ち，$M = 120$となる。つまり，見かけの分

子量が実際の分子量の2倍となっている。このように，凝固点降下を利用して溶質の分子量を求める場合には，実験結果を慎重に検討する必要がある。　(3)　①　必要な$CuSO_4$(式量160)の質量をx〔g〕とすると，$100：40＝(100-x)：x$が成り立ち，$x＝\dfrac{200}{7}$〔g〕となる。よって，必要な$CuSO_4・5H_2O$(式量250)の質量をy〔g〕とすると，$\dfrac{160}{250}y＝\dfrac{200}{7}$より，$y≒44.6$〔g〕となる。　②　析出した20gの$CuSO_4・5H_2O$には，$20×\dfrac{160}{250}＝12.8$〔g〕の$CuSO_4$と$20×\dfrac{90}{250}＝7.2$〔g〕の$H_2O$が含まれている。$z$〔g〕の水が蒸発したとすると，残った飽和水溶液の質量は$100-20-z$〔g〕となり，その中に含まれる$CuSO_4$の質量は$\dfrac{200}{7}-12.8$〔g〕となる。したがって，$40：140＝\left(\dfrac{200}{7}-12.8\right)：(100-20-z)$が成り立ち，$z≒25$〔g〕となる。

【2】(1)　ア　還元　　イ　酸化　　ウ　負　　エ　正　　(2)　電極A$…PbO_2＋SO_4{}^{2-}＋4H^+＋2e^-→PbSO_4＋2H_2O$　　酸化数の変化$…+4→+2$　電極B$…Pb＋SO_4{}^{2-}→PbSO_4＋2e^-$　　酸化数の変化$…0→+2$

(3)　$Ag→Ag^+＋e^-$　　(4)　6.40g増加する

(5)　流れた電子は，$\dfrac{21.6}{108}＝0.20$〔mol〕(析出した銀の物質量と等しい)放電後の希硫酸中の硫酸は，$400×\dfrac{35}{100}＝140$〔g〕　　水は，$400-140＝260$〔g〕　　0.20molの電子が流れたとき，硫酸は，$98×0.20＝19.6$〔g〕減少，水は，$18×0.20＝3.6$〔g〕増加する。

放電前の希硫酸中の$\begin{cases}\text{硫酸の質量は，}140＋19.6＝159.6\text{〔g〕}\\\text{水の質量は，}260-3.6＝256.4\text{〔g〕}\end{cases}$

したがって，放電前の希硫酸の濃度は，$\dfrac{159.6}{159.6＋256.4}×100＝38.36$

答　38.4〔%〕

〈解説〉(1)　電池の正極では電子を受け取る還元反応，負極では電子を放出する酸化反応が起こる。電子は負極から正極へと流れ，イオン化傾向の小さな金属が正極，大きな金属が負極となる。　(2)　鉛蓄電池

では，正極に酸化鉛(IV)，負極に鉛を用いる。電極Cに銀が析出していることから，電極Cは還元反応が起こる陰極とわかり，電極Bが負極，電極Aが正極となる。　(3)　電極Dは陽極なので酸化反応が起こる。電極に銀を用いているため，電極がイオンとなって溶解する。　(4)電極Cで銀が21.6g析出したことから，$Ag^+ + e^- \rightarrow Ag$の反応が起こり，$\frac{21.6}{106} \fallingdotseq 0.200$〔mol〕の電子が流れたことになる。したがって，正極では，反応式より2molの電子の流れで1molのPbO_2(式量239)が$PbSO_4$(式量303)に変化し，質量が303－239＝64〔g〕増加する。よって，正極の質量は$64 \times \frac{0.200}{2} = 6.40$〔g〕増加する。　(5)　解答参照。

【3】(1)　ア　ハロゲン(元素)　　イ　7　　ウ　フッ化水素　　(2)　記号…(b)　　化学反応式…$2KBr + Cl_2 \rightarrow 2KCl + Br_2$　(3)　①　$2F_2 + 2H_2O \rightarrow 4HF + O_2$　　②　$I_2 + I^- \rightarrow I_3^-$　　③　$MnO_2 + 4HCl \rightarrow MnCl_2 + 2H_2O + Cl_2$　(4)　I　入れる物質…水　　取り除かれる物質…塩化水素　　II　入れる物質…濃硫酸　　取り除かれる物質…水
(5)　$K_a = \frac{[H^+][ClO^-]}{[HClO]}$，$[H^+] = K_a \times \frac{[HClO]}{[ClO^-]}$　HClOの半分が電離したことから，$[HClO] = [ClO^-]$より，$[H^+] = K_a$　$pH = -\log_{10}[H^+] = -\log_{10}(3.0 \times 10^{-8}) = 8 - 0.48 = 7.52$　　pH＝7.5　(6)　次亜塩素酸

(7)　H_2，NaOH

〈解説〉(1)　フッ化水素は，フッ素の電気陰性度が大きく分子間で水素結合を形成するため，水溶液は弱酸性を示す。　(2)　反応性の強さはF＞Cl＞Br＞Iであり，$2KBr + Cl_2 \rightarrow 2KCl + Br_2$の反応が起こる。
(3)　解答参照。　(4)　まず混合している濃塩酸を水に溶かし，次に脱水作用のある濃硫酸で水を取り除く。　(5)　解答参照。　(6)　$HClO_3$は塩素酸，$HClO_2$は亜塩素酸という。　(7)　イオン交換膜法では，電気分解により，陽極で$2Cl^- \rightarrow Cl_2 + 2e^-$，陰極で$2H_2O + 2e^- \rightarrow H_2 + 2OH^-$の変化が起こり，塩素と水素が得られる。さらに，$Na^+$が陽イオン交換膜を透過し陰極側に移動することで，水酸化ナトリウム水溶液が生成し，これを濃縮してNaOHを得る。

【4】(1)

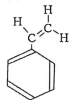

(2) 物質名…アクリロニトリル　　構造式…

(3) 物質名…硫酸　　(4) 4.0×10^{-3}〔mol/L〕

(5) スチレン：ブタジエン＝1：xとおくと，

$$\frac{30}{(104+54x)n} \times nx \times 160 = 60$$

$160x = 208 + 108x$

$x = 4.0$　　　　　スチレン：ブタジエン＝1：4

(6) ア　物質名…ポリプロピレン　　構造式…

イ　物質名…ナイロン66　　構造式…

〈解説〉(1)　スチレンは，エチレンの1つの水素原子がベンゼン環に置き換わった構造をもっている。　(2)　羊毛に似た肌触りの繊維はアクリル系繊維であり，アクリロニトリルの付加重合により合成される。(3)　ベンゼンに濃硫酸を加えて加熱すると，スルホ基－SO_3Hがベンゼンの水素原子と置き換わり，ベンゼンスルホン酸が生成する。

(4)　塩化カルシウム水溶液中では，$CaCl_2 \rightarrow Ca^{2+} + 2Cl^-$と電離するため，

Ca²⁺がH⁺と置き換わる。したがって，H⁺はCa²⁺の2倍交換されるので，流出液の水素イオン濃度は，$0.020 \times \frac{10}{1000} \times 2 \times \frac{1000}{100} = 4.0 \times 10^{-3}$〔mol/L〕となる。　(5)　解答参照。　(6)　ア　プロペンCH₃－CH＝CH₂の付加重合により，ポリプロピレンが合成される。　イ　アジピン酸HOOC－(CH₂)₄－COOHとヘキサメチレンジアミンH₂N－(CH₂)₆－NH₂の縮合重合により，アミド結合を含むナイロン66が合成される。

【生物】

【1】(1)　①　mRNA(伝令RNA，メッセンジャーRNA)　②　オペロン
③　プロモーター　④　基本転写　(2)　分化(細胞の分化)
(3)　リプレッサー　(4)　(ア)，(ウ)　(5)　(イ)

〈解説〉(1)　解答参照。　(2)　生物の体は，はじめは受精卵という1つの細胞であったが，細胞分裂により数を増やし，場所によって様々な機能をもつ体細胞へ分化することで成長していく。　(3)　設問における大腸菌のリプレッサーは，ラクトースがないときにはオペレーターに結合することでRNAポリメラーゼとプロモーターの結合を阻害し，ラクトースの分解に関与する酵素の遺伝子発現を抑制する。

(4)　(ア)　転写は核内にて行われる。　(ウ)　イントロンもエキソンも転写されるが，その後のスプライシングの工程においてイントロンのみが除去される。　(5)　通常，グルコースが存在せずラクトースが存在する環境において，大腸菌はグルコースを得るためにラクトースを分解するが，これはラクトースの代謝産物がリプレッサーと結合することで，(3)の解説とは異なりリプレッサーがオペレーターから離れるからである。しかし，ラクトースの代謝産物がリプレッサーに結合できない場合，リプレッサーは阻害を受けずオペレーターと結合したままになる。すると，ラクトースの分解に関与する酵素の遺伝子を発現させることはできず，ラクトースを分解できないことになる。
(ア)　オペレーターが欠損していれば，リプレッサーがオペレーターと結合することはないので，RNAポリメラーゼとプロモーターの結合は阻害されず，ラクトースの分解に関与する酵素の遺伝子を発現させ

ることができる。　（ウ）　この場合の調節タンパク質はリプレッサーのことであり，これが合成できなければRNAポリメラーゼとプロモーターの結合は阻害されない。　（エ）　調節タンパク質(リプレッサー)がオペレーターと結合できなければ，RNAポリメラーゼとプロモーターの結合は阻害されない。

【2】(1)　①　花粉四分子　　②　雄原細胞　　③　重複受精

(2)

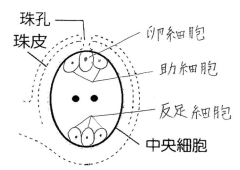

(3)　（ア）　$2n$　　（イ）　n　　（ウ）　$2n$　　（エ）　$3n$　　(4)　助細胞

(5)　領域2…(エ)　　領域3…(オ)　　(6)　ホメオティック遺伝子

〈解説〉(1)～(3)　胚のう母細胞は，核分裂によって8個になった核を中央細胞1個，卵細胞1個，(その両脇の)助細胞2個，(反対側に位置する)反足細胞3個の計7個の細胞に振り分ける。したがって，中央細胞が$2n$，他はnとなる。さらに，受精においては，花粉母細胞($2n$)から減数分裂により花粉四分子と雄原細胞を経て形成された精細胞(n)2個が，それぞれの細胞と重複的に融合する。1つは中央細胞($2n$)と融合して胚乳細胞($n+2n=3n$)となり，もう1つは，卵細胞(n)と融合して受精卵($n+n=2n$)となる。なお，設問(2)では花粉管が胚のうに達する際に通る珠孔が上側にあるため，卵細胞と助細胞が上側に配置される。　(4)　助細胞からは，ルアーというタンパク質が放出される。　(5)　領域1では，A遺伝子が欠損していなければ野生型と同様にがく片ができるので，A遺伝子が単独ではたらく領域とわかる。また，領域4ではC遺伝

子が欠損していなければ野生型と同様にめしべが形成されるので，C遺伝子が単独ではたらく領域とわかる。A遺伝子が欠損した場合，C遺伝子が花全体にはたらくことになるが，領域2と3ではめしべになっていない。同様に，C遺伝子が欠損した場合，A遺伝子が花全体にはたらくことになるが，領域2と3ではがく片になっていない。したがって，領域2と3ではB遺伝子も共にはたらくと考えられる。さらに，B遺伝子が欠損した場合，領域2にはがく片，領域3にはめしべが形成されることから，領域2ではAとB，領域3ではBとCの遺伝子がはたらいていると判断できる。　(6)　ホメオティック遺伝子は，胚発生の段階での各体節においてどの器官を形成するかを決めている。代表的な例として，ショウジョウバエの器官形成などがある。

【3】(1)　(ア)　D　　(イ)　A　　(ウ)　B　　(エ)　C　　(オ)　B
(2)　①　(ア)　　②　(エ)　　③　(カ)　　④　(キ)　　(3)　①　(イ)
②　(ウ)　　(4)　30〔m/秒〕　　(5)　11〔ミリ秒〕　　(6)　①　アセチルコリン　　②　筋小胞体　　③　カルシウム　　④　トロポニン
⑤　トロポミオシン

〈解説〉(1)　盲斑にはいずれの視細胞も分布しておらず，光は受容されない。　(2)　水晶体はレンズであるため，物理的な現象と同じ原理で像を捉えている。レンズの厚みを変化させる役割を担うのが，毛様筋とチン小帯である。　(3)　音の高さの違いにより，聴神経が興奮する位置も異なり，その情報をもとに音の高低が認識される。　(4)　筋肉と神経の接合部から18mm離れた部位と，42mm離れた部位の間の興奮の伝導の速さは，(42−18)〔mm〕÷(12.4−11.6)〔ミリ秒〕＝30〔m/秒〕となる。　(5)　筋肉と神経の接合部から18mm離れた部位に与えた電気刺激が，伝わるまでにかかる時間は，18〔mm〕÷30〔m/秒〕＝0.6〔ミリ秒〕となる。よって，興奮が坐骨神経の末端に到達してから，筋肉が収縮するまでに要する時間は，11.6−0.6＝11〔ミリ秒〕となる。　(6)　この現象の後，アクチンをミオシンが手繰り寄せ，ミオシンフィラメントがアクチンフィラメントに滑り込むことで筋肉が

収縮する。

【4】(1)　①　環境収容力　　②　密度効果　　③　相変異　　④　群
れ　　⑤　縄張り(テリトリー)　　⑥　社会性昆虫　　⑦　相利共生
⑧　生態的地位(ニッチ)　　⑨　生態的同位種　　(2)　ランダム分布
(3)　(イ)　　(4)　126〔匹〕　　(5)　翅の長さ…長くなる　　後脚の
長さ…短くなる　　集合性…強くなる(あり)　　(6)　擬態
(7)　(ア)，(エ)

〈解説〉(1)　生物には，同種または異種の個体と共存する上での制限が
あり，これが環境収容力や縄張りなどである。一方，共存するために
自らの形態や生活を変化させるが，これが密度効果や相変異などであ
る。　　(2)　風で種子が散布される場合は，ある個体の位置と他の個体
の位置の間に関係性がなく，風向き等の影響を受けるため，ランダム
分布が該当する。　　(3)　標識再捕法は，標識を付けた個体数から総個
体数を求めるので，調査中に個体の移出入が起こると，もとの総個体
数や標識した個体数が変化してしまい，成立しない。　　(4)　標識再補
法では，(標識をつけた個体数)：(総個体数)＝(再捕獲したうち標識の
ある個体数)：(再捕獲した個体数)が成り立つ。したがって，54：(総個
体数)＝24：56より，(総個体数)＝126〔匹〕となる。　　(5)　群生相で
は，他個体と集まり長距離飛行して移動しなければならなず，一個体
で跳ね回って移動する機会は少ない。そのため，翅は長くなり，集合
性は強く，後脚は短くなる。　　(6)　他にも，木の枝のような風貌であ
るナナフシや花弁のように見えるカマキリなど，捕食者から身を隠す
ための擬態をしている生物などがいる。　　(7)　下線部(e)のように双方
に利益をもたらす関係を双利共生という。(イ)(ウ)はどちらも片方だけ
が利益を得る片利共生の例である。(オ)のイワナとヤマメは生態的地
位が一致している(競争)関係であり，この二種の場合は生息場所を分
け合う棲み分けを行うことが知られている。

2021年度　実施問題

中 学 理 科

【1】次の各問いに答えなさい。

(1) 次の文は，教育公務員特例法に規定された条文である。条文中の空欄(①)・(②)にあてはまる最も適切な語句の組み合わせをア～カから一つ選び，記号で答えなさい。

> 第21条　教育公務員は，その職責を遂行するために，絶えず(①)と(②)に努めなければならない。

	①	②
ア	研修	修養
イ	研修	実践
ウ	研究	研鑽
エ	研究	修養
オ	教育	実践
カ	教育	研鑽

(2) 次の①～③の法令に規定されている条文を，ア～カからそれぞれ一つずつ選び，記号で答えなさい。

①　教育基本法　　②　学校教育法　　③　地方公務員法

ア　第30条　すべて職員は，全体の奉仕者として公共の利益のために勤務し，且つ，職務の遂行に当つては，全力を挙げてこれに専念しなければならない。

イ　第7条　文部科学大臣は，教育職員の健康及び福祉の確保を図ることにより学校教育の水準の維持向上に資するため，教育職員が正規の勤務時間及びそれ以外の時間において行う業務の量の適切な管理その他教育職員の服務を監督する教育委員会が教育職員の健康及び福祉の確保を図るために講ずべき措

　　　置に関する指針(次項において単に「指針」という。)を定める
　　　ものとする。

ウ　第1条　教育は，人格の完成を目指し，平和で民主的な国家及
　　　び社会の形成者として必要な資質を備えた心身ともに健康な
　　　国民の育成を期して行われなければならない。

エ　第23条　公立の小学校等の教諭等の任命権者は，当該教諭等
　　　(臨時的に任用された者その他の政令で定める者を除く。)に対
　　　して，その採用(現に教諭等の職以外の職に任命されている者
　　　を教諭等の職に任命する場合を含む。附則第5条第1項におい
　　　て同じ。)の日から一年間の教諭又は保育教諭の職務の遂行に
　　　必要な事項に関する実践的な研修(以下「初任者研修」とい
　　　う。)を実施しなければならない。

オ　第66条　小学校は，当該小学校の教育活動その他の学校運営の状
　　　況について，自ら評価を行い，その結果を公表するものとする。
　　　※第79条，第79条の8，第104条，第135条において，それぞ
　　　　れ中学校，義務教育学校，高等学校，特別支援学校に準用。

カ　第34条　小学校においては，文部科学大臣の検定を経た教科用
　　　図書又は文部科学省が著作の名義を有する教科用図書を使用
　　　しなければならない。
　　　※第49条，第49条の8，第62条，第82条において，それぞれ
　　　　中学校，義務教育学校，高等学校，特別支援学校に準用。

(3)　次の文章は，「中学校学習指導要領(平成29年3月告示)」第2章　第
　4節　理科〔第1分野〕の目標の一部を抜粋したものである。
　(　ア　)～(　カ　)にあてはまる語句をそれぞれ答えなさい。

---

(1)　物質やエネルギーに関する事物・現象についての観察，
実験などを行い，身近な物理現象，電流とその利用，運動
とエネルギー，身の回りの物質，化学変化と原子・分子，
化学変化とイオンなどについて(　ア　)するとともに，
(　イ　)の発展と(　ウ　)との関わりについて認識を深める
ようにする。また，それらを科学的に探究するために必要

な観察，実験などに関する基本的な技能を身に付けるよう
にする。
(2)　物質やエネルギーに関する事物・現象に関わり，それら
の中に問題を見いだし(　エ　)をもって観察，実験などを
行い，その結果を(　オ　)して解釈し表現するなど，科学
的に探究する活動を通して，規則性を見いだしたり課題を
解決したりする力を養う。
(3)　物質やエネルギーに関する事物・現象に進んで関わり，
科学的に探究しようとする(　カ　)を養うとともに，自然
を総合的に見ることができるようにする。

(☆☆☆◎◎◎)

【2】次の表1は，植物を分類したものである。これについて，下の各問
いに答えなさい。

表1

植物の種類			植物の例
（　X　）植物	被子植物	双子葉類	ツツジ、アブラナ
		単子葉類	イネ
	裸子植物		イチョウ
シダ植物			イヌワラビ
（　Y　）植物			ゼニゴケ

(1)　(　X　)，(　Y　)に入る最も適切な語句をそれぞれ答えなさい。
(2)　単子葉類の特徴を述べた文として，適切なものはどれか。次のア
　～エの中から一つ選び，記号で答えなさい。
　ア　葉脈は平行脈で，根は主根と側根からなる根をもつ。
　イ　葉脈は平行脈で，根はひげ根をもつ。
　ウ　葉脈は網状脈で，根は主根と側根からなる根をもつ。
　エ　葉脈は網状脈で，根はひげ根をもつ。
(3)　双子葉類に分類される植物を，次のア～エの中から二つ選び，記
　号で答えなさい。

ア　タンポポ　　イ　ユリ　　ウ　サクラ　　エ　マツ

(4)　図1のA～Dは，ツツジの花を分解したときの，各部分をスケッチしたものである。図1のA～Dを，花の外側のつくりから順に並べ，その記号を書きなさい。

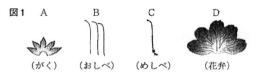

図1　A　　　　　　B　　　　　　C　　　　　　D
　　　（がく）　　（おしべ）　　（めしべ）　　　（花弁）

(5)　次の文章は，アブラナの花のはたらきについて述べたものである。文章中の[　①　]～[　③　]に入る語句の組み合わせとして最も適切なものを，下のア～エの中から一つ選び，記号で答えなさい。

文章

> 　めしべの[　①　]に花粉がつくことを受粉という。受粉すると，子房や胚珠は成長し，子房は[　②　]に，胚珠は[　③　]になる。

ア　①　やく　　　②　果実　　　③　種子
イ　①　やく　　　②　種子　　　③　果実
ウ　①　柱頭　　　②　果実　　　③　種子
エ　①　柱頭　　　②　種子　　　③　果実

(6)　次の文章は，藻類について述べたものである。文章中の[　①　]～[　③　]に入る最も適切な語句を答えなさい。

文章

> 　藻類は[　①　]によって栄養分をつくり，酸素を発生する生物であるが，[　②　]を生活場所としており，[　③　]が主な生活場所である植物とは区別されている。

(☆☆☆◎◎◎)

【3】状態変化で物質の体積や質量が変化するかどうかを調べるために，次の〔実験1〕，〔実験2〕を行った。これについて，あとの各問いに答

えなさい。ただし，〔実験1〕，〔実験2〕は1気圧の部屋で実験を行った
ものとする。

〔実験1〕
　①　固体のろうをビーカーに入れて，おだやかに加熱して液
　　体にした。
　②　ビーカーを静かに水平な台に置き，ろうの液面の位置で，
　　ビーカーに印をつけた。
　③　図2のように，液体のろうの質量を電子てんびんではかっ
　　たところ，ろうの質量は25.0gであった。
　④　そのまま静かに放置して，ろうを固体にした。固体のろ
　　うの表面を観察すると，図3のように中央がくぼんでいた。
　　このときの，ろうの質量をはかると，③ではかった質量と
　　同じ25.0gであった。

図2　ろうの液面につけた印　液体のろう
図3　ろうの液面につけた印　固体のろう

〔実験2〕
　　固体の物質Aを気体になるまでおだやかに加熱し続けた。
　図4は，加熱を始めてからの時間と温度の関係を表したグラフ
　である。

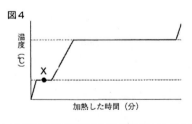

図4
温度（℃）
X
加熱した時間（分）

---

(1)　〔実験1〕について，ろうが液体から固体になるときの密度の変化

として最も適切なものを，次のア〜エの中から一つ選び，記号で答えなさい。

ア　質量は変化せず，体積が増加したので，密度は大きくなる。

イ　質量は変化せず，体積が増加したので，密度は小さくなる。

ウ　質量は変化せず，体積が減少したので，密度は大きくなる。

エ　質量は変化せず，体積が減少したので，密度は小さくなる。

(2)　次の文章は，〔実験1〕の，ろうの状態変化について述べたものである。文中の[　Y　]，[　Z　]に入る語句の組み合わせとして最も適切なものを，下のア〜エの中から一つ選び，記号で答えなさい。

文章

> 物質は目に見えないくらいの，小さな粒子からできている。ろうが液体から固体になっても，質量が変わらなかったのは，[　Y　]が変わらなかったからである。一方，体積が減ったのは，粒子どうしの間隔が[　Z　]ためである。

ア　Y　粒子の数　　　Z　広がった

イ　Y　粒子の数　　　Z　せまくなった

ウ　Y　粒子の並び方　　Z　広がった

エ　Y　粒子の並び方　　Z　せまくなった

(3)　〔実験2〕について，点Xでの物質Aのようすについて最も適切なものを，次のア〜エの中から一つ選び，記号で答えなさい。

ア　固体　　イ　固体と液体が混ざった状態　　ウ　液体

エ　気体

(4)　〔実験2〕について，図4から物質Aは純物質であることがわかる。その理由を，次のようにまとめた。文中の(　　)にあてはまる内容を「加熱」「温度」という二つの語句を使って，書きなさい。

> 固体の物質Aが液体に変化する間，(　　　　　　　　　　)。

(5)　次の表2は，5種類の物質の融点と沸点を示したものである。表2の物質のうち，温度が−10℃で1気圧のとき，液体であるものはど

れか。あてはまるものとして適切なものを，下のア〜オの中から二つ選び，記号で答えなさい。

表2

物質	エタノール	塩化ナトリウム	ナフタレン	プロパン	水銀
融点 (℃)	− 115	801	80.5	− 188	− 38.8
沸点 (℃)	78.3	1490	218	− 42.1	357

ア　エタノール　　イ　塩化ナトリウム　　ウ　ナフタレン
エ　プロパン　　　オ　水銀

(6)　表2の，五つの物質のうち，無機物はどれか，あてはまるものとして適切なものを，(5)のア〜オの中から二つ選び，記号で答えなさい。

(☆☆☆◎◎)

【4】地層の特徴や重なり方を調べるために，次の〔観察〕と〔実験〕を順に行った。これについて，あとの各問いに答えなさい。ただし，この地域の地層はほぼ水平に堆積しており，しゅう曲や断層は見られない。

〔観察〕
①　自宅の近くにある崖の地層を調べたところ，図5のスケッチのように堆積していた。

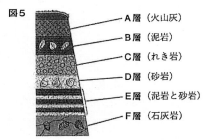

図5
A層（火山灰）
B層（泥岩）
C層（れき岩）
D層（砂岩）
E層（泥岩と砂岩）
F層（石灰岩）

②　崖の地層のA層からF層のいずれかの層から採取した岩石を観察し，図6のようにスケッチした。また，比較のために，学校の理科室にあった凝灰岩を同じ倍率で観察し，図7のようにスケッチした。

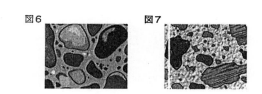

図6　　図7

〔実験〕

図8のように，水の入った細長い容器に，れき，砂，泥の混合物を一度に流し込むようにして入れた。水のにごりがなくなるまで放置したところ，下から，れき，砂，泥の順に重なった。図9は，そのようすを模式的に表したものである。

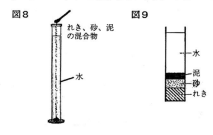

図8　　図9

(1)　F層で観察された石灰岩は生物の遺骸や水にとけていた成分が堆積したもので，うすい塩酸をかけると，とけて二酸化炭素が発生する。このときの化学変化を化学反応式で答えなさい。ただし，原子の記号はすべて活字体で表し，大文字と小文字の違いをはっきりさせて答えること。

(2)　次のうち，堆積岩はどれか。最も適切なものを，次のア～エの中から一つ選び，記号で答えなさい。

　　ア　安山岩　　イ　チャート　　ウ　花こう岩　　エ　玄武岩

(3)　〔観察〕②でスケッチした図6が，図7と比較して，粒が丸みを帯びている理由を次のようにまとめた。文中の(　　)にあてはまる内容を書きなさい。

　　岩石をつくっている粒が(　　　　　　　　　　　　　)。

(4)　次の文章は，〔実験〕をもとに，考察したものである。ア・イに入る最も適切な語句を，それぞれ(　　)の中から一つずつ選び，答えなさい。

文章

> 　〔実験〕で，下かられき，砂，泥の順で重なったのは，細かい粒ほど沈むのにかかる時間がア(　短い　・　長い　)ためである。
>
> 　川から流れ込んだれき，砂，泥もそれぞれ沈むのにかかる時間が異なるため，泥が海岸線から見て最もイ(　近く　・　遠く　)に堆積する。

(5)　爆発的な大噴火によって空高くふき上げられた火山灰で，日本全国をおおうほどの広い地域に分布したものは広域火山灰とよばれ，地層として残っている。例えば，2万9千年前に噴火した始良カルデラの火山灰は東方の広い地域でも観察できる。この理由を，次のようにまとめた。文中の(　　)に入る最も適切な語句を答えなさい。

> 火山灰は(　　)にのって東方に運ばれ，各地に堆積するから。

(☆☆☆◎◎◎)

【5】電熱線に電流を流して，電熱線の発熱量が何によって決まるのかを調べるために，次の〔実験〕を行った。この実験について，あとの各問いに答えなさい。ただし，電熱線以外には回路に電気抵抗はなく，電熱線で発生した熱はすべて水の温度上昇に使われ，室温は常に一定であるものとする。

> 〔実験〕
> ①　3個のポリエチレンのカップに，それぞれ水100gを入れる。
> ②　図10，図11のように，電熱線アと電熱線イをカップに入れて回路全体に，図10では6.0V，図11では15.0Vの電圧を加え，点Aと点Bに流れる電流の大きさを測定した。

③ 水をゆっくりかき混ぜながら，5分後の水温を測定した。

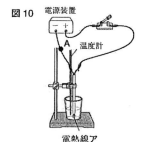

図10　電源装置　A　温度計　電熱線ア

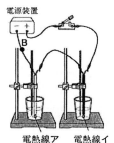

図11　電源装置　B　電熱線ア　電熱線イ

(1) 図10について，点Aに流れる電流の大きさを測定すると1.5Aを示した。電熱線アの電気抵抗は何Ωか，答えなさい。

(2) 図10について，5分後の水温はもとの水温より何℃上昇するか，小数第2位を四捨五入し，小数第1位まで答えなさい。ただし，1calは約4.2Jに相当するものとする。なお，水面およびポリエチレンのカップからの空気中への放熱はないものとする。

(3) 図11について，点Bに流れる，電流の大きさを測定すると3.0Aを示した。電熱線アが消費する電力は，電熱線イの消費電力の何倍か，答えなさい。

(4) (3)のとき，図11の電熱線アと電熱線イに5分間，電流を流した。このとき，図11の電熱線アと電熱線イで発生する発熱量はそれぞれ何Jか，答えなさい。

(5) 〔実験〕の結果，水が電熱線で発生した熱によって温められることがわかった。温度が高い部分は上に移動していき，温度が低い部分は下へ移動するように，場所により温度が異なる液体や気体が流動して，熱が運ばれる現象のことを何というか，答えなさい。

(6) 交流100Vの電圧が加わっている家庭において，コンセントに，「100V　1300W」と表示された電気ポット，「100V　1500W」と表示されたエアコン，「100V　1200W」と表示されたヘアドライヤーの3つだけを同時に接続して使用するとき，この家庭に流れこむ電

流は最大で何Aと考えられるか，整数で答えなさい。

(☆☆☆◎◎◎)

【6】Tさんは，自宅の近くにある山の中腹に雲がかかっているのを見て，雲のでき方に興味をもち，自宅と山の中腹の両方について以下のとおり調べた。次の〔観測メモ〕は，Tさんが調べたことのメモである。下の各問いに答えなさい。

〔観測メモ〕

　自宅と山の中腹で，気圧，気温，湿度をそれぞれ同時に測定したところ，表3のような結果であった。

表3

	自宅	山の中腹
標高〔m〕	14	770
気圧〔hPa〕	998	924
気温〔℃〕	16.0	9.0
湿度〔%〕	74	93

(1)　表3の気温と湿度の測定には，乾湿計を用いた。表4は，湿度表の一部である。山の中腹で測定したとき，乾湿計の湿球の示度は何℃か，答えなさい。

表4

	乾球の示度－湿球の示度（℃）					
	0.0	0.5	1.0	1.5	2.0	2.5
15	100	94	89	84	78	73
14	100	94	89	83	78	72
13	100	94	88	83	77	71
12	100	94	88	82	76	70
11	100	94	87	81	75	69
10	100	93	87	81	74	68
9	100	93	86	80	73	67

乾球の示度（℃）

(2)　観測の結果，標高が高いと，気圧は低いことがわかった。標高が

高くなると気圧が低くなる理由を次のようにまとめた。文中の
(　　)にあてはまる内容を書きなさい。

> 標高が高くなるほど，その上にある(　　　　　　　　)。

続いて気温と湿度の関係について調べるために，次の〔実験〕①〜
③を順に行った。

〔実験〕
①　実験室を閉め切り，よく磨いた金属製のコップにくみ置
きの水を半分ほど入れてしばらく放置した。
②　図12のように，氷水を少し加えてかき混ぜる。この操作
をくり返すと，水の温度が11℃になったときにコップの表
面がくもり始めた。このときの室温は25℃，時刻は10時で
あった。
③　実験室を閉め切ったまま，〔実験〕①，②と同様の操作を
1時間おきに行い，結果を図13のようにグラフに表した。

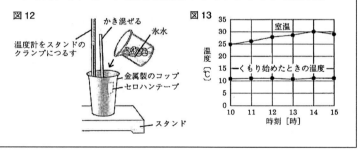

このことについて，次の(3)〜(6)の各問いに答えなさい。

(3)　1m³の空気がふくむことのできる水蒸気の最大量を何というか。
漢字で答えなさい。

(4)　金属製のコップを用いる理由について述べた次の文章において，
(　ア　)，(　イ　)に入る最も適切な語句をそれぞれ答えなさい。

　　金属には(ア)性質があるので，〔実験〕②で金属製のコップの表面がくもり始めたときのコップ中の水の温度とコップの表面に接する(イ)が等しくなるから。

(5) 図14は，1m³の空気がふくむことのできる最大の水蒸気量と気温の関係を示したものである。午前10時の実験室内の湿度は何％か。小数第1位を四捨五入し，整数で答えなさい。

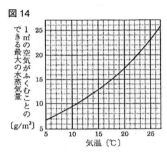

図14

(6) 〔実験〕③によると，10時から14時までは，実験室の室温は上昇するが，容器の表面がくもり始めたときの水の温度はほとんど変化しない。このことから，10時から14時までの実験室内の水蒸気量と湿度の変化についてわかることを，次のようにまとめた。(ア)，(イ)に入る最も適切な語句をそれぞれ答えなさい。

　　水蒸気量は変化(ア)が，湿度は(イ)。

（☆☆☆◎◎◎）

【7】鉄と硫黄の混合物を加熱したときにできる物質を調べるために，次の〔実験〕を行った。これについて，あとの各問いに答えなさい。

252

〔実験〕

①　鉄粉1.75gと硫黄1.00gの粉末を均一に混ぜ合わせた混合物を，試験管Aに入れた。

②　図15のように，試験管Aを脱脂綿でゆるく栓をして，図のように加熱した。

③　試験管Aの混合物の一部が赤くなったところで，加熱をやめた。その後も反応が進み，鉄と硫黄が過不足なく反応して硫化鉄が生じた。

④　試験管Aを十分に冷やしたのち，試験管Aの硫化鉄を取り出し，うすい塩酸を加えると気体が発生した。

図15

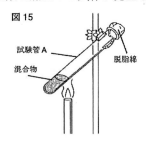

試験管A　混合物　脱脂綿

(1)　複数の物質が混ざり合った混合物として適切なものを，次のア～エの中から二つ選び，記号で答えなさい。

　　ア　ろう　　イ　二酸化炭素　　ウ　エタノール　　エ　空気

(2)　③について，下線部のように，加熱をやめた後も反応が進んだ理由を，次のようにまとめた。文中の(　　)にあてはまる内容を答えなさい。

　　　鉄と硫黄の混合物を加熱しいったん反応が始まると，(　　)ため，加熱をやめた後も反応が続くから。

(3)　③について，鉄と硫黄が反応して硫化鉄ができる化学変化を化学反応式で表しなさい。ただし，原子の記号はすべて活字体で表し，大文字と小文字の違いをはっきりさせて答えること。

(4)　④について，硫化鉄にうすい塩酸を加えると気体が発生した。この気体の性質として適切なものを，次のア～エの中から二つ選び，記号で答えなさい。

ア　卵の腐ったようなにおいがある。

イ　無色，無臭の気体である。

ウ　空気より重い気体である。

エ　空気より軽い気体である。

(5)　鉄粉6.50gと硫黄3.00gの粉末を均一に混ぜ合わせた混合物を用意し，〔実験〕と同じ手順で加熱した。加熱後の物質の中に，反応せずに残っている物質名を答えなさい。また，反応せずに残っている物質の質量は何gか。小数第3位を四捨五入し，小数第2位まで答えなさい。

(6)　図16は，ガスバーナーを示している。ガスバーナーに火をつける操作の順となるようにア～カを並び替え，記号順に答えなさい。また，(　　)にあてはまる語は，aまたはbのどちらか。記号で答えなさい。

図 16

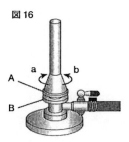

ア　マッチに火をつける。

イ　Bを回し，ガスの量を調節する。

ウ　A，Bのねじがしまっていることを確認する。

エ　Bを動かないようにして，Aをゆるめ，空気の量を調節する。

オ　元栓を開け，コックを開ける。

カ　火を近づけ，Bを(　　)の方向へ回す。

(☆☆☆◎◎◎)

【8】次の表5は，セキツイ動物であるイモリ，ウサギ，ニホンカナヘビ，キジバト，ゲンゴロウブナの特徴を調べてまとめたものである。このことについて，下の各問いに答えなさい。

表5

特徴＼動物	呼吸方法	体温	子のうみ方	からだの表面
A	肺で呼吸	変温動物	卵生	うろこ
B	X	変温動物	卵生	うすい皮膚でおおわれ、つねにぬれている
C	肺で呼吸	恒温動物	卵生	羽毛
D	肺で呼吸	恒温動物	胎生	毛
E	えらで呼吸	変温動物	卵生	うろこ

(1) 表5中のEにあてはまる動物として，最も適切なものを，イモリ，ウサギ，ニホンカナヘビ，キジバト，ゲンゴロウブナの中から一つ選び，答えなさい。

(2) 表5中のXにあてはまる呼吸方法として，最も適切なものを，次のア～エの中から一つ選び，記号で答えなさい。

　ア　えらで呼吸

　イ　肺で呼吸

　ウ　子はえらで呼吸，親は肺だけでなく皮膚でも呼吸

　エ　子は肺と皮膚で呼吸，親はえらで呼吸

(3) 表5中のA～Eのうち，魚類に分類される動物はどれか。A～Eの中から一つ選び，記号で答えなさい。

(4) 両生類と比較して，は虫類は陸上の乾燥に耐えられるしくみをもつ。その理由を，「卵」，「体表」，「乾燥」という語句を用いて答えなさい。

(5) Tさんは，動物の体の中のつくりを調べるために，イカの腹側を上にして外とう膜を解剖ばさみで切り開き，体の中のつくりを観察し，図17のように，解剖したイカをスケッチした。あとの文は動物のなかま分けについてまとめたものである。

図17

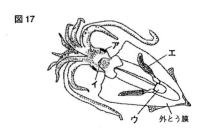

　　文中の①，②に入る最も適切な語句をそれぞれ(　　)の中から一つずつ選び，答えなさい。

> 　イカは，内臓が外とう膜に包まれており，①(　節足　・　軟体　・　脊椎　)動物に分類される。このグループに属するものには，②(　ミジンコ　・　クラゲ　・　アサリ　)がある。

(6)　クチベニマイマイが呼吸するための器官名を書きなさい。また，イカが呼吸するための器官を図17のア～エの中から一つ選び，記号で答えなさい。

(☆☆☆◎◎◎)

【9】エネルギーについて調べるために，次の〔実験1〕，〔実験2〕を行った。これについて，あとの各問いに答えなさい。

> 〔実験1〕
> 　図18のような装置を机の上に組み立て，A点から手を放し小球を転がしたときの運動のようすを調べた。D点とF点は水平面上にあり，摩擦や空気の抵抗はないものとする。
>
>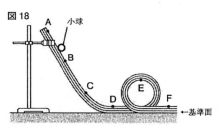

〔実験2〕

　C点とD点の間だけに，うすい布をレールに貼り，摩擦がは
たらくようにして，〔実験1〕と同様の実験を行った。

(1)　机の上を基準面とするとき，A点で手を放す前，静止している小
　球が持っているエネルギーを何エネルギーというか，答えなさい。

(2)　〔実験1〕において，図18に示すB〜E点のうち，A点から転がした
　ときの小球の速さが最も大きい点はどこか。最も適切なものを，図
　18のB〜Eから一つ選び，記号で答えなさい。

(3)　〔実験1〕において，小球がB点からC点を通過したときの，小球
　にはたらく力について説明した文として，最も適切なものを，次の
　ア〜エから一つ選び，記号で答えなさい。

　　ア　小球には，斜面に平行で下向きの力が，一定の大きさで，はた
　　　らいている。

　　イ　小球には，斜面に平行で下向きの力が，大きくなりながら，は
　　　たらいている。

　　ウ　小球には，斜面からの垂直抗力と斜面に平行な下向きの力が，
　　　同じ大きさではたらき，2つの力はつりあっている。

　　エ　小球には，斜面からの垂直抗力と重力が同じ大きさではたらき，
　　　2つの力はつりあっている。

(4)　〔実験1〕において，F点を通過している小球にはたらく力につい
　て，最も適切なものを，次のア〜エから一つ選び，記号で答えなさ
　い。

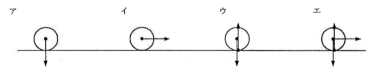

(5)　〔実験2〕において，A点から転がしたときの小球の速さについて
　最も適切なものを，次のア〜エの中から一つ選び，記号で答えなさ
　い。

　　ア　〔実験1〕と比較すると，B点での小球の速さが小さい。

　　イ　〔実験1〕と比較すると，C点での小球の速さが小さい。

　　ウ　〔実験1〕と比較すると，E点での小球の速さが小さい。

　　エ　〔実験1〕と比較すると，F点での小球の速さに変化はない。

(6)　(5)の結果となった理由を，次のようにまとめた。文中の(　　)にあてはまる内容を答えなさい。

> 　　小球がもっている力学的エネルギーの一部が(　　　　　　　　)。

(☆☆☆◎◎◎)

【10】次の文章は，植物のふえ方と遺伝について述べたものである，下の各問いに答えなさい。

文章

> 　　生物のふえ方には，生殖細胞とよばれる特別な細胞によって，新しい個体がつくられる①有性生殖と，体細胞分裂によって新しい個体をつくる②無性生殖がある。2つのふえ方は，親から子への③形や性質の受けつがれ方も異なる。

(1)　下線部①について，生殖細胞がつくられるときの細胞分裂を何というか，答えなさい。

(2)　下線部②について，子の特徴を次のようにまとめた。文中の(　　)に入る最も適切な語句を答えなさい。

> 　　無性生殖では，親の体の一部が分かれてそれぞれがそのまま子になるので，子は親と全く同じ遺伝子を受けつぎ，親とまったく同じ(　　　　)が現れる。

(3)　下線部③を調べるために，エンドウを用いてあとの〔実験〕を行った。図19はその内容を表したものである。この〔実験〕の④の種子からつくられる生殖細胞について述べたものとして適切なものを，次のア〜エの中から一つ選び，記号で答えなさい。ただし，種子の形が丸い種子の遺伝子をA，しわのある種子の遺伝子をaとする。

258

　ア　すべてが遺伝子Aをもつ。

　イ　すべてが遺伝子aをもつ。

　ウ　遺伝子Aをもつものと，遺伝子aをもつものの数の比がほぼ1：1
　　である。

　エ　遺伝子Aをもつものと，遺伝子aをもつものの数の比がほぼ3：1
　　である。

〔実験〕

　　純系の丸い種子と，④遺伝子の組み合わせがわからない丸い
種子をそれぞれ育て，親としてかけ合わせたところ，できた
種子(子)は，すべて丸い種子であった。

　　この中の種子の1つを育て，自家受粉させたところ，できた
⑤種子(孫)は，丸い種子が5474個と，しわのある種子が1850個
で，数の比がほぼ3：1であった。

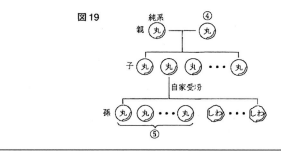

図19

---

(4)　下線部⑤の種子の中で，純系の丸い種子は何個か。最も近いもの
　を，次のア〜エの中から一つ選び，記号で答えなさい。

　ア　925個　　イ　1857個　　ウ　3698個　　エ　5474個

(5)　(1)の分裂の結果，対になっている遺伝子が分かれ，別々の生殖細
　胞に入ることを何というか答えなさい。

（☆☆☆◎◎◎）

【11】電池について調べるために，次の〔実験1〕，〔実験2〕，〔実験3〕を
　　行った。これについて，あとの各問いに答えなさい。

〔実験1〕

　　図20のように，うすい塩酸の中に亜鉛版と銅板を入れ，モーターをつないだ。

〔実験2〕

　　図20と同じ装置でうすい塩酸を他の水溶液に変え，実験を行った。

〔実験3〕

　　図21のように，キッチンペーパーに濃い塩化ナトリウム水溶液を十分しみこませ，備長炭に巻き，さらにその上からアルミニウムはくを巻き，電子オルゴールにつないだ。

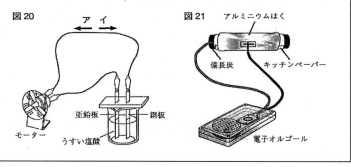

図20

図21

アルミニウムはく

備長炭　　キッチンペーパー

亜鉛板　　銅板

モーター　　うすい塩酸

電子オルゴール

(1) 〔実験1〕について，流れる電流の向きは図20のアとイのどちらか，記号で答えなさい。

(2) 〔実験1〕のモーターが回っているときのエネルギーの移り変わりについて，次のようにまとめた。文中の[　①　]〜[　③　]に入る語句として最も適切なものを，下のア〜オの中から一つずつ選び，記号で答えなさい。

　　　ビーカーの中では，物質のもつ[　①　]エネルギーが[　②　]エネルギーに移り変わり，モーターでは，[　②　]エネルギーが[　③　]エネルギーへと変換されている。

　　ア　位置　　イ　運動　　ウ　化学　　エ　光　　オ　電気

(3) 〔実験2〕について，ビーカーの中のうすい塩酸を別の水溶液にか

えたとき，モーターが回るものを，次のア～オの中から二つ選び，記号で答えなさい。

ア　蒸留水　　イ　砂糖水　　ウ　食塩水　　エ　レモン水

オ　エタノール

(4)　〔実験3〕について，電子オルゴールが鳴った。アルミニウムはくにつないだ導線は，電子オルゴールの＋極または－極どちらにつないでいたか，＋極または－極で答えなさい。

(5)　〔実験3〕について，電子オルゴールが鳴ってしばらくした後，アルミニウムはくを観察すると，アルミニウムはくに変化が見られた。変化がおこった理由を次のようにまとめた。文中の(　　)にあてはまる内容を書きなさい。

アルミニウムが(　　　　　　　　　　　　　　　　)。

(6)　電池には，一次電池と二次電池がある。一次電池と比較したときの二次電池の特徴を次のようにまとめた。文中の(　　)にあてはまる内容を書きなさい。

二次電池は(　　)して繰り返し使うことができる。

(☆☆☆◎◎◎)

高 校 理 科

すべての受験者が，【共通問題】をすべて答えなさい。また，**物理・地学受験者は【物理・地学】を，化学受験者は【化学】を，生物受験者は【生物】を選択して答えなさい。**

【共通問題】

【1】次の各問いに答えなさい。

(1)　次の文は，教育公務員特例法に規定された条文である。条文中の空欄(　①　)・(　②　)にあてはまる最も適切な語句の組み合わせ

をア～カから一つ選び，記号で答えなさい。

> 第21条　教育公務員は，その職責を遂行するために，絶えず
> （　①　）と（　②　）に努めなければならない。

	①	②
ア	研修	修養
イ	研修	実践
ウ	研究	研鑽
エ	研究	修養
オ	教育	実践
カ	教育	研鑽

(2)　次の①～③の法令に規定されている条文を，ア～カからそれぞれ
　　一つずつ選び，記号で答えなさい。

①　教育基本法　　②　学校教育法　　③　地方公務員法

ア　第30条　すべて職員は，全体の奉仕者として公共の利益のため
　　　　に勤務し，且つ，職務の遂行に当つては，全力を挙げてこれ
　　　　に専念しなければならない。

イ　第7条　文部科学大臣は，教育職員の健康及び福祉の確保を図
　　　　ることにより学校教育の水準の維持向上に資するため，教育
　　　　職員が正規の勤務時間及びそれ以外の時間において行う業務
　　　　の量の適切な管理その他教育職員の服務を監督する教育委員
　　　　会が教育職員の健康及び福祉の確保を図るために講ずべき措
　　　　置に関する指針(次項において単に「指針」という。)を定める
　　　　ものとする。

ウ　第1条　教育は，人格の完成を目指し，平和で民主的な国家及
　　　　び社会の形成者として必要な資質を備えた心身ともに健康な
　　　　国民の育成を期して行われなければならない。

エ　第23条　公立の小学校等の教諭等の任命権者は，当該教諭等
　　　　(臨時的に任用された者その他の政令で定める者を除く。)に対
　　　　して，その採用(現に教諭等の職以外の職に任命されている者
　　　　を教諭等の職に任命する場合を含む。附則第5条第1項におい

　　　て同じ。)の日から一年間の教諭又は保育教諭の職務の遂行に
　　　必要な事項に関する実践的な研修(以下「初任者研修」とい
　　　う。)を実施しなければならない。

　オ　第66条　小学校は，当該小学校の教育活動その他の学校運営の状
　　　況について，自ら評価を行い，その結果を公表するものとする。
　　　※第79条，第79条の8，第104条，第135条において，それぞ
　　　　れ中学校，義務教育学校，高等学校，特別支援学校に準用。

　カ　第34条　小学校においては，文部科学大臣の検定を経た教科用
　　　図書又は文部科学省が著作の名義を有する教科用図書を使用
　　　しなければならない。
　　　※第49条，第49条の8，第62条，第82条において，それぞれ
　　　　中学校，義務教育学校，高等学校，特別支援学校に準用。

(3)　次の文は「高等学校学習指導要領(平成21年3月告示)」における各
　　科目の目標である。文中の空欄(　ア　)～(　カ　)に適する語句を
　　漢字2文字で答えなさい。なお，同じ表記の(　　)には，同じ語句が
　　入る。

科学と人間生活

　　自然と人間生活とのかかわり及び科学技術が人間生活に果たして
　きた役割について，身近な(　ア　)・現象に関する観察，(　イ　)
　などを通して理解させ，科学的な見方や考え方を養うとともに，科
　学に対する興味・関心を高める。

物理基礎

　　日常生活や社会との関連を図りながら物体の(　ウ　)と様々なエ
　ネルギーへの関心を高め，目的意識をもって観察，(　イ　)などを行い，
　物理学的に探究する能力と態度を育てるとともに，物理学の基本的
　な概念や原理・法則を理解させ，科学的な見方や考え方を養う。

化学基礎

　　日常生活や社会との関連を図りながら物質とその(　エ　)への関
　心を高め，目的意識をもって観察，(　イ　)などを行い，化学的に
　探究する能力と態度を育てるとともに，化学の基本的な概念や原

理・法則を理解させ，科学的な見方や考え方を養う。

<u>生物基礎</u>

　　日常生活や社会との関連を図りながら生物や生物（　オ　）への関心を高め，目的意識をもって観察，（　イ　）などを行い，生物学的に探究する能力と態度を育てるとともに，生物学の基本的な概念や原理・法則を理解させ，科学的な見方や考え方を養う。

<u>地学基礎</u>

　　日常生活や社会との関連を図りながら地球や地球を取り巻く（　カ　）への関心を高め，目的意識をもって観察，（　イ　）などを行い，地学的に探究する能力と態度を育てるとともに，地学の基本的な概念や原理・法則を理解させ，科学的な見方や考え方を養う。

（☆☆◎◎）

【2】次の文を読み，各問いに答えなさい。

　　酢酸水溶液の質量パーセント濃度を求めるために，次の実験を行った。ただし，酢酸水溶液の密度は1.0g/cm³とし，原子量は，H＝1.0，C＝12，O＝16とする。

実験

　　①<u>酢酸水溶液</u>10.0mLをホールピペットを用いて正確にはかり取り，100mLのメスフラスコに入れて，標線まで蒸留水を加えて薄めた。この水溶液10.0mLをホールピペットを用いて正確にコニカルビーカーにはかり取り，②<u>指示薬</u>を2～3滴加え，濃度0.12mol/Lの水酸化ナトリウム水溶液をビュレットを用いて滴下すると中和までに25.0mLを要した。

(1)　実験で用いられる器具（ホールピペット，メスフラスコ，コニカルビーカー，ビュレット）で，使用する前に純水で濡れたまま使用することができる器具をすべて選び，器具の名称で答えなさい。

(2)　酢酸と水酸化ナトリウムの中和を化学反応式で示しなさい。

(3)　(2)の反応で生じた塩は，正塩，酸性塩，塩基性塩のいずれに分類されるか答えなさい。

(4)　実験の結果から，下線部①の酢酸水溶液の濃度は何mol/Lか，計

算過程を示し，答えは有効数字2桁で答えなさい。

(5) 下線部①の酢酸水溶液の質量パーセント濃度は何％か，答えは有効数字2桁で答えなさい。

(6) 下線部②で用いられる指示薬として最も適切なものを，次の(ア)～(ウ)から一つ選び，記号で答えなさい。また，水酸化ナトリウム水溶液を滴下する前から中和までに指示薬の色はどのように変化するか，(例)にならって答えなさい。

　　(例)　青色→緑色

(ア)　フェノールフタレイン　　(イ)　メチルレッド

(ウ)　メチルオレンジ

(☆☆☆◎◎◎)

【3】次の文を読み，各問いに答えなさい。

　ある物体の質量を電子てんびんで測定したところ，質量表示はm〔kg〕であった。次にビーカーに水を入れてその合計の質量を測定すると質量表示はM_0〔kg〕であった。最後に，図1のように糸を物体に結び付け，先ほどの水の入ったビーカーに沈めると，質量表示はM_1〔kg〕であった。

　ただし，物体はビーカーの側面や底面にはつかないようにして沈めるものとし，重力加速度の大きさをg〔m/s²〕，水の密度をρ〔kg/m³〕，糸の体積や質量，空気の密度は十分に小さいものとする。

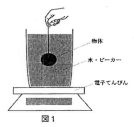

物体
水・ビーカー
電子てんびん

図1

(1) 物体にはたらく浮力の大きさをF〔N〕とするとき，糸の張力の大きさを求めなさい。

(2) 物体にはたらく浮力の大きさをF〔N〕とするとき，ビーカーと水

全体にはたらく力のつり合いの式はどのようになるか示しなさい。

(3)　物体の体積をV〔m³〕とするとき，物体にはたらく浮力の大きさ F〔N〕を，ρ〔kg/m³〕，V〔m³〕，g〔m/s²〕を用いて表しなさい。

(4)　物体の体積をV〔m³〕とするとき，この体積V〔m³〕を，M_0〔kg〕，M_1〔kg〕，ρ〔kg/m³〕を用いて表しなさい。

図1の状態の後，誤って糸が手からはなれてしまい，物体が水中へ沈み始めた。

(5)　沈み始めた直後の，物体の加速度をm〔kg〕，M_0〔kg〕，M_1〔kg〕，g〔m/s²〕を用いて表しなさい。ただし，鉛直下向きを正とする。

やがて物体は沈み，ビーカーの底面に達して静止した。

(6)　物体がビーカーの底面で静止した後，電子てんびんが示す値を求めなさい。

(☆☆☆◎◎◎)

【4】次の文を読み，各問いに答えなさい。

　すべての生物は，遺伝情報を担う物質としてDNAをもっており，その基本的な構造は共通している。DNAはヌクレオチドと呼ばれる構成単位が鎖状に多数結合した高分子化合物であり，2本のヌクレオチド鎖からなる（　①　）構造をしている。ヌクレオチドはリン酸と糖と塩基からなる。DNAを構成するヌクレオチドは，糖には（　②　）をもち，塩基にはアデニン(A)，チミン(T)，グアニン(G)，シトシン(C)の4種類があって，そのいずれかを含む。生化学者であるシャルガフは多数の生物種から抽出したDNAの塩基の組成を分析し，規則性を見出した。

　DNAを構成するリン酸，糖，塩基は，すべての生物のDNAで共通しているが，4種類の塩基の配列は生物によって異なっており，実際，遺伝情報はこの塩基配列に存在する。DNAの塩基配列にもとづいてタンパク質が合成されることを，遺伝子が（　③　）するといい，4種類の塩基配列が，タンパク質を構成するアミノ酸の種類と数，配列の順序を決める情報になっている。遺伝子が（　③　）する過程では，RNAが重要な役割をもっている。RNAはDNAとは異なり，1本のヌクレオチ

ド鎖からできている。また，RNAはDNAのごく一部を写し取ってつくられるため，RNAの長さはDNAに比べて著しく短く，DNAの塩基配列を写し取ったRNAをmRNAとよぶ。

(1) 文中の(①)～(③)にあてはまる最も適切な語句を答えなさい。

(2) ある生物の体細胞の核で，DNAを構成するA・T・G・Cの割合を調べたところ，GとCの合計が48％であった。また，2本鎖の一方ではAが28％，Cが22％であった。もう一方の鎖のAの割合(%)を答えなさい。

(3) 1本のヌクレオチド鎖において，隣りあうヌクレオチドの間で形成される結合として適切な文を，(ア)～(オ)から一つ選び，記号で答えなさい。

   (ア) リン酸とリン酸が結合している。

   (イ) 糖と糖が結合している。

   (ウ) リン酸と糖が結合している。

   (エ) リン酸と塩基が結合している。

   (オ) 糖と塩基が結合している。

(4) 文中の下線部について，次の(ア)，(イ)の過程をそれぞれ何というか，答えなさい。

   (ア) DNAの塩基配列の一部がRNAに写し取られる過程

   (イ) RNAの塩基配列がアミノ酸の配列に読みかえられる過程

(5) RNAに関する次の(ア)，(イ)の問いに答えなさい。

   (ア) 次の10個のDNAの塩基配列を写し取ったmRNAの塩基配列を答えなさい。解答は，塩基の記号のみを用いて示しなさい。

   　　… T G G C A T A C G A …

   (イ) 51個のアミノ酸がつながったあるタンパク質がある。このタンパク質が合成される際に，アミノ酸の配列順序を指定したmRNAの塩基数は，何個であると考えられるか。最も適切な数を答えなさい。

(☆☆☆◎◎◎)

【5】次の文を読み，各問いに答えなさい。

　　図2は地球に入射する太陽放射と，地球から宇宙へ放出される地球放射を模式的に表したものである。①地球の大気圏最上部で，太陽放射に垂直な単位面積が受け取る太陽放射量を太陽定数と呼んでいる。ただし，高緯度側では太陽高度が低くなるので，②赤道付近に比べて高緯度付近では単位面積が受け取る太陽放射量は少なくなる。一方で，地球の熱は地球放射として地表面や大気から宇宙へと放出されている。これらの③地球全体のエネルギー収支を平均的に考えると，地球が吸収する太陽放射と放出する地球放射はつりあっている。しかしながら，実際には，太陽放射も地球放射も，その放射量は緯度によって異なっており，地域的に見るとつりあっていない。これにより，④大気と海洋の循環が生じ，異なる緯度間でエネルギーが熱として運ばれている。

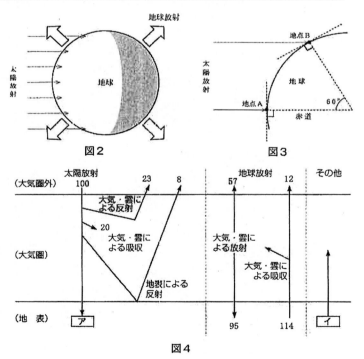

図2　　　　　　　　　図3

図4

(1)　下線部①について，太陽定数をS〔W/m²〕，地球を半径R〔m〕の完全な球体としたとき，地球全体に入射する太陽放射は何Wになるか。円周率をπとして，答えなさい。ただし，大気や雲の影響は考えないものとする。

(2)　下線部②について，図3は春分の日の太陽放射を模式的に示したものである。地点Aと地点Bは，それぞれ赤道と北緯60°の同じ経度上にある。この日の地点Bの太陽の南中時刻における単位面積あたりの太陽放射量は，地点Aの同時刻における単位面積あたりの太陽放射量の何％になるか答えなさい。ただし，大気や雲の影響は考えないものとする。

(3)　下線部③について，図4は，地球全体のエネルギー収支を，大気や雲の影響を考慮して，模式的に示したものである。図4中の数字は，地球の大気圏最上部に達する太陽放射エネルギーを100としたときの，エネルギーの行方と地球からのエネルギー移動の様子を表している。数値は平均値である。図4中の　ア　と　イ　に入る適当な数値をそれぞれ有効数字2桁で答えなさい。

(4)　下線部④について，次のa〜dのうち，大気と海洋による熱輸送量の緯度分布の模式図として，最も適切なものを一つ選び，記号で答えなさい。ただし，北へ向かう熱の輸送を正とする。

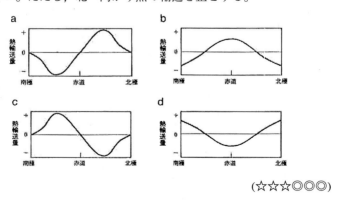

(☆☆☆◎◎◎)

【物理・地学】

【1】次の文を読み，各問いに答えなさい。

　　図5のように，屈折率n_1のガラス，厚さd〔m〕で屈折率n_2の薄膜，屈折率1の空気が上から順に重なっている。ガラス中から薄膜に入射した単色光は，ガラスと薄膜の境界Aで屈折し，薄膜内に入射する。屈折光の一部は薄膜と空気の境界Bで反射され，一部は空気中に透過していく。各媒質の境界面はすべて平行であり，単色光がガラスから薄膜へ向けて入射するときの入射角はθ_1〔rad〕，薄膜での屈折角はθ_2〔rad〕，空気での屈折角はθ_3〔rad〕である。単色光の空気中の波長はλ〔m〕，$n_2 > n_1 > 1$とする。

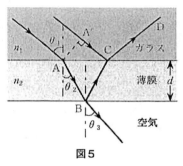

図5

(1)　θ_1〔rad〕とθ_2〔rad〕の間に成り立つ式を示しなさい。

(2)　単色光の薄膜中での波長を求めなさい。

(3)　θ_1〔rad〕を大きくすると，薄膜と空気の境界面で全反射して，単色光が空気中に透過できなくなる。このときの最小のθ_1〔rad〕を与える条件を示しなさい。

　　次に，ガラスと薄膜の境界Cで反射した光と，薄膜と空気の境界Bで反射してガラス中に出てきた光の重ねあわせをDから観測したところ干渉が見られた。ただし，光A´CDと光ABCDは同一光源から出た光でAとA´では波の位相は同じであるとする。

(4)　経路A´Cの長さをd，n_1，n_2，θ_1を用いて表しなさい。

(5)　A´C間に入る波の数をd，n_1，n_2，θ_1，λを用いて表しなさい。ただし，波の数は1波長分を1と数える。

(6)　経路ABCの長さをd, n_1, n_2, θ_1を用いて表しなさい。

(7)　ABC間に入る波の数をd, n_1, n_2, θ_1, λを用いて表しなさい。ただし，波の数は1波長分を1と数える。

(8)　(5)と(7)の波の数の差を考慮すると干渉する条件を得ることができる。正の整数mを用いて，Dから観測したときに光が強め合う条件をd, n_1, n_2, θ_1, λ, mを用いて表しなさい。

(☆☆☆◎◎)

【2】次の文を読み，各問いに答えなさい。

　　図6のように，2個の点電荷Q〔C〕($Q>0$)がx軸上の点A($-a$, 0)と点B(a, 0)に固定されている。クーロンの法則の比例定数をk〔N・m²/C²〕，無限遠の点における電位を0〔V〕とし，重力の影響は無視する。

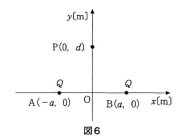

図6

(1)　点P(0, d)における電位を求めなさい。

(2)　x軸上の点における電位を次のグラフに実線で示しなさい。

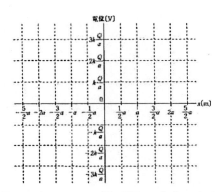

(3)　点Aの点電荷が，点P(0, d)に作る電場の大きさを求めなさい。

(4)　点P(0, d)における電場を求めなさい。ただし，x成分，y成分をそれぞれ示しなさい。

　　次に，点Pに質量m〔kg〕，電荷$-q$〔C〕($q>0$)をもつ荷電粒子をおいた。ただし，この荷電粒子はy軸上をなめらかに動くものとする。

(5)　この荷電粒子にy軸の正方向に速さv_0〔m/s〕を与えた。この荷電粒子が再び点Pへ戻って来ないためには，v_0はいくら以上である必要があるか求めなさい。

(6)　次に，この荷電粒子を点Pから静かに放した。dがaに比べて十分に小さい場合，荷電粒子は単振動を行った。

(ア)　この荷電粒子の運動の周期を求めなさい。

(イ)　時刻$t=0$で，この荷電粒子を点Pから放したとして，時刻t〔s〕における荷電粒子のy座標を求めなさい。

(☆☆☆◎◎◎)

【３】次の文を読み，各問いに答えなさい。

　　地下の断層運動により地震が発生すると，広範囲にP波とS波，さらには表面波が伝播していく。1つの地震において，①3地点以上の観測点の地震計の記録から，それぞれの震源までの距離を計算することができれば，その地震の震源の位置を特定することができる。また，地震が起きた際に，②広範囲で観測地点のP波の初動の分布を調べること

ができれば，震源断層の動きを推定することも可能である。さらに，<u>③地震波の伝わり方を詳細に調べることで，地球内部の構造についての情報を得ることができる。</u>

(1) P波の性質について，次の(ア)，(イ)の問いに答えなさい。

 (ア) P波の地震波の進行方向と媒質の振動方向にどのような関係があるか。簡潔に説明しなさい。

 (イ) P波が伝わることができる媒質を，次の(a)〜(c)からすべて選び，記号で答えなさい。

 (a) 固体 (b) 液体 (c) 気体

(2) 文中の下線部①について，地震計の記録から初期微動継続時間を読み取ることで，大森公式を用いて震源までの距離を計算することができる。大森公式は震源距離D〔km〕，初期微動継続時間をT〔s〕とすると，「$D=kT$ (kは比例定数)」という式で表すことができる。P波の速度が5.8km/s，S波の速度が3.2km/sである地域における比例定数kの値を，有効数字2桁で求めなさい。

(3) 文中の下線部①について，次の図7は，ある地震における観測点A，B，Cの3地点から，それぞれの震源距離に相当する半径の円を描いたものである。この地震における，観測点Aの震央距離と，この地震の震源の深さとして最も適切な値を下の(a)〜(e)よりそれぞれ一つずつ選び，記号で答えなさい。

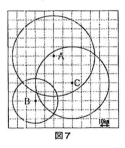

図7

 (a) 10km (b) 20km (c) 30km (d) 40km (e) 50km

(4) 文中の下線部②に関して，ある地震におけるP波の初動について，震源の周辺地域で「押し波」か「引き波」か調べたところ，次の図

8でパターン分けされた4つの領域Ⅰ～Ⅳに分けることができた。図8において，紙面の上側が真北であり，領域ⅠとⅣ，領域ⅡとⅢはそれぞれ同じタイプのP波の初動であったことを示している。また，右の図9はこの地震において，領域Ⅰ～Ⅳのいずれかの領域の観測地点で記録された地震計の記録であり，地面の動きを，南北方向，東西方向，上下方向の3つの成分で表している。なお，t_1及びt_2は，それぞれ，P波，S波の到達時刻を示している。

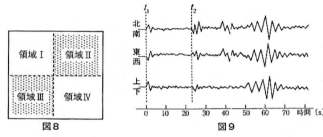

図8　　　　　　　　図9

(ア)　図9の地震計が設置されている観測点が存在するのは，領域Ⅰ～Ⅳのうち，どの領域と考えられるか。Ⅰ～Ⅳの記号で答えなさい。

(イ)　この地震の断層の分布と断層運動の方向として，可能性のあるものは次の(a)～(h)のどれか。2つ選び，記号で答えなさい。

(a)　東－西方向の断層において，北側の地盤が東側に動いた。

(b)　東－西方向の断層において，北側の地盤が西側に動いた。

(c)　南－北方向の断層において，東側の地盤が南側に動いた。

(d)　南－北方向の断層において，東側の地盤が北側に動いた。

(e)　北東－南西方向の断層において，北西側の地盤が北東側に動いた。

(f)　北東－南西方向の断層において，北西側の地盤が南西側に動いた。

(g)　北西－南東方向の断層において，北東側の地盤が北西側に動いた。

(h)　北西－南東方向の断層において，北東側の地盤が南東側に動

いた。

(ウ)　上の(イ)で選んだ2つの可能性のうち，どちらが正しいかを判断するにはどのようなデータからどのように判断すればよいのか，簡潔に説明しなさい。

(5)　文中の下線部③に関して，図10はある地域Xにおいて，地表のごく浅いところで発生した地震によって得られたP波の走時曲線である。この走時曲線の解析から，地下に地震波の速度が変化する不連続面が存在することが分かる。

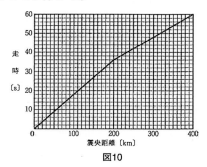

図10

(ア)　図10のように，P波の走時曲線が折れ曲がる理由を簡潔に説明しなさい。

(イ)　図10から，地域Xにおける上部マントル内のP波の速度を求めなさい。ただし，この地域での，地殻および上部マントルのP波の速度はそれぞれ一定であるとする。

(ウ)　地域Xとは別の地域Yで図10のような走時曲線を作成したところ，震央距離170kmのところでグラフが折れ曲がった。この結果から，地域Xと比較して，地域Yについて推測できることを一つ答えなさい。

(☆☆☆☆◎◎◎◎)

【4】次の文を読み，各問いに答えなさい。

　16世紀にコペルニクスが地動説を唱えた後，ケプラーは師であるティコの膨大な観測データを整理し，太陽系の惑星の運動に関して，「ケプラーの法則」と呼ばれる次の3つの法則をまとめた。

> 第一法則：惑星は太陽を1つの　ア　とする楕円軌道を公転する。
> 第二法則：　イ　が一定時間に通過する面積は一定である。
> 第三法則：惑星の公転周期の　ウ　乗と，惑星の太陽からの平均距離の　エ　乗の比は一定である。

　①ケプラーの第三法則は，その発見から約半世紀後にニュートンによって理論的に解明された。ニュートンは万有引力の法則を用いることで，天体の運動が説明できることを示した。②ニュートンが導いたケプラーの第三法則の一般式は，惑星と衛星や，連星の運動などにも適用することができる。

(1)　文中の空欄　ア　にあてはまる語句を答えなさい。

(2)　文中の空欄　イ　にあてはまる語句を答えなさい。

(3)　文中の空欄　ウ　及び　エ　に，それぞれあてはまる数値を答えなさい。

(4)　太陽と同じ質量の一つの恒星Xからなる惑星系があるとする。この惑星系において，太陽の10万分の1の質量の惑星Yが，恒星Xから平均8.0天文単位の位置で公転しているとする。この惑星の公転周期は何年か答えなさい。

(5)　文中の下線部①に関して，以下の説明は，万有引力の法則を用いてケプラーの第三法則を導く過程を示したものである。次の説明の空欄　オ　～　ケ　それぞれに，あてはまる数式を答えなさい。
　　ただし，次の説明の空欄　ウ　及び　エ　には前の文中の空欄　ウ　及び　エ　と同じ数値が入る。

説明

> 次の図11で示したように，質量M，mの2つの天体S及びP
> が共通重心Oの周りを円軌道で公転しているとし，SとPの距
> 離をa，共通重心Oと天体Pとの距離をrとする。

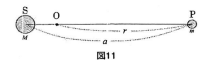

図11

> まず，Oを中心としたPの公転速度をV，公転周期をTとす
> ると，$V=$ オ （…③）となる。
>
> 次に，Pの公転により生じる遠心力をfとすると，m，r，V
> を用いて，$f=$ カ （…④）と表される。
>
> 一方，天体SとPの間に生じる万有引力をF，万有引力定数
> をGとすると，$F=$ キ （…⑤）と表される。
>
> また，天体Pと共通重心との距離rは，M，m，aを用いて，
> $r=$ ク （…⑥）と表される。
>
> ③～⑥式を用いてA，T，M，mについての関係式を導くと，
> $\dfrac{a^{\text{エ}}}{T^{\text{ウ}}}=$ ケ （…⑦）となる。
>
> 太陽系における太陽と惑星の関係のように，Mの値がmに
> 比較して著しく大きい場合は，⑦式の右辺 ケ は定数と考
> えることができる。

(6) 文中の下線部②に関して，2つの恒星からなる連星がある。この
連星の主星から共通重心までの距離は0.020天文単位，伴星から共通
重心までの距離は0.080天文単位である。また。この主星と伴星の公
転軌道面は同一平面上にあり，地球もこの公転軌道面の延長上に位
置している。次の図12はこの連星の明るさを観測したものであり，
連星の明るさは，A～Iに示されているように，3.65日の周期で変化
していることが分かる。

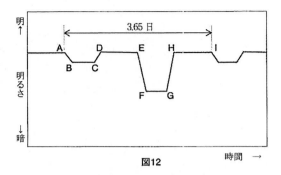

図12

(ア)　図12に示されたような明るさが周期的に変化をする連星を何というか答えなさい。

(イ)　図12のB〜CおよびD〜Eではこの連星がどのような状態にあるか。それぞれの場合について簡潔に説明しなさい。

(ウ)　この連星の伴星の絶対等級は，主星の絶対等級より1.0等大きい。図12のB〜C間とD〜E間との絶対等級の差は何等か求めなさい。ただし，等級が5等異なると明るさは100倍異なる。また，必要であれば，$\sqrt[5]{100}=2.5$，$\log_{10}2=0.30$，$\log_{10}3=0.48$，$\log_{10}7=0.85$の値を用いること。

(エ)　この連星の主星の質量は太陽の何倍か答えなさい。

（☆☆☆◎◎◎）

【化学】

【1】次の各問いに答えなさい。

(1)　6種類の金属A〜Fがある。次の記述①〜④を読み，金属A〜Fのうち，A・B・C・Dに該当する金属を解答群から選び，その元素記号を記しなさい。

①　室温で水と激しく反応するのはAのみである。

②　希硫酸を加えたとき水素を発生して溶解するのは，A，B，D，Eで，こうして得られた溶液を水酸化ナトリウムで十分にアルカリ性(塩基性)にしたとき，なお溶解しているのは，AとBである。

278

③　C，D，Fは遷移金属元素である。この元素のイオンを含む水溶液に酸性条件下で硫化水素を通じると，C，Fは沈殿が生じる。

④　Cは，電気伝導性が全元素で最大である。

解答群：アルミニウム，カリウム，銀，鉄，銅，マグネシウム

(2)　グルコースはブドウ糖とも呼ばれ，水によく溶ける白色の結晶である。結晶中では，図13に示した（　ア　）－グルコースの環状構造をとるが，水溶液中ではその他2つの構造との平衡状態となる。グルコースの水溶液は還元性を示し，（　イ　）液と反応して赤色の酸化銅(Ⅰ)の沈殿を生じる。

　　グルコースが脱水縮合することにより，二糖類(マルトース)，さらには多糖類ができるが，このとき作られる化学結合を（　ウ　）結合という。<u>グルコースは酵母が持つ酵素群チマーゼによるアルコール発酵</u>により酒造りに利用される。

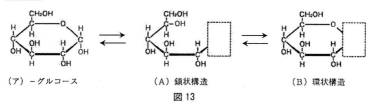

（ア）－グルコース　　　　　　（A）鎖状構造　　　　　　（B）環状構造

図13

①　文中の空欄（　ア　）～（　ウ　）に適する記号または語句を答えなさい。

②　図13中の，(A)鎖状構造および(B)環状構造の□□□□部分を図示しなさい。

③　下線部に関して，この変化を化学反応式で示しなさい。

(3)　300Kにおいて$1.0×10^5$Paの気体Xは，水1.0Lに対して$1.0×10^{-3}$mol溶解する理想気体である。ただし，温度は300Kに保たれ，水の蒸気圧は無視できる。気体定数は，$8.3×10^3$Pa・L/(K・mol)とし，$300K×8.3×10^3$Pa・L/(K・mol)≒$2.5×10^6$Pa・L/molと近似してよいものとする。また，気体の溶解に関しては，次に示した法則が成り立つものとする。

法則

> 溶解度の小さい気体では，温度が一定ならば，一定量の溶媒に溶ける気体の質量(あるいは物質量)は，その気体の圧力に比例する。

① 上に示した気体の溶解に関する法則を提唱した人物名を答えなさい。

② ピストンと開閉できるコックを取り付けた圧力容器に水1.0Lと気体Xを入れ，容器内の圧力を$2.0×10^5$Paに保った。このとき，水に溶解する気体Xの物質量は何molか，有効数字2桁で答えなさい。

③ ②と同じ容器に水10Lと気体Xを入れてコックを閉じた。このとき，容器内の圧力は$2.0×10^5$Pa，気体Xの体積が2.0Lであった。容器内にある気体Xは何molか，計算過程を示し，有効数字2桁で答えなさい。

④ ③の状態からピストンを動かし，気体の体積を0.25Lまで圧縮した。このとき，容器内の圧力は何Paになるか，計算過程を示し，有効数字2桁で答えなさい。

(☆☆☆◎◎◎)

【2】次の文を読み，各問いに答えなさい。

図14は塩化カリウムKClの結晶の単位格子を示したものである。ただし，図14の黒丸●と白丸○はイオンの位置のみを表しており，実際には隣り合う陽イオンと陰イオンはすべて接している。

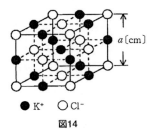

● K⁺　○ Cl⁻

図14

(1) 塩化カリウムの単位格子に含まれるカリウムイオンK^+は何個か

答えなさい。

(2) 図14の単位格子の一辺の長さをa〔cm〕，カリウムイオンK^+のイオン半径をr〔cm〕とする。塩化物イオンCl^-のイオン半径〔cm〕を記号で示しなさい。

(3) 塩化カリウムの式量をM，結晶の密度をd〔g/cm³〕とする。アボガドロ定数〔/mol〕をa, M, dの記号を用いて示しなさい。

塩化カリウムの結晶において，結晶を構成するカリウムイオンK^+と塩化物イオンCl^-を完全にばらばらにするのに必要なエネルギーを，塩化カリウムの格子エネルギーという。熱化学方程式を用いて塩化カリウムの格子エネルギー〔kJ/mol〕を求めることとする。

最初に，カリウム原子の(ア)と塩素原子の(イ)は，熱化学方程式を用いると次のように表される。

K(気)＝K$^+$(気)＋e$^-$－419kJ

Cl(気)＋e$^-$＝Cl$^-$(気)＋349kJ

ここでe$^-$は電子を，(気)は物質が気体であることを示している。

①Cl$_2$(気)の結合エネルギーを243kJ/mol，②KCl(固)の生成熱を437kJ/mol，③K(固)の昇華熱を90kJ/molとする。

(4) 空欄(ア)，(イ)に適する語句を答えなさい。

(5) 下線部①～③を熱化学方程式で示しなさい。

(6) 塩化カリウムの格子エネルギーは何kJ/molか，答えは整数で答えなさい。

(☆☆☆◎◎◎)

【3】次の文を読み，各問いに答えなさい。

①濃硝酸と濃硫酸の混合液に，ベンゼンを少しずつ加えてよく振り混ぜながら，50～60℃で反応させ，生成物を水の中に注ぐと(ア)色の化合物Aが水底に沈んだ。

精製した化合物Aに粒状スズと濃塩酸を加え，穏やかに加熱することにより化合物Bを合成した。この②化合物Bを含む溶液に，水酸化ナトリウム水溶液を加えていくと，化合物Cが遊離した。化合物Cは，さ

らし粉水溶液で酸化されて(イ)色に呈色する。

化合物Cを塩酸に溶かし，③氷で冷却(5℃以下)し，これに，亜硝酸ナトリウムの水溶液を加えてジアゾ化すると，化合物Dが得られた。この④化合物Dとナトリウムフェノキシドとの反応によって(ウ)色のp-フェニルアゾフェノール(p-ヒドロキシアゾベンゼン)が合成される。これはアゾ染料として広く用いられている。

また，⑤化合物Cを無水酢酸と十分に反応させたのち，水中に注ぐと，化合物Eが析出した。

(1) 化合物A～Eの構造式を例にならって示しなさい。

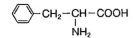

構造式の例

(2) 空欄(ア)～(ウ)に適する語句を答えなさい。

(3) 下線部①で起こる変化を化学反応式で示しなさい。

(4) 下線部②の変化と同じ原理で起こっている反応を，次の(a)～(e)より一つ選び，記号で答えなさい。

(a) $Fe_2O_3 + 3CO \rightarrow 2Fe + 3CO_2$

(b) $2NH_4Cl + Ca(OH)_2 \rightarrow CaCl_2 + 2H_2O + 2NH_3$

(c) $SO_2 + 2H_2S \rightarrow 3S + 2H_2O$

(d) $2KBr + Cl_2 \rightarrow 2KCl + Br_2$

(e) $Cu + 2H_2SO_4 \rightarrow CuSO_4 + 2H_2O + SO_2$

(5) 下線部③について，氷で冷却(5℃以下)する理由を答えなさい。

(6) 下線部④について，この反応の一般的な名称を答えなさい。

(7) 下線部⑤について，この反応の一般的な名称を答えなさい。

(8) 化合物Aはベンゼンから理論的に得られる量の78％で合成され，化合物Cは化合物Aから理論的に得られる量の80％で合成される。この条件下で化合物Cを8.0g合成するために，反応に最低限必要なベンゼンは何gか，計算過程を示し，答えは有効数字2桁で答えなさい。原子量はH＝1.0，C＝12，N＝14，O＝16とする。

(☆☆☆☆◎◎◎)

【4】次の文を読み，各問いに答えなさい。ただし，$K_b = 1.8 \times 10^{-5}$mol/L，$K_w = 1.0 \times 10^{-14}$mol^2/L^2，$\log_{10}1.8 = 0.26$，$\log_{10}2 = 0.30$，$\log_{10}3 = 0.48$とする。

　アンモニアは，硝酸の原料として，また，アンモニウム塩や尿素のような肥料の原料として多量に使われている。工業的製法では，四酸化三鉄Fe_3O_4を主成分とした触媒を用いて，窒素と水素から直接合成される。このようなアンモニアの合成法は，（　a　）法とよばれる。このときの反応は，熱の発生を伴うため，平衡状態における気体混合物中のアンモニアの含有率は温度が高いほど（　b　）くなる。

　アンモニアの窒素原子は非共有電子対をもっているので，これを他の陽イオンに与えて結合することができる。このように一方の原子の非共有電子対を，他の原子と共有することでできる共有結合を（　c　）結合という。例えば，アンモニアが水素イオンH^+と結合するとアンモニウムイオンが生じ，Ag^+やCu^{2+}などの金属イオンと結合すると複雑な組成のイオンが生じる。Ag^+を含む水溶液に少量のアンモニア水を加えると褐色の沈殿が生じるが，<u>①さらに過剰のアンモニア水を加えると，この沈殿が溶けて（　d　）色の溶液となる。</u>

　アンモニア水では次の電離平衡が成り立っており，各成分のモル濃度を$[NH_3]$などと表現すると，電離定数K_bは下式で表される。これは，電離平衡の中で，水のモル濃度$[H_2O]$はほかの物質の濃度よりも十分に大きく，常に一定と見なすことができるためである。

$$NH_3 + H_2O \;\rightleftharpoons\; NH_4^+ + OH^- \qquad \frac{[NH_4^+][OH^-]}{[NH_3]} = K_b$$

　溶解したアンモニアの濃度をc[mol/L]，電離度をαとすると，$[NH_3] = \boxed{\text{ア}}$，$K_b = \boxed{\text{イ}}$と表される。弱塩基の$\alpha$が1に比べて非常に小さい場合，$1-\alpha$は1とみなし，$K_b = \boxed{\text{ウ}}$，$\alpha = \boxed{\text{エ}}$の近似式が得られる。これらより，$[OH^-]$は$c$と$K_b$を含む簡単な式で表され，水のイオン積（$K_w = [H^+][OH^-]$）を用いると，<u>②アンモニア水のpHが計算できる。</u>

　<u>③アンモニア水に塩化アンモニウム水溶液を混合すると（　e　）効果により，水酸化物イオンの濃度が減少し，pHは小さくなる。</u>また，この混合溶液は，その中に酸や塩基の水溶液がわずかに混入しても，pH

の値をほぼ一定に保つはたらきがある。このような働きを(f)作用という。

(1)　空欄(a)～(f)に適する語句を答えなさい。

(2)　下線部①の変化を，イオン反応式で示しなさい。

(3)　空欄　ア　～　エ　に適する式または記号を答えなさい。

(4)　下線部②について，0.10mol/Lのアンモニア水のpHを計算し，四捨五入して小数第1位まで求めなさい。

(5)　下線部③について，0.10mol/Lのアンモニア水と0.20mol/Lの塩化アンモニウム水溶液とを同体積ずつ混合した水溶液のpHを計算し，四捨五入して小数第1位まで求めなさい。

(☆☆☆☆◎◎◎)

【生物】

【1】次の文を読み，各問いに答えなさい。

　生物の体を構成する有機物には，①タンパク質，炭水化物，脂質，核酸などがある。これらの有機物を構成する炭素のもとは，大気中や水中の二酸化炭素である。②植物や藻類などは，二酸化炭素を吸収して光合成を行い，有機物を合成している。その有機物の一部は，消費者である動物に直接または間接的に取り込まれる。生産者や消費者の有機物の一部は，③呼吸によって分解され，二酸化炭素となって大気中や水中に放出される。生産者や消費者の枯死体，遺体，排出物中の有機物は，細菌や菌類などの分解者の呼吸によって分解され，再び二酸化炭素に戻る。

　窒素は，タンパク質，核酸などに含まれている。④植物は，土壌中に存在するアンモニウムイオンや硝酸イオンを根から吸収し，これをもとにアミノ酸を合成し，さらにタンパク質や核酸などの有機窒素化合物を合成している。動物(消費者)は，この有機窒素化合物を直接または間接的に取り入れて利用している。動植物の枯死体，遺体，排出物中の有機窒素化合物は，分解者のはたらきでアンモニウムイオンに分解され，さらに，⑤硝化菌によって硝酸イオンに変えられる。アン

モニウムイオンや硝酸イオンは再び植物に利用される。また，ある生物は，⑥大気中の窒素(N_2)からアンモニウムイオンをつくることができる。⑦土壌中の硝酸イオンや亜硝酸イオンのほとんどは植物に利用されるが，ごく一部が細菌のはたらきにより窒素(N_2)に変えられ，大気中に放出される。

(1) 文中の下線部①について，次の(ア)，(イ)が示すタンパク質の総称を答えなさい。

(ア) ATPを分解した際に得られるエネルギーによって細胞の運動を発生させるようなタンパク質。

(イ) 細胞膜や細胞内に存在し，特定の情報を受け取るタンパク質。

(2) 文中の下線部②について，次の説明文1は光合成について説明した文である。説明文1中の（ ア ）～（ ケ ）にあてはまる最も適切な語句を答えなさい。

説明文1

　植物の光合成の場は葉緑体である。光合成の反応は，葉緑体の（ ア ）における光が直接関係する反応段階と，（ イ ）における光が直接関係しない反応段階の大きく2つに分けられる。まず，光エネルギーにより（ ア ）膜上の光化学系Ⅱから光化学系Ⅰへとつながる電子伝達が引き起こされる。光化学系Ⅱに電子を与えるのは（ ウ ）であり，（ ウ ）から電子が引き抜かれると，（ エ ）と水素イオン(H^+)が生じる。伝達された電子は，最終的に酸化型補酵素のNADP$^+$に渡され，還元型の（ オ ）が生成される。一方，電子伝達と結びついたATPの合成により，光エネルギーがATPの（ カ ）エネルギーに変換される。（ イ ）では，（ ア ）でつくられたATPのエネルギーと（ オ ）の還元力を用いて，二酸化炭素が糖に取り込まれる。（ イ ）における一連の反応経路は，多くの酵素の反応が回路になっており，（ キ ）といわれる。

　乾燥した地域に生育するサボテンなどでは，乾燥条件に適応した二酸化炭素の固定がみられる。これらの植物は，二酸化炭素を夜に外界から気孔を通じて取り込んで，これを葉肉細胞の（ ク ）内に

リンゴ酸として蓄えて，日中は，夜に蓄えたリンゴ酸から二酸化炭素を取り出して，有機物を合成する。このようなしくみをもつ植物は（　ケ　）と呼ばれる。

(3)　文中の下線部②について，植物は，光合成を行うと酸素が発生するが，光合成細菌といわれる緑色硫黄細菌や紅色硫黄細菌は，光合成を行っても酸素を発生しない。これらの光合成細菌の光合成で，なぜ酸素を発生しないのか。簡潔に説明しなさい。

(4)　文中の下線部③について，グルコース90gが呼吸によって完全に分解されたとき，生成された二酸化炭素は何gとなるか答えなさい。なお，原子量は，H＝1，C＝12，O＝16として計算しなさい。

(5)　文中の下線部④のように，体外から取り入れた窒素化合物をもとに，有機窒素化合物を合成するはたらきを何というか答えなさい。

(6)　文中の下線部⑤について，硝化菌のうち，亜硝酸イオンを硝酸イオンに変える細菌の名称を答えなさい。

(7)　文中の下線部⑥のようなはたらきを何というか答えなさい。また，このようなはたらきをもつ細菌のうち，マメ科植物に共生する細菌を何というか答えなさい。

(8)　文中の下線部⑦について，硝酸イオンや亜硝酸イオンを窒素(N_2)に変えるはたらきを何というか答えなさい。

(☆☆☆◎◎◎◎)

【2】次の文を読み，各問いに答えなさい。

　生物のふえ方には，有性生殖と無性生殖がある。多くの動物では，有性生殖を行い，配偶子である精子と卵が合体して新たな個体が生じる。始原生殖細胞といわれる配偶子のもとになる細胞は発生の初期に出現し，未分化な精巣や卵巣に移動して，そこで精原細胞や卵原細胞になる。精巣内では，精原細胞が体細胞分裂を繰り返して増殖する。個体の成長に伴い，一部の精原細胞が体細胞分裂を停止して成長し，一次精母細胞となる。一次精母細胞は減数分裂により（　①　）になり，（　①　）は変形して精子になる。卵巣内では，卵原細胞が体細胞分裂

を繰り返して増殖した後，一次卵母細胞に成長し，減数分裂の第一分裂により，二次卵母細胞と第一(②)になり，第二分裂により，卵と第二(②)になる。

　形成された精子が卵に進入し，これらの核が融合する現象を受精という。ウニの受精卵は，細胞分裂を繰り返して，多細胞の胚になる。この発生初期の細胞分裂は(③)と呼ばれる。(③)が進むと，桑実胚となり，胚の内部には空所ができる。この空所を(④)という。さらに(③)が進むと胞胚となり，(④)は(⑤)と呼ばれるようになる。この胚の時期には胚の表面に繊毛が生じ，回転するようになり，受精膜から外に出る(⑥)が起こる。やがて，植物極付近の細胞が(⑤)にこぼれ出て，一次間充織となる。この後，植物極付近の細胞層が胚の内部へもぐりこみ始める。これを，(⑦)といい，(⑦)によって新たにできた空所を原腸という。原腸の先端部からは，再び細胞が(⑤)にこぼれ出て，二次間充織となる。原腸の入り口は，(⑧)とよばれ，将来(⑨)になる。原腸ができる時期の胚を原腸胚という。原腸胚期に，胚の外側を構成する外胚葉，原腸の壁をつくる内胚葉，両者の間に位置する中胚葉の細胞群が分化する。さらに発生が進むと，幼生の体づくりが進んでいき，やがて変態して成体となる。

(1)　文中の(①)～(⑨)にあてはまる最も適切な語句を答えなさい。

(2)　無性生殖と有性生殖について，子孫を残し，繁栄させるために有利な点を，それぞれ簡潔に述べなさい。

(3)　減数分裂の第一分裂前期では，対をなす相同染色体どうしが平行に並んで接着する現象が見られる。この現象を何というか答えなさい。

(4)　ある動物の染色体数が$2n=6$であったとすると，精子に生じる染色体の組み合わせは何通りか，答えなさい。ただし，すべての相同染色体において，複数の遺伝子に対立遺伝子が存在するため，同一の染色体は存在しないものとし，減数分裂の際に染色体の乗換えは起きなかったものとする。

(5)　文中の一次精母細胞100個から，精子は何個できるか，また一次
卵母細胞100個から卵は何個できるか。それぞれ答えなさい。

(6)　次の(ア)〜(オ)は，ウニの受精過程で起こる現象について述べた
ものである。(ア)〜(オ)の現象を，(ア)から始めて正しい順序に並べ
て，記号で答えなさい。

(ア)　先体反応が起こる　　　(イ)　精子星状体の形成

(ウ)　表層反応が起こる　　　(エ)　精核と卵核の融合

(オ)　先体突起が卵黄膜を通過する

(7)　両生類の発生では，精子が卵に進入すると，卵の表層全体が，内
側の細胞質に対して約30°回転する。この表層回転によって，精子
進入点の反対側の赤道部に，周囲と色調の異なる領域が生じる。こ
の領域を何というか答えなさい。

(8)　図15，図16は，サンショウウオの胞胚の断面図の模式図である。
この胞胚を用いて，次のように[実験1]，[実験2]を行った。あとの
(ア)，(イ)の問いに答えなさい。

[実験1]　図15のように，動物極側の細胞群と植物極側の細胞群の一
部を切り取って，別々に培養したところ，動物極側の細胞群
(A)は表皮になり，植物極側の細胞群(B)は内胚葉性の組織に
分化した。

[実験2]　図16のように，動物極側の細胞群と植物極側の細胞群を接
触させて培養すると，動物極側の細胞群(C)から脊索や体節
などが分化した。植物極側の細胞群(D)は内胚葉性の組織に
分化した。

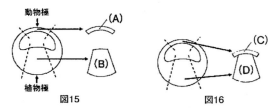

図15　　　　　　　　　図16

(ア)　[実験1]における動物極側の細胞群(A)ではどのような胚葉の形

成を行っているか答えなさい。

(イ) [実験1]と[実験2]の結果の違いから，どのようなことが考察できるか述べなさい。

(☆☆☆◎◎◎)

【3】次の文を読み，各問いに答えなさい。

　植物は環境が変化しても適当な環境を探して移動することができない。そのため，環境の変化に従って生きていく必要があり，それをいち早く感知し，対応・適応しなければならない。このための調節機構に関する制御物質が植物ホルモンである。 ① は，種子の発芽を抑制することにより，休眠を維持する役割をもつ。また，乾燥などにより植物体にストレスがかかると合成されて濃度が高まる。ジベレリンは茎の伸長促進，種子の休眠解除，花芽誘導などに影響がある。幼葉鞘の光屈性にかかわる植物ホルモンとして発見されたオーキシンは，移動に極性があることが知られている。イネなどの植物では，オーキシンを与えて組織培養を行うと細胞は未分化な状態に戻って増殖し，(a)と呼ばれる未分化な細胞塊をつくる。これに植物ホルモンと栄養分を与えて培養すると，再分化して根や葉ができる。(a)がどのような組織に分化するかは，培地中のオーキシンと ② の比率に影響を受けることが知られており， ② の比率が高いと葉や芽に分化する。

　被子植物にとって，花芽形成を適切な時期に行うことは，繁殖のためにきわめて重要である。そのため，花芽形成の開始は，日長や温度といった季節の進行の手がかりとなる外的な要因などによる調節を受ける。 ③ は，日長条件に応じて(b)で合成され，茎頂に移動して花芽形成を引き起こす。近年の研究によって，シロイヌナズナのFTタンパク質や，イネのHd3aタンパク質などが ③ としてはたらくことが解明され花芽形成のしくみが明らかになってきた。果実の成熟の調節や植物の落葉には，気体の植物ホルモンである ④ が関わっている。植物の落葉は，葉柄の付け根に(c)という細胞層がつ

くられて能動的に引き起こされる。

(1) 文中の　①　～　④　にあてはまる植物ホルモンの名称を，次
の(ア)～(エ)から選び，それぞれ記号で答えなさい。

(ア) サイトカイニン　　(イ) エチレン　　(ウ) アブシシン酸
(エ) フロリゲン

(2) 文中の(a)～(c)にあてはまる最も適切な語句を答えなさ
い。

(3) 文中の　①　は植物体にどのような変化をもたらすことで，乾
燥を防いでいるのか，簡潔に答えなさい。

(4) ジベレリンによって，オオムギの種子が休眠を解除し発芽が起こ
る場合，胚から分泌されたジベレリンが胚乳の周囲の糊粉層に作用
し，糊粉層の細胞において，ある酵素が合成・分泌される。この酵
素の名称を答えなさい。

(5) ある植物の種子に表1の光処理を行った。赤色光または遠赤色光
とあるのは，その光を5分間照射したことを示している。各処理の
後，暗室に1週間置いて発芽率を調べると表1の発芽率のような結果
となった。この植物の種子が，葉の生い茂った森林に散布された場
合の森林内での発芽についての説明文2中の{　}にあてはまる最
も適切な語句をそれぞれ選び，記号で答えなさい。

表1

光処理	発芽率（%）
無処理（暗条件）	8
赤色光	85
遠赤色光	7
赤色光→遠赤色光	8
赤色光→遠赤色光→赤色光	82

説明文2

　葉の生い茂った森林では，林冠が他の植物によって閉鎖され，林
床では i{(ア)　赤色光に比べ，遠赤色光の　　(イ)　遠赤色光に比
べ，赤色光の}割合が高くなる。このような環境下では，ii{(ウ)　遠
赤色光吸収型　　(エ)　赤色光吸収型}の光受容体の割合が大きくな
り，発芽が抑制される。

(6) オーキシンの極性移動は，オーキシンを細胞内から細胞外へ排出するタンパク質(排出輸送体)の細胞膜での局在が主に関与する。次の図は茎の細胞を模式的に示したものである。この模式図に，排出輸送体の分布を●印を用いて図示しなさい。ただし，図示する排出輸送体の数や大きさは問わない。また，隣接した細胞間で排出輸送体によりオーキシンが輸送される方向を，同じ図に→で示しなさい。

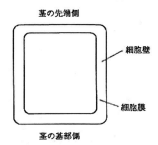

(7) 表2はアサガオのある品種について，合計24時間のさまざまな明暗周期(明期，暗期とも連続した時間)を与え，花芽形成した個体の割合を観察したものである。このアサガオの品種は長日植物と短日植物のいずれと考えられるか，答えなさい。また，このアサガオが花芽形成した理由を示す説明文3中の{　}にあてはまる最も適切な語句をそれぞれ選び，記号で答えなさい。

表2

明期の長さ	11 時間	12 時間	13 時間	14 時間	15 時間	16 時間	17 時間
花芽形成した個体の割合	100%	100%	100%	55%	0%	0%	0%

説明文3

　花芽形成は，連続した　i{(ア)　明期　　(イ)　暗期}の長さによって引き起こされる。その時間の長さが，一定　ii{(ウ)　以上(エ)　以下}になったため，花芽の形成が開始した。

(8) 植物の花芽形成が日長の変化に影響を受ける性質を何というか，答えなさい。

(☆☆☆☆◎◎◎)

【4】次のⅠ，Ⅱの文を読み，各問いに答えなさい。

Ⅰ　進化が起こるためには，まず，DNAの塩基配列や染色体の構造・数が変化するような突然変異が生じ，集団内の遺伝子構成に変化が起きる必要がある。ある環境のもとで，変異に応じて繁殖力や生存率に差がある場合，繁殖や生存に有利な変異をもつ個体が次の世代により多くの子を残す（　①　）がはたらくと，繁殖率と生存率を高める変異が世代を経るにつれて集団内に広がる。

　　しかし，遺伝子に生じた突然変異の多くは繁殖力や生存率に影響を与えないため，（　①　）とは無関係である。分子レベルで見られる変異のほとんどは，生存にとって有利でも不利でもなく，世代間の遺伝子頻度(遺伝子プールにおける対立遺伝子の頻度)は偶然によって変動する。このような偶然による遺伝子頻度の変化のプロセスを（　②　）といい，小さな集団では，大きな集団に比べて影響が現れやすい。（　②　）により，遺伝子に生じた変異が集団内に広がるという考え方を，分子進化の（　③　）説という。

(1)　文中の（　①　）～（　③　）にあてはまる最も適切な語句を，(ア)～(カ)から選び，それぞれ記号で答えなさい。

　　(ア)　遺伝的浮動　　(イ)　地理的隔離　　(ウ)　生殖的隔離

　　(エ)　中立　　　　　(オ)　自然選択　　　(カ)　用不用

(2)　ある花壇の植物の集団のうち100個体について，花の色の遺伝子型と個体数を調べたところ，赤花の個体の遺伝子型はAAで50個体，ピンク花の個体の遺伝子型はAaで40個体，白花の個体の遺伝子型はaaで10個体だった。ただし，この花壇全体ではハーディ・ワインベルグの法則が成り立つと仮定する。また，花の色は一組の対立遺伝子によって決まるものとする。

　　(ア)　この花壇全体で，対立遺伝子Aの遺伝子頻度p，対立遺伝子aの遺伝子頻度qはそれぞれいくつになるか，答えなさい。ただし，$p+q=1$とする。

　　(イ)　ハーディ・ワインベルグの法則が成立するためには，5つの条件を満たしていることが必要である。しかし，この条件をすべて

満たす集団は自然界には存在しないため，進化が生じる。ハーディ・ワインベルグの法則が成立するための5つの条件のうち二つ答えなさい。

(3) （　③　）説を提唱した人物は誰か，(ア)～(オ)から選び，記号で答えなさい。

(ア)　ラマルク　　(イ)　ダーウィン　　(ウ)　利根川進

(エ)　ヘッケル　　(オ)　木村資生

(4)　ある個体群が，同種の個体群から隔てられて，新しい種ができることを種分化とよぶ。新たな種の成立条件として，個体間で交配できなくなるか，交配しても生殖能力のある子ができなくなる状態が考えられる。この状態を何というか，最も適切な語句を(ア)～(カ)から選び，記号で答えなさい。

(ア)　遺伝的浮動　　(イ)　地理的隔離　　(ウ)　生殖的隔離

(エ)　中立　　　　(オ)　自然選択　　　(カ)　用不用

Ⅱ　生物が進化してきた道筋を系統といい，それを表す樹状の図を系統樹という。異なる生物種の間で相同なタンパク質のアミノ酸配列を比較することにより，それらの類縁関係や生物種が共通の祖先から分かれた年代を推定することができる。表3は，4種の生物(ヒト，X，Y，Z)間において，あるタンパク質Aのアミノ酸配列を比較し，生物間で異なるアミノ酸の数を示したものである。また，図17は，この情報をもとにタンパク質Aの分子系統樹を描いたものである。これらの生物において，タンパク質Aは同じ働きをもち，その進化速度は一定であったと仮定する。なお，図17の枝の長さはアミノ酸の変化の量とは比例していない。

表3

ヒト	0			
X	37	0		
Y	17	43	0	
Z	68	75	65	0
	ヒト	X	Y	Z

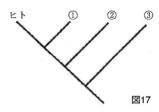

図17

293

(5)　図17の①～③にあてはまる生物を，X～Zから選び，それぞれ記号で答えなさい。

(6)　化石を用いた研究により，ヒトとZは約4.0億年前に共通の祖先から分岐したことがわかった。ヒトとYが共通の祖先から分岐したのは，今から何億年前と推定することができるか。小数第2位を四捨五入し，小数第1位まで求めなさい。

(☆☆☆◎◎◎)

解答・解説

中 学 理 科

【1】(1)　エ　　(2)　①　ウ　　②　カ　　③　ア　　(3)　ア　理解
イ　科学技術　　ウ　人間生活　　エ　見通し　　オ　分析
カ　態度
〈解説〉(1)　解答参照。　　(2)　イは「公立の義務教育諸学校等の教育職員の給与等に関する特別措置法」の第7条である。エは「教育公務員特例法」の第23条である。オは「学校教育法施行規則」の第66条である。教育に関する法令は出題範囲が広いが，教職を目指すものとして理解しておきたい。　　(3)　解答参照。

【2】(1)　X　種子　　Y　コケ　　(2)　イ　　(3)　ア，ウ　　(4)　A→
D→B→C　　(5)　ウ　　(6)　①　光合成　　②　水中　　③　陸上
〈解説〉(1)(2)　植物は，種子をつくる種子植物と，種子をつくらないシダ類やコケ類に分類できる。また，種子植物は被子植物と裸子植物に分類できる。さらに，被子植物は双子葉類と単子葉類に分類できるが，これらは子葉の数，葉脈，根，茎の維管束などに違いが見られる。

(3) ユリは単子葉類，マツは裸子植物である。 (4) ツツジは被子植物の双子葉類である。被子植物の花のつくりは，外側からがく，花弁，おしべ，めしべとなる。 (5) アブラナは被子植物の双子葉類であり，問題文の文章は被子植物の受精のしくみを述べたものである。
(6) 藻類とは，光合成を行い，水中で生活する生物のうち，コケ植物，シダ植物，種子植物を除いたものの総称である。

【3】(1) ウ (2) イ (3) イ (4) (固体の物質Aが液体に変化する間,)加熱し続けていても温度が一定だから。 (5) ア，オ
(6) イ，オ
〈解説〉(1) 実験1④より判断できる。密度は物質の単位体積当たりの質量なので，体積の小さな固体は液体よりも密度が大きい。 (2) 液体が固体に変化するように，物質の状態が変化しても粒子の数は変わらないので物質の質量は変化しない。一方，物質の状態が変化すると，物質を構成する粒子どうしの間隔が変化するので，体積は変化する。
(3)(4) 純粋な物質では，状態変化が続く間は加熱を続けても温度は変化しない。これは，加熱時に加えた熱が，すべて状態変化に利用されるからである。 (5) 融点とは固体が液体に変化するときの温度であり，沸点とは液体が気体に変化するときの温度である。$-10℃$において液体の状態で存在する物質は，融点が$-10℃$より低く，沸点が$-10℃$より高い。 (6) 主に炭素が骨格となっている物質を有機物，それ以外の物質を無機物という。塩化ナトリウム$NaCl$と水銀Hgには炭素が含まれていないので，無機物と判断できる。

【4】(1) $CaCO_3 + 2HCl → CaCl_2 + H_2O + CO_2$ (2) イ (3) (岩石をつくっている粒が)堆積する前に流水で運ばれながら角がけずられ，丸みを帯びた。 (4) ア 長い イ 遠く (5) 偏西風
〈解説〉(1) 石灰岩は，サンゴ礁などの熱帯の浅い海で炭酸カルシウム$CaCO_3$が堆積することでできる。 (2) チャートは，二酸化ケイ素SiO_2に富んだ放散虫や珪藻の遺骸が堆積することでできる。その他の3

つは，マグマが冷え固まってできる火成岩である。　(3)　図6の岩石は，流水により堆積されたものと考えられる。　(4)　粒が細かいものから順に泥，砂，れきとなる。細かい粒は水中を漂いながら沈むため，海岸線から見てより遠くに堆積することになる。　(5)　姶良カルデラ火山灰(姶良Tn火山灰)は，2万9千～2万6千年前に姶良カルデラの大爆発で噴出した火山灰である。

【5】(1)　4〔Ω〕　　(2)　6.4〔℃〕　　(3)　4〔倍〕
(4)　電熱線ア…10800〔J〕　　電熱線イ…2700〔J〕　　(5)　対流
(6)　40〔A〕

〈解説〉(1)　電源装置の電圧は6.0Vなので，オームの法則より，電熱線アの抵抗値は$\frac{6.0}{1.5}$＝4.0〔Ω〕となる。　(2)　電熱線アの消費電力は，1.5×6.0＝9.0〔W〕となる。5分間は300秒なので，電熱線アで発生する発熱量は9.0×300＝2700〔J〕となる。この熱量がすべて水温の上昇に利用されたので，水温がt〔℃〕上昇するとき，100×4.2×t＝2700という関係が成り立つので，t≒6.4〔℃〕となる。　(3)　電源装置の電圧は15.0Vなので，オームの法則より，電熱線アと電熱線イの合成抵抗は$\frac{15.0}{3.0}$＝5.0〔Ω〕となる。また，電熱線アと電熱線イは直列に接続されており，(1)より電熱線アの抵抗値は4.0Ωなので，電熱線イの抵抗値は5.0－4.0＝1.0〔Ω〕となる。ここで，電熱線アと電熱線イを流れる電流の大きさは等しいので，(消費電力)＝(電流)×(電圧)＝(電流)^2×(抵抗値)より，電熱線の消費電力は抵抗値に比例することになる。したがって，電熱線アが消費する電力は，電熱線イの消費電力の4.0倍となる。　(4)　5分間は300秒なので，電熱線アで発生する発熱量は3.0^2×4.0×300＝10800〔J〕，電熱線イで発生する発熱量は3.0^2×1.0×300＝2700〔J〕となる。　(5)　熱の伝わり方には，物体どうしが接触してるとき高温部から低温部に熱が伝わる「伝導」，気体や液体が移動することで熱が伝わる「対流」，物体から発せられる電磁波の形で熱が伝わる「放射」の3通りがある。　(6)　家庭用のコンセントは並列回路となっているので，複数の電気器具を接続しても電圧はすべて

100Vである。それぞれの電気器具を同時に接続して使用したときの消費電力は表示されている値の和となり，1300＋1500＋1200＝4000〔W〕となる。このとき，家庭に流れこむ電流の大きさの最大値は$\dfrac{4000}{100}=$40〔A〕となる。

【6】(1)　8.5〔℃〕　　(2)　(標高が高くなるほど，その上にある)空気の重さが小さくなるから。　　(3)　飽和水蒸気量　　(4)　ア　熱をよく伝える　　イ　空気の温度　　(5)　43〔％〕　　(6)　ア　しない　イ　低くなる

〈解説〉(1)　表3より，山の中腹の気温は9.0℃，湿度は93％なので，表4より乾球と湿球の示度の差は0.5℃と読み取れる。ここで，湿球の示度は乾球の示度より低いはずなので，湿球の示度は9.0－0.5＝8.5〔℃〕となる。　　(2)　ある地点の気圧は，その地点より上に存在する空気の重さなので，標高が高くなるほど気圧が低くなる。　　(3)(4)　金属は熱をよく伝えるため，コップの中の水とコップの表面に接する空気の温度差は小さくなっていき，やがて等しくなる。温度が低くなるほど飽和水蒸気量は小さくなり，空気中に含むことができなくなった水蒸気は液体となるので，金属表面がくもり始める。　　(5)　実験②より，午前10時の室温は25℃，くもり始めたときの温度(露点)は11℃となる。また，図14より，気温11℃における飽和水蒸気量は10.0g/m³と読み取れるので，これが午前10時の実験室内の空気に含まれていた水蒸気量となる。さらに，気温25℃における飽和水蒸気量は23.0g/m³と読み取れるので，湿度＝$\dfrac{空気に含まれる水蒸気量}{その気温での飽和水蒸気量}\times100=\dfrac{10.0}{23.0}\times100≒43$〔％〕となる。　　(6)　10時から14時までの間は露点がほとんど変化していないので，空気に含まれる水蒸気量もほとんど変化していないことになる。一方，実験室の室温は上昇しているため飽和水蒸気量は増加していることになる。したがって，(5)の式より，10時から14時までの間に実験室内の湿度は低下していることになる。

【7】(1)　ア，エ　　　(2)　(鉄と硫黄の混合物を加熱しいったん反応が始まると，)熱を発生する(ため，加熱をやめた後も反応が続くから。)

(3)　Fe＋S→FeS　　(4)　ア，ウ　　(5)　物質名…鉄　　質量…1.25

〔g〕　　　(6)　操作の順…ウ→オ→ア→カ→イ→エ　　記号…b

〈解説〉(1)　ろうと空気は2種類以上の物質が混ざり合った混合物，二酸化炭素とエタノールは1種類の物質からなる純物質である。

(2)(3)　鉄Feと硫黄Sの反応では，光と激しい熱が発生して硫化鉄FeSが生成する。　　(4)　実験④ではFeS＋2HCl→FeCl$_2$＋H$_2$Sという反応が起こるので，発生した気体は腐乱臭のある硫化水素H$_2$Sである。また，硫化水素の分子量は34であり，空気の平均分子量28.8より大きいことから，硫化水素は空気より重い気体である。　　(5)　実験①～③より，鉄粉1.75gと硫黄1.00gは過不足なく反応することがわかる。よって，3.00gの硫黄と過不足なく反応する鉄粉の質量は$1.75×\dfrac{3.00}{1.00}＝5.25$〔g〕となり，反応せずに残った鉄粉の質量は6.50－5.25＝1.25〔g〕となる。

(6)　ガスバーナーを使うときは元栓→ガス調節ねじ→空気調節ねじという順に開けるが，火を消す際には空気調節ねじ→ガス調節ねじ→元栓という順に閉める。なお，ガス調節ねじや空気調節ねじを開けるときは上から見て反時計回り，閉めるときは時計回りにねじを回す。

【8】(1)　ゲンゴロウブナ　　(2)　ウ　　(3)　E　　(4)　は虫類の卵には殻があり，体表はうろこでおおわれているため，乾燥に強いから。

(5)　①　軟体　②　アサリ　　(6)　器官名…肺　　記号…エ

〈解説〉(1)　呼吸方法がえら呼吸のみなので，Eには魚類のゲンゴロウブナが該当する。　　(2)　からだの表面の特徴より，Bは両生類と考えられる。　　(3)　(1)の解説参照。　　(4)　陸上の生物は常に乾燥にさらされており，それぞれの動物は乾燥から身を守る特徴をもっている。両生類では水分を通す皮膚を粘膜がおおっているが，は虫類のうろこは水分を通さないので両生類より乾燥に強い。　　(5)　タコやイカなどを除く軟体動物は，からだの外側が貝殻でおおわれている。なお，ミジンコは節足動物，クラゲは刺胞動物に分類される。　　(6)　クチベニマ

イマイを含む多くの陸生軟体動物は，肺で呼吸を行っている。一方，海中で生活するイカは胴部に二対あるえらで呼吸を行っている。また，アは目，イはろうと，ウは胃である。

【9】(1) 位置エネルギー　(2) D　(3) ア　(4) ウ　(5) ウ
(6) (小球がもっている力学的エネルギーの一部が)熱や音などの別のエネルギーとなったから。

〈解説〉(1)　重力がはたらく状況で，高い位置にある物体がもっているエネルギーは，位置エネルギーである。　(2)　小球がA点でもっていた位置エネルギーが運動エネルギーに変換されるため，位置エネルギーが最も小さくなるD点で運動エネルギーが最大となる。運動エネルギーは物体の速さの2乗に比例することから，D点で小球の速さは最大となる。　(3)　斜面の傾きが一定であれば，物体にはたらく斜面に平行で下向きの力は一定となり，物体は等加速度直線運動をする。なお，斜面からの垂直抗力は，重力の斜面に垂直な方向の成分とつりあう。
(4)　F点では，小球にはたらく力は重力と垂直抗力であり，これらはつり合っている。　(5)　実験2では，CD間で小球に摩擦力が運動方向とは逆向きにはたらくので，D，E，F点における小球の速さは実験1よりも小さくなる。　(6)　摩擦力がはたらくことで物体は負の仕事をされるため，力学的エネルギーは減少し，減少した分のエネルギーは熱エネルギーなどに変換される。

【10】(1) 減数分裂　(2) 形質　(3) ウ　(4) イ　(5) 分離の法則

〈解説〉(1)(2)　生物のもつ形や性質のことを形質という。有性生殖では，雄と雌がそれぞれ減数分裂により生殖細胞をつくり，これらの核が合体することで新たな個体が誕生するので，子の形質は両親の形質を組み合わせたものとなる。　(3)　図19より，孫の世代ではしわのある種子が現れていることから，④の種子は純系の丸い種子ではないことがわかる。したがって，この種子のもつ遺伝子はAaとなり，この種子か

らは遺伝子Aをもつ生殖細胞と遺伝子aをもつ生殖細胞が1：1の比でできる。　(4)　遺伝子AAと遺伝子Aaをもつ親の組み合わせでは，子の世代の種子がもつ遺伝子の比はAA：Aa：aa＝1：1：0となり，これらのうち1つを自家受精させると孫の代ではしわのある種子が現れるので，自家受精させたのは遺伝子Aaをもつ種子となる。すると，孫の世代の種子がもつ遺伝子の比はAA：Aa：aa＝1：2：1となる。ここで，しわのある種子aaの個数が1850個であり，純系の丸い種子AAの比と等しいので，純系の丸い種子の個数はおよそ1850個となるはずである。したがって，選択肢イの1857個が正答となる。　(5)　1つの個体は同じ形質を決める遺伝子を2つもっており，減数分裂の際にはこれらが別々の生殖細胞に入ることになる。

【11】(1)　ア　　(2)　①　ウ　　②　オ　　③　イ　　(3)　ウ，エ
　(4)　－極　　(5)　(アルミニウムが)イオンとなって溶け出したから。
　(6)　(二次電池は)充電(して繰り返し使うことができる。)
〈解説〉(1)　イオン化傾向が亜鉛板より小さい銅板が＋極となる。電子はモーターを通り負極から＋極へ流れ，電流の向きはその逆のアの向きとなる。　(2)　電池とは，物質がもつ化学エネルギーを電気エネルギーとして取り出す装置のことである。また，モーターに電流を流すと回転が起こるため，電気エネルギーが運動エネルギーに変換されている。　(3)　食塩水とレモン水は，塩酸と同様に電解質の水溶液である。電解質の水溶液は電気を通す性質をもっているので，電池に用いられる。　(4)(5)　アルミニウムくは電子を放出する－極となるため，電子オルゴールの－極につなぐことになる。放電時には，アルミニウムは電子を放出してアルミニウムイオンとなり溶け出している。
　(6)　放電時とは逆向きに電流を流すことで，起電力を回復させる(充電する)ことができる電池を二次電池(蓄電池)という。

高 校 理 科

【共通問題】

【1】(1) エ　　(2) ① ウ　② カ　③ ア　　(3) ア 事物
イ 実験　ウ 運動　エ 変化　オ 現象　カ 環境

〈解説〉(1) 解答参照。　(2) イは公立の義務教育諸学校等の教育職員
の給与等に関する特別措置法の第7条である。エは教育公務員特例法
の第23条である。オは学校教育法施行規則の第66条である。教育に関
する法令は出題範囲が広いが，教職を目指すものとして理解しておき
たい。　(3) 学習指導要領は様々な科目から出題されているので，選
択する科目以外についても理解を深めておきたい。

【2】(1) コニカルビーカー，メスフラスコ　　(2) $CH_3COOH＋NaOH$
$→CH_3COONa＋H_2O$　　(3) 正塩　　(4) 下線部①の酢酸水溶液の濃
度を x〔mol/L〕とすると，滴定に用いた酢酸水溶液の濃度は
$\frac{x}{10}$〔mol/L〕 1〔価〕$\times\frac{x}{10}$〔mol/L〕$\times\frac{10}{1000}$〔L〕＝1〔価〕$\times$0.12
〔mol/L〕$\times\frac{25}{1000}$〔L〕 x＝3.0〔mol/L〕　　答　3.0〔mol/L〕

(5) 18〔％〕　　(6) 指示薬…(ア)　　色の変化…無色→赤色

〈解説〉(1) ホールピペットとビュレットは，使用する前に水が残って
いると中に入れる水溶液の濃度が変わってしまうため，共洗いをしな
ければならない。一方，コニカルビーカーとメスフラスコの中の水溶
液はすでに溶質の物質量が決定されているので，滴定結果に影響を及
ぼさない。　(2) 酢酸と水酸化ナトリウムが反応すると，酢酸ナトリ
ウムと水が生じる。　(3) 酢酸ナトリウムCH_3COONaには，酸のHも
塩基のOHも残っていないので正塩である。　(4) 中和反応の量的関
係より，(酸の価数)×(酸のモル濃度)×(酸の体積)＝(塩基の価数)×(塩
基のモル濃度)×(塩基の体積)が成り立つことを利用する。なお，酢酸
水溶液については，もとの酢酸水溶液を10倍に薄めていることに注意
すること。　(5) 酢酸水溶液の密度から1.0〔g/cm^3〕＝1000〔g/L〕と

表せるので，この酢酸水溶液1Lの質量は1000gとなる。また，(4)より
この酢酸水溶液のモル濃度は3.0〔mol/L〕なので，この水溶液1L中の
酢酸の物質量は3.0〔mol〕，酢酸のモル質量は60〔g/mol〕より，酢酸
の質量は60×3.0＝180〔g〕となる。したがって，この酢酸水溶液の質
量パーセント濃度は$\frac{180}{1000}×100=18$〔％〕となる。　(6)　弱酸を強塩
基で滴定すると，中和点は塩基性側に偏るため，塩基性側に変色域を
もつフェノールフタレインを指示薬として用いる。水溶液が酸性→中
性→塩基性と変化する場合，フェノールフタレインの色は無色から赤
色に変化する。

【3】(1)　$mg-F$〔N〕　　(2)　$M_1g-M_0g-F=0$　　(3)　ρVg〔N〕
(4)　$\dfrac{M_1-M_0}{\rho}$〔m³〕　　(5)　$\dfrac{M_0-M_1+m}{m}g$〔m/s²〕　　(6)　M_0+m
〔kg〕

〈解説〉(1)　糸の張力をTとすると，物体にはたらく重力mgは浮力Fと張
力Tの和とつり合うので，$T+F=mg$となる。したがって，$T=mg-F$
〔N〕となる。　(2)　ビーカーと水全体にはたらく力は，重力M_1g，浮
力F，および電子てんびんからの垂直抗力M_0gである。これらの力がつ
り合っているので，$M_1g-M_0g-F=0$となる。　(3)　物体の体積Vは，
物体が排除した水の体積と等しくなる。また，水中で物体にはたらく
浮力の大きさFは，物体が排除した水の重さρVgに等しいので，$F=\rho Vg$〔N〕となる。　(4)　(3)の結果を(2)の結果に代入すると，$M_1g-M_0g-\rho Vg=0$となる。よって，物体の体積Vは$V=\dfrac{M_1-M_0}{\rho}$〔m³〕と
なる。　(5)　沈み始めた直後の物体の加速度をaと
すると，運動方程式は$ma=mg-F=mg-\rho×\dfrac{M_1-M_0}{\rho}×g=(M_0-M_1+m)g$となる。したがって，$a=\dfrac{M_0-M_1+m}{m}g$〔m/s²〕となる。
(6)　物体がビーカーの底面で静止しているとき，物体と水は一体とな
っているので物体には浮力がはたらいていないと考えられる。したが
って，電子てんびんが示す値はビーカー，水，物体の質量の和となる
ので，M_0+m〔kg〕となる。

【4】(1) ① 二重らせん ② デオキシリボース ③ 発現

(2) 24〔%〕 (3) (ウ) (4) (ア) 転写 (イ) 翻訳

(5) (ア) ACCGUAUGCU (イ) 153〔個〕

〈解説〉(1) ①② RNAの構造がDNAと異なる点は、糖の部分がデオキ
シリボースの代わりにリボースとなり、塩基のうちチミン(T)の代わり
にウラシル(U)となり、かつ二重らせん構造ではなく1本のヌクレオチ
ド鎖でできていることである。 ③ 遺伝子の発現過程は、DNAの塩
基配列がRNAに写し取られる転写、およびRNAの塩基配列がアミノ酸
配列に読みかえられる翻訳からなる。 (2) 2本鎖DNAのうち1本の
DNA鎖の塩基数を100塩基とすると、2本鎖DNAに含まれるGとCの合
計は$200 \times 0.48 = 96$〔塩基〕、AとTの合計は$200 - 96 = 104$〔塩基〕とな
る。また、2本鎖DNAのAとT、GとCは互いに対になっているので、一
方のDNA鎖に含まれるAが$100 \times 0.28 = 28$〔塩基〕の場合、もう一方の
DNA鎖に含まれるTも28〔塩基〕となる。ここで、もう一方のDNA鎖
に含まれるAの塩基数をxとすると、$28 \times 2 + 2x = 104$、$x = 24$となる。
したがって、もう一方のDNA鎖のAの割合は24%となる。

(3) 隣りあうヌクレオチドの間では、糖とリン酸の間で結合を形成し
ている。 (4) (1)③の解説参照。 (5) (ア) RNAの塩基はA、U、
G、Cの4種類であり、それぞれDNAの塩基のうちT、A、C、Gと対応
しているので、解答のような塩基配列となる。 (イ) 連続した3個の
塩基が1個のアミノ酸を指定するので、アミノ酸の配列順序を指定し
たmRNAの塩基数は$51 \times 3 = 153$〔個〕となる。

【5】(1) $\pi R^2 S$〔W〕 (2) 50〔%〕 (3) ア 49 イ 30

(4) a

〈解説〉(1) 単位時間に地球全体に入射する太陽放射エネルギーの量は、
(太陽定数〔W/m²〕)×(地球の断面積〔m²〕)$= S \times \pi R^2$〔W〕となる。

(2) 太陽からの放射エネルギー量をIとすると、太陽の高度がθとな
る地点での太陽放射エネルギーの入射量I'は$I' = I \sin\theta$と表せる。図3
より、地点Aでは$\theta = 90°$、地点Bでは$\theta = 30°$より、地点Bにおける

太陽放射量は，地点Aにおける太陽放射量の$\dfrac{I\sin30°}{I\sin90°}\times100=\dfrac{\frac{1}{2}}{1}\times100$ $=50$〔％〕となる。　（3）　ア　太陽放射のエネルギー収支より，$\boxed{\text{ア}}=100-(23+8+20)=49$となる。　イ　地表におけるエネルギー収支より，$49+95=114+\boxed{\text{イ}}$より，$\boxed{\text{イ}}=30$となる。なお，大気圏におけるエネルギー収支を考える場合，$20+(114-12)+\boxed{\text{イ}}=95+57$より，$\boxed{\text{イ}}=30$となる。　（4）　赤道付近では太陽放射エネルギーの入射量が大きいので，極側へ熱が輸送されることになる。グラフの縦軸は北へ向かう熱の輸送を正としているので，赤道から北極へ向かう熱の輸送が正の値，赤道から南極へ向かう熱の輸送が負の値となるaのグラフが正答となる。

【物理・地学】

【１】（1）　屈折の法則より$n_1\sin\theta_1=n_2\sin\theta_2$　　（2）　$\dfrac{\lambda}{n_2}$〔m〕　　（3）　屈折の法則より$n_2\sin\theta_2=\sin\theta_3$　　θ_1が最小のとき，$\theta_3=\dfrac{\pi}{2}$だから，$n_2\sin\theta_2=1$　$n_1\sin\theta_1=1$　$\sin\theta_1=\dfrac{1}{n_1}$　　（4）　$\overline{\text{A\,'C}}=\overline{\text{AC}}\sin\theta_1=$ $2d\tan\theta_2\sin\theta_1=\dfrac{2n_1d\sin^2\theta_1}{\sqrt{n_2{}^2-n_1{}^2\sin^2\theta_1}}$〔m〕　　（5）　A′C間に入る波の数を$N_1$とすると$N_1=\dfrac{\overline{\text{A\,'C}}}{\frac{\lambda}{n_1}}=\dfrac{2n_1{}^2d\sin^2\theta_1}{\lambda\sqrt{n_2{}^2-n_1{}^2\sin^2\theta_1}}$〔個〕　　（6）　$\overline{\text{ABC}}=\dfrac{2d}{\cos\theta_2}$ $=\dfrac{2n_2d}{\sqrt{n_2{}^2-n_1{}^2\sin^2\theta_1}}$〔m〕　　（7）　ABC間に入る波の数を$N_2$とすると，$N_2=\dfrac{\overline{\text{ABC}}}{\frac{\lambda}{n_2}}=\dfrac{2n_2{}^2d}{\lambda\sqrt{n_2{}^2-n_1{}^2\sin^2\theta_1}}$〔個〕　　（8）　$N_2-N_1=m-\dfrac{1}{2}$ $\dfrac{2d\sqrt{n_2{}^2-n_1{}^2\sin^2\theta_1}}{\lambda}=m-\dfrac{1}{2}$　$2d\sqrt{n_2{}^2-n_1{}^2\sin^2\theta_1}=\left(m-\dfrac{1}{2}\right)\lambda$

〈解説〉（1）　解答参照。　（2）　屈折率1の空気中を進む光の波長がλ〔m〕のとき，この光が屈折率n_2の薄膜中を進むと波長は$\dfrac{\lambda}{n_2}$〔m〕となる。（3）　屈折の法則より，空気中と真空中を進む光について，$n_2\sin\theta_2=\sin$

θ_3となる。θ_1が最小のとき，光は薄膜と空気の境界面で全反射するので，$\theta_3=\dfrac{\pi}{2}$となり，$n_2\sin\theta_2=\sin\dfrac{\pi}{2}=1$となる。さらに，(1)より，$n_2\sin\theta_2=n_2\times\dfrac{n_1}{n_2}\sin\theta_1=1$より，$\sin\theta_1=\dfrac{1}{n_1}$となり，これが最小の$\theta_1$を与える条件となる。　(4)　下図のように，直角三角形AA′Cについて，$\overline{\text{A′C}}=\overline{\text{AC}}\sin\theta_1$となる。一方，点Bから薄膜とガラスの境界面に引いた補助線と境界面の交点をHとすると，$\overline{\text{AC}}=2\overline{\text{AH}}$となり，直角三角形ABHについて，$\overline{\text{AH}}=d\tan\theta_2$となる。よって，$\overline{\text{A′C}}=2d\tan\theta_2\sin\theta_1=2d\times\dfrac{\sin\theta_2}{\cos\theta_2}\times\sin\theta_1$となる。ここで，(1)より$\sin\theta_2=\dfrac{n_1}{n_2}\sin\theta_1$となり，$\cos\theta_2=\sqrt{1-\sin^2\theta_2}=\sqrt{1-\left(\dfrac{n_1}{n_2}\sin\theta_1\right)^2}$なので，

$$\overline{\text{A′C}}=2d\times\dfrac{\dfrac{n_1}{n_2}\sin\theta_1}{\sqrt{1-\left(\dfrac{n_1}{n_2}\sin\theta_1\right)^2}}\times\sin\theta_1=\dfrac{2n_1d\sin^2\theta_1}{\sqrt{n_2^2-n_1^2\sin^2\theta_1}}\,\text{〔m〕}$$となる。

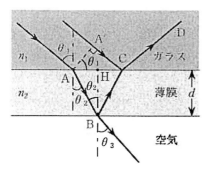

(5)　屈折率n_1のガラス中を進む光の波長は，(2)と同様に考えると$\dfrac{\lambda}{n_1}$〔m〕と表せ，この光が距離$\overline{\text{A′C}}$だけ進むので，A′C間に入る波の数N_1は$N_1=\dfrac{\overline{\text{A′C}}}{\dfrac{\lambda}{n_1}}=\dfrac{2n_1^2d\sin^2\theta_1}{\lambda\sqrt{n_2^2-n_1^2\sin^2\theta_1}}$〔個〕となる。　(6)　三角形ABHと三角形CBHは合同なので，$\overline{\text{AB}}=\overline{\text{BC}}$となることを利用すると，解答のようになる。　(7)　(5)と同様に考えると，解答のようになる。(8)　(5)のように，屈折率の小さなガラス中を進む光が，屈折率のより大きな薄膜との境界面で反射すると位相の反転が生じる。よって，(5)

と(7)の光が強め合うための条件は，これらの光路長の差が半波長の奇数倍となることであり，それぞれの光路長は波の数に比例することから，解答のようになる。

【2】(1)　点Pの電位をV_Pとすると$V_P = \dfrac{kQ}{\sqrt{a^2+d^2}} + \dfrac{kQ}{\sqrt{a^2+d^2}} = \dfrac{2kQ}{\sqrt{a^2+d^2}}$〔V〕

(2)

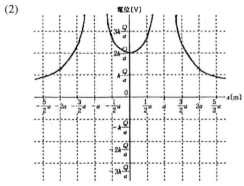

(3)　点Aの点電荷が点Pに作る電場の大きさをE_Aとする$E_A = \dfrac{kQ}{a^2+d^2}$〔N/C〕　　(4)　電場の$x$成分を$\vec{E_x}$とすると，$\vec{E_x} = 0$〔N/C〕　電場の$y$成分を$\vec{E_y}$，$\angle APO = \angle BPO = \theta$とすると，$\vec{E_y} = E_A \cos\theta \times 2 = \dfrac{kQ}{a^2+d^2} \times \dfrac{d}{\sqrt{a^2+d^2}} \times 2 = \dfrac{2kQd}{(a^2+d^2)^{\frac{3}{2}}}$〔N/C〕　　(5)　エネルギー保存の法則より，$\dfrac{1}{2}mV_0^2 + (-q)V_P \geqq 0$　　$V_0 \geqq 2\sqrt{\dfrac{kqQ}{m\sqrt{a^2+d^2}}}$〔m/s〕

(6)　(ア)　この荷電粒子がy軸上の点$(0, y)$を通過するときの運動方程式を立てると，$m(-\omega^2 y) = (-q) \cdot \dfrac{2kQy}{(a^2+y^2)^{\frac{3}{2}}}$　yがaに比べて十分に小さいので，$m(-\omega^2 y) \fallingdotseq (-q) \cdot \dfrac{2kQy}{a^3}$　$\omega = \sqrt{\dfrac{2kqQ}{ma^3}}$　よって，$T = \dfrac{2\pi}{\omega} = 2\pi\sqrt{\dfrac{ma^3}{2kqQ}}$〔s〕　　(イ)　$y = d\cos\omega t = d\cos\sqrt{\dfrac{2kqQ}{ma^3}}\,t$〔m〕

〈解説〉(1)　点Pにおける電位は，電気量が等しく同じ距離だけ離れた2つの点電荷による電位の和となる。　　(2)　$x > a$のとき，電位は，

$\dfrac{kQ}{x-a}+\dfrac{kQ}{x+a}=\dfrac{2xkQ}{x^2-a^2}$ となる。$-a<x<a$ のとき，電位は，$\dfrac{kQ}{a-x}+$ $\dfrac{kQ}{a+x}=\dfrac{2akQ}{a^2-x^2}$ となる。$x<-a$ のとき，電位は，$\dfrac{kQ}{a-x}+\dfrac{kQ}{-a-x}=$ $\dfrac{2xkQ}{a^2-x^2}$ となる。$x=a$，$x=-a$ では，電位は $+\infty$ となる。これらを考慮すると，解答のグラフが描ける。　(3)　解答参照。　(4)　複数の点電荷により生じる電場は，それぞれの電荷により生じる電場ベクトルの和となる。点Pでは，x 成分については点Aと点Bから大きさが等しく向きが真逆の電場ベクトルが生じるため，これらを重ね合わせると電場は0となる。　(5)　点Pにおける荷電粒子の運動エネルギーは $\dfrac{1}{2}mV_0^2$，無限遠を基準点にとったときの荷電粒子の静電気力による位置エネルギーは $(-q)V_\mathrm{p}$ となる。この荷電粒子が再び点Pに戻ってこないためには，荷電粒子の力学的エネルギーが基準点における位置エネルギーを上回ればよいので，$\dfrac{1}{2}mV_0^2+(-q)\,V_\mathrm{p}\geqq0$ が条件となる。さらに，(1)より点Pにおける電位 $V_\mathrm{p}=\dfrac{2kQ}{\sqrt{a^2+d^2}}$ を利用すると，解答のようになる。　(6)　(ア)　(4)より，点Pに存在する荷電粒子が受ける力 $\vec{F}$ は $\vec{F}=(-q)\,\vec{E_y}=(-q)\dfrac{2kQd}{(a^2+y^2)^{\frac{3}{2}}}$ と表せ，単振動の加速度と変位の関係より，(加速度)$=-\omega^2y$ となることから，解答の運動方程式を立てることができる。　(イ)　この荷電粒子は，$t=0$ のときに $y=d$ となることから，y 座標の変位は $y=d\cos\omega t$ と表せる。

【3】(1)　(ア)　波の進行方向と媒質の振動方向が平行である。
(イ)　(a)，(b)，(c)　(2)　$k=7.1$　(3)　震央距離…(d)
震源の深さ…(b)　(4)　(ア)　Ⅰ　(イ)　(b)，(c)　(ウ)　本震の後に発生する余震の震央分布を調べ，その分布域を震源断層の位置と考える。　(5)　(ア)　一定の震央距離以上では，地殻だけを伝わってきた地震波よりも，マントル中を経由して伝わってきた地震波の方が早く到達するようになるため。　(イ)　8.3〔km/s〕　(ウ)　地域Xに比べて，地殻の厚さが薄い。

〈解説〉(1) (ア) P波は縦波なので，波の進行方向と媒質の振動方向は平行となる。一方，S波は横波であり，波の進行方向と媒質の振動方向が垂直となる。 (イ) P波は固体，液体，気体のすべての状態の媒質中を伝わることができる。一方，S波は固体の媒質中しか伝わることができない。 (2) 初期微動継続時間Tは，ある観測点にP波が到達してからS波が到達するまでの時間なので，震源距離D，P波の速度V_P，S波の速度V_Sとすると，$T=\dfrac{D}{V_S}-\dfrac{D}{V_P}$と表せる。これを整理すると$D=\dfrac{V_S V_P}{V_P-V_S}\times T$となるので，大森公式より$k=\dfrac{V_S V_P}{V_P-V_S}=\dfrac{3.2\times5.8}{5.8-3.2}≒7.1$〔km/s〕となる。 (3) 震源の位置は，観測点を中心として震源距離を半径とする半球面の交線上に存在する。震央は震源の真上にあるので，図7の3つの円のうち2つの円の交点を結び，それぞれの交線が交わる点が震央となる。すると，1目盛りは10kmなので，観測点Aの震央距離はおよそ40kmと読み取れる。次に，図7より観測点Aの震源距離はおよそ45kmと読み取れるので，三平方の定理より，震源の深さ＝$\sqrt{45^2-40^2}=\sqrt{425}≒20$〔km〕となる。

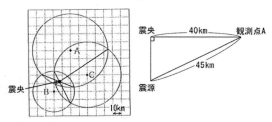

(4) (ア) 図9より，時刻t_1におけるP波の初動は(北，西，上)の押し波と読み取れるので，震源は観測点から南東の方向にあることがわかる。よって，図8の破線の交点を震央とすると，観測点は領域Ⅰに存在することになる。 (イ) (ア)より，領域ⅠとⅣが押しの地域，領域ⅡとⅢが引きの地域となる。断層面は図8の2本の破線上のいずれかにあり，断層面は押しの地域では震央から離れる向き，引きの地域では震央へ近づく向きに動く。よって，東－西方向に断層面があるとき，北側の地盤は西側，南側の地盤は東側に動くことになる。一方，南－北方向

に断層面があるとき，東側の地盤は南側，西側の地盤は北側に動くことになる。　（ウ）　余震は震源断層面付近で発生することが多いので，余震の震源分布から震源断層の範囲を判断することになる。

(5)　（ア）　地震波が伝わる速さは地殻よりマントルの方が大きいので，震央の近くでは地殻を直接伝わった地震波(直接波)が先に到達するが，ある地点を境にマントルを伝わった地震波(屈折波)の方が先に到達するようになるため，その地点から走時曲線の傾きが小さくなる。

（イ）　（ア）より，図10の震央距離が200km以上離れた地点ではマントル内を伝わった地震波の方が先に伝わることになる。震央距離200kmにおける走時は36s，400kmにおける走時は60sと読み取れるので，地殻の厚さが変化しないと考えると，マントル内のP波の速度は＝$\frac{400-200}{60-36}≒8.3$〔km/s〕となる。　（ウ）　地殻の厚さは，走時曲線の折れ曲がる地点の震央距離に比例するので，走時曲線の折れ曲がる地点の震央距離が小さい地域Yでは，地域Xよりも地殻の厚さが小さいと予測される。

【4】(1)　焦点　　(2)　太陽と惑星を結ぶ線分　　(3)　ウ　2　　エ　3

(4)　23〔年〕　　(5)　オ　$\frac{2\pi r}{T}$　　カ　$\frac{mV^2}{r}$　　キ　$\frac{GMm}{a^2}$

ク　$\frac{aM}{M+m}$　　ケ　$\frac{G}{4\pi^2}(M+m)$　　(6)　（ア）　食連星

（イ）　B〜C…地球から見て，主星が伴星の手前に位置する。

D〜E…地球から見て，主星と伴星が重ならずに並んでいる。

（ウ）　0.38〔等〕　　（エ）　8.0〔倍〕

〈解説〉(1)〜(3)　ケプラーの第一法則は楕円軌道の法則，第二法則は面積速度一定の法則，第三法則は調和の法則ともいう。　(4)　恒星Xの質量は太陽と等しく，恒星Yの質量が太陽の10万分の1なので，太陽系において，平均距離をa〔天文単位〕，公転周期をP〔年〕とすると，ケプラーの第3法則は$\frac{a^3}{P^2}=1$となることを利用する。したがって，

$\dfrac{a^3}{P^2}=\dfrac{(8.0)^3}{P^2}=1$ より，$P=16\sqrt{2}\fallingdotseq16\times1.41\fallingdotseq23$〔年〕となる。

(5)　オ　天体Pが半径rで等速円運動をしているとすると，公転速度Vは円周の長さ$2\pi r$を周期Tで割ったものなので，$V=\dfrac{2\pi r}{T}$と表せる。

カ　天体Pにはたらく遠心力fは，$f=\dfrac{mV^2}{r}$と表せる。　キ　天体SとPの間にはたらく万有引力Fは，$F=\dfrac{GMm}{a^2}$と表せる。　ク　主星と伴星の質量の比は距離の比の逆比となるので，それぞれの天体の質量と共通重心Oからの距離の関係は$M:m=r:(a-r)$となり，これをrについて整理すると，$r=\dfrac{aM}{M+m}$となる。　ケ　天体Pにはたらく万有引力と遠心力は等しく，$F=f$より$\dfrac{GMm}{a^2}=\dfrac{mV^2}{r}$となるので，これを整理すると$GMr=a^2V^2$となる。また，③式を代入すると，$GMr=a^2\times\left(\dfrac{2\pi r}{T}\right)^2$，$GM=a^2\times\dfrac{4\pi^2r}{T^2}$となる。さらに，⑥式を代入すると$GM=a^2\times\dfrac{4\pi^2}{T^2}\times\dfrac{aM}{M+m}$となり，これを整理すると，$\dfrac{a^3}{T^2}=\dfrac{G}{4\pi^2}(M+m)$となる。　(6)　(ア)　視線方向と連星の公転面が平行となるとき，日食のように恒星の明るさが変化して見える。このような連星を，食連星(食変光星)という。　(イ)　B～C…主星が暗い伴星を隠しているので，D～Eより恒星の明るさは暗くなっている。　D～E…主星と伴星がどちらもすべて見えている状態である。　(ウ)　等級が5等異なると明るさは100倍異なるので，主星の明るさをl_1，絶対等級をm_1，伴星の明るさをl_2，絶対等級をm_2とすると，$\dfrac{l_1}{l_2}=(\sqrt[5]{100})^{m_2-m_1}$と表せる。ここで，伴星の絶対等級は主星より1.0等だけ大きいので$m_2-m_1=1.0$より，$\dfrac{l_1}{l_2}=\sqrt[5]{100}=2.5$となるので，$l_2=0.4l_1$となる。よって，図12のD～E間に対応する連星の明るさは$l_1+l_2=1.4l_1$，B～C間では伴星が隠れており明るさはl_1となるので，D～E間はB～C間よりも1.4倍明るいことになる。ここで，等級がM_1，M_2の恒星の明るさをそれぞれL_1，L_2とすると，$\dfrac{L_1}{L_2}=(\sqrt[5]{100})^{M_2-M_1}=10^{\frac{2}{5}M_2-M_1}$となる。両辺の常用対数をとると，

$\log_{10}\left(\dfrac{L_1}{L_2}\right)=\dfrac{2}{5}(M_2-M_1)$ となるので，明るさ1.4倍の等級差は $M_2-M_1=$ $\dfrac{5}{2}\times\log_{10}1.4=\dfrac{5}{2}\times(\log_{10}7+\log_{10}2-\log_{10}10)=\dfrac{5}{2}\times(0.85+0.30-1)\fallingdotseq$ 0.38〔等〕となる。　（エ）　太陽の質量を1とした場合のある惑星の質量を m' とし，平均距離を a〔天文単位〕，公転周期を P〔年〕とする。太陽系において，太陽の質量は惑星の質量と比べて著しく大きいと考えると，$1+m'\fallingdotseq1$ と近似できるので，ケプラーの第三法則より $\dfrac{a^3}{P^2}$ $=\dfrac{G}{4\pi^2}(1+m')\fallingdotseq\dfrac{G}{4\pi^2}=1$ となる。次に，この連星の質量の和を M' とすると，$a=0.020$〔天文単位〕$+0.080$〔天文単位〕$=0.10$〔天文単位〕，$P=\dfrac{3.65}{365}=0.010$〔年〕より，ケプラーの第三法則より $\dfrac{a^3}{P^2}=\dfrac{G}{4\pi^2}M'$ となり，$\dfrac{G}{4\pi^2}=1$ なので，$\dfrac{a^3}{P^2}=M'=\dfrac{(0.10)^3}{(0.010)^2}=10$ となる。ここで，主星と伴星の共通重心までの距離の比は0.020〔天文単位〕：0.080〔天文単位〕$=1:4$ であり，(5)クより，主星と伴星の質量の比は距離の比の逆比となるので4：1となる。よって，主星の質量は $\dfrac{4}{5}M'=8$ となり，太陽の質量を1としているので，主星の質量は太陽の質量の8倍となる。

【化学】

【1】(1)　A　K　　B　Al　　C　Ag　　D　Fe　　(2)　①　ア　α
イ　フェーリング　　ウ　グリコシド
②　(A)　鎖状構造…

(B)　環状構造…

③　$C_6H_{12}O_6\rightarrow2C_2H_5OH+2CO_2$　　(3)　①　ヘンリー　　②　2.0×10^{-3}〔mol〕　　③　水に溶解した気体X，気体状態の気体Xの物質量を n_s〔mol〕，n_g〔mol〕とする。$n_s=1.0\times10^{-3}\times\dfrac{2.0\times10^5}{1.0\times10^5}\times10=2.0\times10^{-2}$〔mol〕　$n_g=\dfrac{2.0\times10^5\times2.0}{8.3\times10^3\times300}\fallingdotseq\dfrac{4.0\times10^5}{2.5\times10^6}=1.6\times10^{-1}$〔mol〕　よって求める物質量は，$2.0\times10^{-2}+1.6\times10^{-1}=1.8\times10^{-1}$〔mol〕

答　1.8×10^{-1}〔mol〕　　④　求める圧力を$P \times 10^5$〔Pa〕とする。水に溶解した気体X，気体状態の気体Xの物質量をn'_s〔mol〕，n'_g〔mol〕とする。$n'_s = 1.0 \times 10^{-3} \times \dfrac{P \times 10^5}{1.0 \times 10^5} \times 10 = P \times 10^{-2}$〔mol〕　　$n'_g = \dfrac{P \times 10^5 \times 0.25}{8.3 \times 10^3 \times 300} \fallingdotseq \dfrac{P \times 10^5 \times 0.25}{2.5 \times 10^6} = P \times 10^{-2}$〔mol〕　　気体Xの総物質量は，③に等しいので，$1.8 \times 10^{-1} = P \times 10^{-2} + P \times 10^{-2}$　　∴　$P = 9.0$

答　9.0×10^5〔Pa〕

〈解説〉(1)　①より，室温で水と激しく反応するAは，アルカリ金属であるカリウムKが該当する。②より，希硫酸を加えても水素を発生して溶解しないCは，銀Agが該当する。また，Bは酸と強塩基の水溶液のどちらにも溶けるので，両性金属であるアルミニウムAlが該当する。③より，Eは遷移金属元素ではないので，マグネシウムMgが該当する。また，Fは遷移金属元素であり，Fのイオンを含む水溶液に酸性条件下で硫化水素を通じると沈殿が生じるので，銅Cuが該当する。したがって，残ったDは鉄Feとなる。なお，④より，Cが電気伝導性が全元素で最大となることから銀Agと判断することもできる。　(2)　①　ア　図13の左端の化合物のように，6位の炭素原子を含むCH_2OHを環の上側に描いたとき，1位の炭素原子に結合する$-OH$が環の下側に描けるものをα－グルコースという。また，右端の化合物では$-OH$が環の上側に描け，これをβ－グルコースという。　イ　グルコースの水溶液はフェーリング液を還元する性質をもつ。これは，グルコースは水溶液中では図13の鎖状構造となり，ホルミル基(アルデヒド基)をもっているからである。　ウ　あるグルコースの1位の炭素原子に結合する$-OH$と，隣りのグルコースの4位の炭素原子に結合する$-OH$が脱水縮合することで形成される結合をグリコシド結合という。

②　(A)　①のイの解説参照。　(B)　①のアの解説参照。　③　アルコール発酵では，1分子のグルコースから2分子のエタノールと二酸化炭素が生じる。　(3)　①　問題文の法則のことをヘンリーの法則という。　②　問題文より，300Kにおいて1.0×10^5〔Pa〕の気体Xは，水1.0Lに対して1.0×10^{-3}〔mol〕溶解することから，ヘンリーの法則よ

り，2.0×10^5〔Pa〕の気体Xの場合，水に溶解する物質量は1.0×10^{-3} $\times \dfrac{2.0 \times 10^5}{1.0 \times 10^5} = 2.0 \times 10^{-3}$〔mol〕となる。　③④　水に溶解した気体X の物質量はヘンリーの法則を用いて②のように求める。ただし，溶媒 の体積が②の10倍になっていることに注意すること。一方，気体状態 の気体Xの物質量は，理想気体の状態方程式を利用して求める。

【2】(1)　4〔個〕　(2)　$\dfrac{a-2r}{2}$〔cm〕　(3)　$\dfrac{4M}{a^3 d}$〔/mol〕

(4)　ア　第1イオン化エネルギー　　イ　電子親和力

(5)　①　$Cl_2(気) = 2Cl(気) - 243kJ$　　②　$K(固) + \dfrac{1}{2}Cl_2(気) =$ $KCl(固) + 437kJ$　③　$K(固) = K(気) - 90kJ$　(6)　719〔kJ/mol〕

〈解説〉(1)　図14より，立方体の辺上に存在する12個のカリウムイオン K^+はそれぞれ$\dfrac{1}{4}$個分だけ単位格子に含まれており，その他にも中心 に1個のK^+が存在するので，合計するとK^+は$\dfrac{1}{4} \times 12 + 1 = 4$〔個〕含 まれていることになる。　(2)　塩化物イオンCl^-のイオン半径を x〔cm〕とすると，単位格子の辺上ではK^+とCl^-が接しており，辺の 長さはK^+とCl^-の直径の和と等しいので，$a = 2r + 2x$となる。したがっ て，$x = \dfrac{a-2r}{2}$〔cm〕となる。　(3)　単位格子の体積はa^3と表せ，単 位格子に含まれるK^+とCl^-はそれぞれ4個ずつなので，アボガドロ 定数をN_Aとすると，塩化カリウムの密度dは$d = \dfrac{M \times \dfrac{4}{N_A}}{a^3}$と表せる。 したがって，$N_A = \dfrac{4M}{a^3 d}$〔/mol〕となる。　(4)　ア　気体状態の原子か ら電子1個を取り去り1価の陽イオンにするために必要なエネルギー を，第1イオン化エネルギーという。　イ　原子が電子1個を受け取り 1価の陰イオンになるときに放出するエネルギーを，電子親和力とい う。　(5)　①　結合エネルギーとは，原子間の結合を切断するために 必要なエネルギーであり，熱化学方程式を用いて表すと符号が負とな ることに注意すること。　②　生成熱は，化合物1molが成分元素の単 体から生成するときに発生または吸収する熱であり，問題文より符号

は正となることに注意する。　③　昇華熱とは，物体が昇華するとき
に吸収する熱のことなので，符号は負となることに注意する。

(6)　格子エネルギーとは，結晶をその構成粒子の状態にするために必
要なエネルギーのことである。格子エネルギーを直接求めることは困
難なので，次のエネルギー図を用いて間接的に求めることになる。こ
れをボルン・ハーバーサイクルという。したがって，格子エネルギー
は，$437 + \dfrac{243}{2} + 90 + 419 - 349 \fallingdotseq 719$〔kJ/mol〕となる。

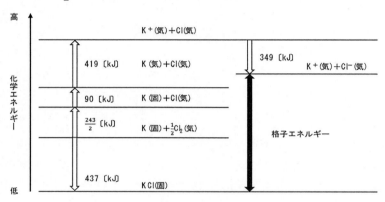

【3】(1)

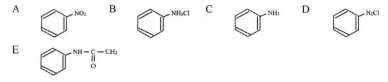

(2)　ア　淡黄(黄)　イ　赤紫(紫)　ウ　橙赤(赤橙)
(3)　$C_6H_6 + HNO_3 \rightarrow C_6H_5NO_2 + H_2O$　　(4)　(b)　　(5)　塩化ベンゼン
ジアゾニウムが熱分解してフェノールになるため。　　(6)　(ジアゾ)カ
ップリング　　(7)　アセチル化
(8)　反応に必要なベンゼンをx〔g〕とする。

$$\frac{x}{78}\,(\text{mol}) \times \frac{78}{100} \times \frac{80}{100} = \frac{8.0}{93}\,(\text{mol}) \qquad x = 10.7\cdots \fallingdotseq 11 \qquad 答\quad 11\,(\text{g})$$

〈解説〉(1)　A　ベンゼンに濃硝酸と濃硫酸の混合物を加えて加熱すると，ニトロベンゼンが生じる。　B，C　ニトロベンゼンを濃硫酸とスズで還元すると，アニリン塩酸塩が生じる。また，アニリン塩酸塩に水酸化ナトリウム水溶液を加えると，弱塩基であるアニリンが遊離する。D　アニリンの希塩酸溶液を氷冷しながら亜硝酸ナトリウム水溶液を加えると，塩化ベンゼンジアゾニウムが生じる。　E　アニリンに無水酢酸を作用させると，アセトアニリドが生じる。　(2)　ア　ニトロベンゼンは淡黄色の液体である。　イ　アニリンにさらし粉水溶液を加えると，酸化されて赤紫色を呈色する。このような性質は，アニリンの検出法として利用される。　ウ　塩化ベンゼンジアゾニウムとナトリウムフェノキシドの反応により，赤橙色のp−ヒドロキシアゾベンゼン(p−フェニルアゾフェノール)が生成する。　(3)　濃硫酸は触媒としてはたらくため，化学反応式の左辺には含めないことに注意すること。　(4)　下線部②の変化のことを弱塩基の遊離といい，これは弱塩基の塩であるアニリン塩酸塩に強塩基である水酸化ナトリウムを加えることで，弱塩基のアニリンが遊離される現象である。(b)は，弱塩基の塩である塩化アンモニウムに強塩基の水酸化カルシウムを加えることで，弱塩基のアンモニアが遊離する反応である。　(5)　塩化ベンゼンジアゾニウムは，低温の水溶液中では安定して存在するが，温度が上がると水と反応して窒素とフェノールに分解される。　(6)　ジアゾニウム塩からアゾ化合物をつくる反応を(ジアゾ)カップリングという。　(7)　有機化合物にアセチル基を導入する反応をアセチル化という。下線部⑤の反応では，アミノ基の水素がアセチル化されている。(8)　ベンゼンとアニリンの分子量はそれぞれ78，93より，反応前のベ

ンゼンの質量をx〔g〕とすると，物質量は$\dfrac{x}{78}$〔mol〕となり，理論的に得られるニトロベンゼンの物質量は$\dfrac{x}{78}\times\dfrac{78}{100}$〔mol〕，さらに，理論的に得られるアニリンの物質量は$\dfrac{x}{78}\times\dfrac{78}{100}\times\dfrac{80}{100}$〔mol〕となる。ここで，最終的に得られるアニリンの質量は8gなので，物質量は$\dfrac{8}{93}$〔mol〕であることから，解答のような方程式を立てることができる。

【4】(1) a　ハーバー・ボッシュ　　b　小さ(低)　　c　配位　　d　無　　e　共通イオン　　f　緩衝　　(2)　$Ag_2O+4NH_3+H_2O \rightarrow 2[Ag(NH_3)_2]^+ + 2OH^-$　　(3)　ア　$c(1-\alpha)$　　イ　$\dfrac{c\alpha^2}{1-\alpha}$　　ウ　$c\alpha^2$　　エ　$\sqrt{\dfrac{K_b}{c}}$　　(4)　11.1　　(5)　9.0

〈解説〉(1)　a・b　アンモニアの工業的製法はハーバー・ボッシュ法であり，反応式は$N_2+3H_2 \rightleftarrows 2NH_3$と表せる。この反応の正反応は発熱反応なので，反応温度が高いとその影響を打ち消す方向に平衡が移動するため左向きに反応が進むため，アンモニアの生成率は小さくなる。したがって，混合気体中のアンモニアの含有率も小さくなる。

c　一方の原子の非共有電子対が他方の原子に提供されることで形成される共有結合を，配位結合という。　d　銀イオンを含む水溶液に少量の塩基を加えると酸化銀Ag_2Oの褐色沈殿が生じ，さらに過剰のアンモニア水を加えるとジアンミン銀(Ⅰ)イオン$[Ag(NH_3)_2]^+$が生じて無色の水溶液となる。　e　ある電解質の水溶液に，もとの水溶液と同じイオンを含む別の電解質を加えると，その共通のイオンが減少する向きに平衡が移動する。このような現象を共通イオン効果という。

f　少量の酸や塩基を加えてもpHがほぼ一定に保たれる働きを緩衝作用，そのような働きをもつ溶液を緩衝液という。　(2)　(1)dの解説参照。　(3)　アンモニアの電離平衡において，それぞれの物質のモル濃度は次のようになる。

$$\begin{array}{lcccc} & NH_3 & \rightleftarrows & NH_4^+ & + & OH^- \\ \text{反応前} & c & & 0 & & 0 & \text{〔mol/L〕} \\ \text{変化量} & -c\alpha & & +c\alpha & & +c\alpha & \text{〔mol/L〕} \\ \text{平衡時} & c(1-\alpha) & & c\alpha & & c\alpha & \text{〔mol/L〕} \end{array}$$

よって，アの平衡時のアンモニアの濃度は$[NH_3]=c(1-\alpha)$と表せる。また，問題文の式を用いると，イのアンモニアの電離定数K_bは，$K_b=\dfrac{[NH_4^+][OH^-]}{[NH_3]}=\dfrac{c\alpha \times c\alpha}{c(1-\alpha)}=\dfrac{c\alpha^2}{1-\alpha}$と表せる。ここで，弱塩基では電離度$\alpha \ll 1$となり$(1-\alpha)\fallingdotseq1$と近似できるので，ウの電離定数$K_b$は$K_b=\dfrac{c\alpha^2}{1-\alpha}\fallingdotseq c\alpha^2$，エの電離度$\alpha$は$\alpha=\sqrt{\dfrac{K_b}{c}}$と表せる。　(4)　(3)より，平衡時では$[OH^-]=c\alpha=\sqrt{cK_b}$と表せ，問題文より$c=0.10$〔mol/L〕，$K_b=1.8\times10^{-5}$〔mol/L〕より，$[OH^-]=\sqrt{0.10\times1.8\times10^{-5}}=\sqrt{1.8}\times10^{-3}$となる。ここで，水のイオン積$K_w=[H^+][OH^-]=1.0\times10^{-14}$〔mol²/L²〕より，$[H^+]=\dfrac{K_w}{[OH^-]}$となるので，$pH=-\log_{10}[H^+]=-\log_{10}K_w+\log_{10}[OH^-]=14-3+\dfrac{1}{2}\log_{10}1.8=11+\dfrac{1}{2}\times0.26\fallingdotseq11.1$となる。

(5)　塩化アンモニウムは混合水溶液中でほぼ完全に電離するので，反応前のNH_4^+のモル濃度は0.20〔mol/L〕とみなせる。一方，アンモニアは一部しか電離しないので，電離度をα'とすると，それぞれの物質のモル濃度は次のようになる。

$$\begin{array}{lcccc} & NH_3 & \rightleftarrows & NH_4^+ & + & OH^- \\ \text{反応前} & 0.10 & & 0.20 & & 0 & \text{〔mol/L〕} \\ \text{変化量} & -0.10\alpha' & & +0.10\alpha' & & +0.10\alpha' & \text{〔mol/L〕} \\ \text{平衡時} & 0.10(1-\alpha') & & 0.10(2+\alpha') & & 0.10\alpha' & \text{〔mol/L〕} \end{array}$$

よって，平衡時のアンモニアの電離定数K_bは，$K_b=\dfrac{[NH_4^+][OH^-]}{[NH_3]}=\dfrac{0.10(2+\alpha')\times0.10\alpha'}{0.10(1-\alpha')}=\dfrac{0.10\alpha'(2+\alpha')}{1-\alpha'}$と表せる。ここで，(3)と同様に$\alpha'\ll1$のとき，$1-\alpha'\fallingdotseq1$と近似できるので，$K_b\fallingdotseq0.10\alpha'(2+\alpha')$となり，さらに$\alpha'^2\fallingdotseq0$と考えると$K_b\fallingdotseq0.20\alpha'$となる。さらに，電離定数は温度が一定であれば物質に固有の値となるので

$K_b=1.8\times10^{-5}$〔mol/L〕より，$\alpha'=\dfrac{1.8\times10^{-5}}{0.20}=9.0\times10^{-5}$となる。よって，$[OH^-]=0.10\,\alpha'=9.0\times10^{-6}$，$[H^+]=\dfrac{K_w}{[OH^-]}$より，$pH=-\log_{10}[H^+]=-\log_{10}K_w+\log_{10}[OH^-]=14-6+2\log_{10}3=8+2\times0.48≒9.0$となる。

【生物】

【1】(1)　(ア)　モータータンパク質　　(イ)　受容体　　(2)　ア　チラコイド　　イ　ストロマ　　ウ　水　　エ　酸素　　オ　NADPH　カ　化学　　キ　カルビン・ベンソン回路　　ク　液胞　　ケ　CAM植物　　(3)　これらの光合成細菌は，水の代わりに硫化水素などから電子を得て有機物を合成するから。　　(4)　132〔g〕　　(5)　窒素同化　(6)　硝酸菌　　(7)　はたらき…窒素固定　　細菌…根粒菌　(8)　脱窒

〈解説〉(1)　(ア)　例えば，アクチンフィラメントという細胞骨格上にはミオシンというモータータンパク質が存在し，原形質流動(細胞質流動)を引き起こしている。　　(イ)　例えば，内分泌型の情報伝達では，ある細胞が分泌したホルモンなどの情報伝達物質を，標的細胞の受容体が受け取ることで細胞間の情報伝達が行われている。

(2)　ア～キ　チラコイドでの反応はクロロフィルによる光エネルギーの吸収から始まり，ここで生じた電子，H^+，ATPはストロマで行われるカルビン・ベンソン回路の過程へ供給される。光化学系Ⅱでは，クロロフィルが光エネルギーを吸収することで酸化されて電子を放出し，水の分解で生じた電子を受け取ることでもとの還元型に戻る。水の分解時には，酸素とH^+が生じ，このH^+を$NADP^+$が受け取りNADPHとなることで，カルビン・ベンソン回路にH^+が供給される。さらに，光エネルギーを利用してADPからATPを合成する光リン酸化を行うことで，植物体内に化学エネルギーが蓄えられる。なお，ストロマでは外部から取り入れた二酸化炭素が固定され，有機物や水が生成する。　　ク，ケ　乾燥した地域に生育するサボテンなどの多肉植物

は，夜に吸収した二酸化炭素をリンゴ酸などに変えて液胞に蓄え，昼間になると再び二酸化炭素に戻して有機物の合成に利用する。このような代謝経路をもつ植物のことをCAM植物という。　(3)　緑色硫黄細菌や紅色硫黄細菌などの光合成細菌は，バクテリオクロロフィルという植物とは異なる光合成色素をもっており，光合成の際には硫化水素を利用して硫黄を発生させる。　(4)　呼吸の全体の反応式は$C_6H_{12}O_6+6O_2+6H_2O→6CO_2+12H_2O$となるので，発生する二酸化炭素の物質量は分解されるグルコースの物質量の6倍となる。また，グルコースの分子量は180なので，分解されたグルコースの物質量は$\frac{90}{180}=$ 0.5〔mol〕となる。ここで，二酸化炭素の分子量は44なので，生成された二酸化炭素の質量は，$0.5×6×44=132$〔g〕となる。　(5)　植物体内にはタンパク質，核酸，ATP，クロロフィルなどの有機窒素化合物が存在し，これらは窒素同化により合成される。　(6)　硝酸菌以外の硝化菌としては，アンモニウムイオンを亜硝酸イオンに変える亜硝酸菌が存在する。　(7)　窒素固定を行う窒素固定菌としては，根粒菌以外にもシアノバクテリア，アゾトバクター，クロストリジウムなどが存在する。　(8)　脱窒を行う細菌のことを脱窒細菌という。

【2】(1)　①　精細胞　　②　極体　　③　卵割　　④　卵割腔
⑤　胞胚腔　　⑥　ふ化　　⑦　陥入　　⑧　原口　　⑨　肛門
(2)　無性生殖…環境が適していれば，短期間に個体数が増える。
有性生殖…親と異なる多様な子がつくられることで，環境の変化にも対応できる多様性が生じる。　(3)　対合　　(4)　8〔通り〕
(5)　精子…400〔個〕　　卵…100〔個〕　　(6)　((ア))→(オ)→(ウ)→(イ)→(エ)　　(7)　灰色三日月環　　(8)　(ア)　外胚葉　　(イ)　内胚葉になる植物極側の細胞が，外胚葉になる動物極側の細胞にはたらきかけることによって，中胚葉の細胞がつくり出された。
〈解説〉(1)　①②　一次精母細胞は，減数分裂の第一分裂で二次精母細胞となり，二次精母細胞は第二分裂により4個の精細胞となった後，精細胞は精子となる。一次卵母細胞は，減数分裂の第一分裂で二次卵

母細胞と第一極体に分裂し，二次卵母細胞は第二分裂で卵と第二極体に分裂する。第一極体と第二極体は分裂せずに消滅する。

③～⑥　ウニの受精卵では，第三卵割までは等割，その後は不等割が起こり桑実胚を経て胞胚となる。桑実胚の内部の空所を卵割腔，胞胚の内部の空所を胞胚腔という。胞胚期には受精卵から胚が出てくるが，これをふ化という。　⑦～⑨　原腸胚期の胚では，植物極側の細胞層が胚の内部にもぐりこむ陥入が起こり，これにより形成された空所を原腸，原腸の入り口を原口(将来の肛門)という。　(2)　無性生殖では雌雄に関わらず1つの生物個体で生殖することができ，子は親と同じ遺伝子を受け継ぐことになる。　(3)　相同染色体が対合すると，二価染色体が形成される。　(4)　体細胞の核相が$2n＝6$の場合，配偶子の核相は$n＝3$となる。したがって，精子に生じる染色体の組合せは$2^3＝8$〔通り〕となる。　(5)　(1)①②より，1個の一次精母細胞からは4個の精子がつくられるので，100個の一次精母細胞からは400個の精子がつくられることになる。一方，1個の一次卵母細胞からは1個の卵がつくられるので，100個の一次卵母細胞からは100個の卵がつくられることになる。　(6)　精子が卵に近づくと，精子の頭部の先体から先体突起が形成されるが，これを先体反応という。先端突起が卵黄膜を通過し卵の細胞膜に達すると，卵の細胞質にある表層粒の内容物が卵黄膜の内側に放出されることで受精膜ができ，多精が阻止される。卵内に入った精子は頭部が切れ，中心体から星状体が形成される。精子の頭部は精核となり，これが卵核と合体することで受精が終了する。

(7)　灰色三日月環が形成された側は，将来の背側となる。

(8)　(ア)　表皮は外胚葉に由来するので，(A)では外胚葉の形成を行っていると考えられる。　(イ)　脊索や体節は中胚葉に由来する組織である。このように，胚のある領域が隣接する領域にはたらきかけ分化を引き起こすことを誘導という。

【3】(1)　①　(ウ)　　②　(ア)　　③　(エ)　　④　(イ)

(2)　a　カルス　　b　葉　　c　離層　　(3)　気孔が閉じられる

(4) アミラーゼ　　(5) i （ア）　　ii （エ）

(6)

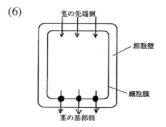

茎の先端側

細胞壁

細胞膜

茎の基部側

(7) 長日植物と短日植物のいずれか…短日植物　　i （イ）　　ii （ウ）

(8) 光周性

〈解説〉(1) ① アブシシン酸は，発芽を抑制することで休眠の維持に関わっている。また，乾燥状態では，根や葉の細胞で合成されたアブシシン酸が孔辺細胞にはたらきかけて気孔を閉ざしている。

② 空欄aにはカルスが該当する。イネなどにオーキシンを加えて培養すると未分化な細胞塊となるが，これをカルスという。一方，カルスにサイトカイニンを与えて培養すると再び分化するようになる。

③ 植物の花芽形成を促進する条件下では，フロリゲンというタンパク質が葉で合成され，茎頂の細胞の受容体と結合し，花芽の分化に関わる遺伝子の発現を誘導している。　　④ 植物の落葉時には，葉柄の付け根に離層という細胞層が形成されるが，これにはエチレンが関わっている。　　(2) a (1)②の解説参照。　b (1)③の解説参照。

c (1)④の解説参照。　　(3) (1)①の解説参照。　　(4) アミラーゼが胚乳内のデンプンを糖に分解し，これを栄養分として種子が発芽をはじめる。　　(5) フィトクロムには，赤色光吸収型(PR型)と遠赤色光吸収型(PFR型)の2つの型があり，赤外光を吸収するとPFR型，遠赤外光を吸収するとPR型になる。また，種子の中でPFR型の割合が大きくなると，光発芽種子の発芽が促進される。よって，葉の生い茂った森林では，植物の葉が赤外光を吸収するため林床には遠赤外光の割合が高くなり，PR型のフィトクロムの割合が高くなるため，発芽は抑制されることになる。　　(6) オーキシンの極性移動では，オーキシンは茎の中を先端側から基部側へ移動している。したがって，1個の細胞で考

えると，上側の細胞からオーキシンを取り込み，下側の細胞へオーキシンを排出するため，排出輸送体は細胞の下側に局在していることになる。　(7)　長日植物における花芽形成が起こる最長の暗期の長さ，および短日植物における花芽形成に必要な最短の暗期の長さのことを限界暗期という。表2より，暗期が9時間以下では花芽形成せず，10時間以上であれば花芽形成することがわかる。よって，限界暗期を10時間とすると，「最短の暗期の長さが10時間」なので，このアサガオの品種は短日植物と考えられる。　(8)　光周性とは，日長の変化に反応して生物の生理現象が起こることである。

【4】(1)　①　(オ)　　②　(ア)　　③　(エ)　　(2)　(ア)　$p=0.7$　$q=0.3$　　(イ)　・自由な交配で有性生殖する。　・注目する形質の間で自然選択がはたらいていない。　　(3)　(オ)　　(4)　(ウ)

(5)　①　Y　　②　X　　③　Z　　(6)　1.0〔億年前〕

〈解説〉(1)　地理的隔離とは，同種の生物集団が自然の障害により自由な交配を妨げられることで遺伝子プールが分断される現象である。生殖的隔離とは，地理的隔離が起きた集団が形態的・生理的に異なるようになり，両者の間で交配できない，または生殖能力のある子ができない状態のことである。用不用説とは，生物の進化において，よく使用する器官は発達するが使用しない器官は退化するという考えである。　(2)　(ア)　対立遺伝子Aの数は$50×2+40×1=140$，対立遺伝子aの数は$40×1+10×2=60$，全遺伝子数は$140+60=200$なので，対立遺伝子Aの遺伝子頻度$p=\dfrac{140}{200}=0.7$，対立遺伝子aの遺伝子頻度$q=\dfrac{60}{200}=0.3$となる。　　(イ)　解答以外には，「突然変異が起こらない」，「集団の大きさが十分に大きく，遺伝的浮動の影響を無視できる」，「ほかの集団との間での個体の移入や移出，つまり他の集団との間に遺伝子の流入・流出がない」，という点を挙げても良い。　(3)　ラマルクは用不用説，ダーウィンは自然選択説，ヘッケルは発生反復説や三界説を提唱した人物である。利根川進はB細胞の遺伝子再編成につ

いての仕組みを明らかにした人物である。　(4)　(1)の解説参照。

(5)　タンパク質のアミノ酸配列の変化した数は，2種が分かれてから
の時間に比例して増える傾向がある。したがって，ヒトと比べてアミ
ノ酸配列の違いが小さいほど，ヒトと近縁な種と考えられる。

(6)　ヒトとZのアミノ酸の数の違いは68であり，これが4.0億年に相当
する。すると，ヒトとYのアミノ酸の数の違いは17なので，ヒトとY
が共通の祖先から分岐したのは，$4.0 \times \dfrac{17}{68} = 1.0$〔億年前〕と考えられ
る。

●書籍内容の訂正等について

　弊社では教員採用試験対策シリーズ（参考書，過去問，全国まるごと過去問題集），公務員試験対策シリーズ，公立幼稚園・保育士試験対策シリーズ，会社別就職試験対策シリーズについて，正誤表をホームページ（https://www.kyodo-s.jp）に掲載いたします。内容に訂正等，疑問点がございましたら，まずホームページをご確認ください。もし，正誤表に掲載されていない訂正等，疑問点がございましたら，下記項目をご記入の上，以下の送付先までお送りいただくようお願いいたします。

---

① **書籍名，都道府県（学校）名，年度**
　（例：教員採用試験過去問シリーズ　小学校教諭 過去問　2025年度版）
② **ページ数**（書籍に記載されているページ数をご記入ください。）
③ **訂正等，疑問点**（内容は具体的にご記入ください。）
　（例：問題文では"ア〜オの中から選べ"とあるが，選択肢はエまでしかない）

〔ご注意〕

○ 電話での質問や相談等につきましては，受付けておりません。ご注意ください。

○ 正誤表の更新は適宜行います。

○ いただいた疑問点につきましては，当社編集制作部で検討の上，正誤表への反映を決定させていただきます（個別回答は，原則行いませんのであしからずご了承ください）。

●情報提供のお願い

　協同教育研究会では，これから教員採用試験を受験される方々に，より正確な問題を，より多くご提供できるよう情報の収集を行っております。つきましては，教員採用試験に関する次の項目の情報を，以下の送付先までお送りいただけますと幸いでございます。お送りいただきました方には謝礼を差し上げます。

（情報量があまりに少ない場合は，謝礼をご用意できかねる場合があります）。

◆あなたの受験された面接試験，論作文試験の実施方法や質問内容

◆教員採用試験の受験体験記

| 送付先 | ○電子メール：edit@kyodo-s.jp
○FAX：03-3233-1233（協同出版株式会社　編集制作部 行）
○郵送：〒101-0054　東京都千代田区神田錦町2-5
　　　　　　協同出版株式会社　編集制作部 行
○HP：https://kyodo-s.jp/provision（右記のQRコードからもアクセスできます） | |

　※謝礼をお送りする関係から，いずれの方法でお送りいただく際にも，「お名前」「ご住所」は，必ず明記いただきますよう，よろしくお願い申し上げます。

教員採用試験「過去問」シリーズ

鳥取県の
理科 過去問

編　集　Ⓒ 協同教育研究会
発　行　令和6年2月25日
発行者　小貫　輝雄
発行所　協同出版株式会社

　　　　〒101-0054　東京都千代田区神田錦町2‐5
　　　　電話　03－3295－1341
　　　　振替　東京00190－4－94061
印刷所　協同出版・POD工場

落丁・乱丁はお取り替えいたします。